Moritz Bürki Peter Fleischli

Schnittblumen

Schnittgrün und Fruchtzweige

Beschreibung
Verwendung
Pflege

THALACKER MEDIEN

Moritz Bürki

Alt Gärtnerfachlehrer, Gärtnerlehre, verschiedene Arbeitsstellen im In- und im Ausland. 1953 eidg. Meisterprüfung, Obergärtner und Betriebsleiter. In den letzten 15 Jahren Fachlehrer an den Gewerbeschulen Bern und Solothurn, Fachvorträge im In- und im Ausland.

Peter Fleischli

Gärtnerlehre, Floristenausbildung und Weiterbildung in Deutschland. Seit 1981 Fachlehrer und Prüfungsexperte in der Floristenausbildung, Organisator von fachbezogenen Weiterbildungsveranstaltungen und Wettbewerben, zudem seit mehr als 20 Jahren Leiter eines Blumenfachgeschäftes.

Die Originalausgabe erscheint unter gleichem Titel
im Fischer Media Verlag
Münsingen-Bern, Schweiz

Die Deutsche Bibliothek – CIP-Einheitsaufnahme
Schnittblumen, Schnittgrün und Fruchtzweige: Beschreibung, Verwendung, Pflege / Moritz Bürki; Peter Fleischli. –
3., überarb. Aufl. –
Braunschweig: Thalacker-Medien, 1997
ISBN 3-87815-103-9
NE: Bürki, Moritz; Fleischli, Peter

Postfach 8364, D-38133 Braunschweig
Satz und Druck: Fischer Druck AG, Münsingen-Bern
Gestaltung: Volker Dübener
Umschlaggestaltung: Hansgeorg Barkowsky
Lithos: Henzi AG, Bern / Moser SA, Studen
Einband: Eibert AG, Eschenbach

ISBN 3-87815-103-9

Was ist «Jungfer-im-Grünen»?

Das Problem ist sattsam bekannt: Man hört den botanischen Namen einer Pflanze und meint, sie nicht zu kennen. Dann sieht man sie, und schon kommt der Aha-Effekt. Man merkt, dass man sie lediglich unter der volkstümlichen deutschen Bezeichnung kannte. Aber auch das Gegenteil ist möglich: Da spricht jemand – der Kunde eines Blumengeschäftes beispielsweise – von «Braut-in-den-Haaren»; und man findet nach langem Hin und Her heraus, dass man die gleiche Blume als «Jungfer-im-Grünen» oder als Nigella damascena kannte.

Nun, die Zeit solcherlei Probleme ist insofern vorbei, als die vorliegende dritte Auflage im übrigen unwesentlich aktualisiert wurde. Das Kapitel «Koniferen» als Kranzbindegrün wurde beibehalten, andererseits wurde sie mit kleinen Ergänzungen modifiziert, wie z. B. die Namengebung nach Zander 1994, und auch einige Bilder wurden ergänzt, um wieder voll aktuell zu sein. Auch sind wir glücklich, dass noch einige aktuelle Werkstoffe im Buch Aufnahme fanden.

Das Hauptziel dieses umfassenden Buches ist es, die gebräuchlichen Werkstoffe mit einem prägnanten Steckbrief und einem arttypischen Farbbild vorzustellen. Auf einen Blick wird somit vieles ersichtlich, was man als Fachmann, als Fachfrau oder als passionierte Blumenliebhaber/in schon immer wissen wollte.

Dabei wurde auch die Morphologie der Botanik nicht vergessen. Dies bedeutet, dass typische Merkmale kurz umschrieben, symbolhaft gezeichnet und mit einem Bildbeispiel aus der Praxis ergänzt wurden. Dies soll alles dazu beitragen, z. B. Dolden, Rispen, Trauben, Ähren und anderes mehr mit mehr Sicherheit zu bestimmen.

Dieses Buch soll also in geraffter Form ein Maximum an Fachwissen vermitteln, um das umfangreiche Sortiment an floristischen Materialien besser kennenzulernen und sich mit deren spezifischen Eigenheiten vertraut zu machen.

Langendorf und Wangen bei Olten, Januar 1997

Moritz Bürki
Peter Fleischli

Inhaltsverzeichnis

Schnittgrün nach Familien

Früchte und Fruchtzweige nach Familien

Bildernachweis
Marianne Fuchs, Willisau, 171, 184, 272, 306, 628, 629
Gewerbeschule Bern, Floristen, 105, 157, 625
Emil Müri, Schinznach-Dorf, 232, 492, 590, 593–597, 599–602
Photo-Studio 64, Frankfurt 1, 640–650
Edwin Rohrer, Solothurn, 220, 336, 397, 416, 417, 426, 460, 521, 522
Samen-Mauser-AG, Winterthur, 251, 288, 289
Fritz Wiemer, Bellach, 241, 242
Wass Samen und Pflanzen AG, Zuchwil, 178, 598
Alle übrigen Aufnahmen sind vom Mitautor Moritz Bürki, Langendorf

Botanische Pflanzennamen nach ABC Schnittblumen, Schnittgrün und Fruchtzweige

Schnittblumen, Blütenzweige, Schnittgrün, Blätter und Früchte als Werkstoffe

Blumenschmuck und pflanzliche Dekorationen, ob als traditionelle oder avantgardistische Kompositionen, haben bei gesellschaftlichen Anlässen jeder Art ihren festen Platz, und dies nicht erst seit heute; lässt sich doch der Beruf des Floristen (früher Blumenbinder) bis in die griechische Antike zurückverfolgen. Damals schmückte man beispielsweise Skulpturen mit Kopfkränzen, oder es wurden Wände und Eingänge durch Girlanden dekoriert.

Sträusse und Gestecke mit Blumen begleiten den Menschen seit jeher auf seinem Lebensweg bei allen persönlichen oder familiären Anlässen wie Taufe, Geburtstag, Hochzeit, bis hin zu den Trauerfeiern.

Die Sorten-, Farben- und Formenvielfalt an organischen Werkstoffen erlaubt floristische Ausdrucksformen, die wie kaum ein anderes Dekorationselement als Tisch- und Raumschmuck für die gewünschte Atmosphäre sorgen. Manches lässt sich mit Blumen doch viel leichter ausdrücken: Freude, Dank, Gratulation, Anerkennung, Willkomm usw.

Auch bei den alljährlich wiederkehrenden kalendarischen Anlässen wie Valentinstag, Ostern, Muttertag, Advent, Weihnachten usw., bei kulturellen Veranstaltungen, bei Vereinsanlässen, Verbandstagungen, Firmenfeiern und, und, und..., die Liste liesse sich beinahe beliebig fortsetzen, erfüllen Blumen im Zusammenspiel mit ihrer Umgebung eine oft symbolische, immer aber auch eine den Menschen erfreuende, nicht zu unterschätzende Rolle.

Der Florist heute

In Anbetracht der vielen Möglichkeiten, Blumen überall erwerben zu können, hat sich der Floristenberuf sehr geändert. Doch, eines blieb, der Florist ist und bleibt Gestalter.

Was heisst gestalten?

- Aus verschiedenen Einzelteilen ein neues Ganzes entstehen zu lassen.
- Mit den Eigenschaften der Gestaltungsmittel umzugehen = kombinieren, hervorheben, zweckbezogen kreieren.
- Gestalten heisst auch denken, geistige Leistung, welche sich im Handwerk erfüllt.

Es ist somit die Aufgabe des/der Floristen/-in, sich als Ziel vor Augen zu halten: die «Förderung der gestalterischen Sensibilität und Kreativität»! An verschiedenen Weiterbildungskursen im In- und im Ausland wird kreatives Eingehen in die Gestaltungsaufgaben gefördert.

△ 2 Gerbera in Versandkartons

▽ 3 Schnittgrün im Kühlraum

▽ 4 Schnittchrysanthemen im Kühlraum

Der Schnittblumeneinkauf

Der Schnittblumeneinkauf (Schnittgrün und andere floristische Materialien eingeschlossen) verläuft von der Warte des Konsumenten (Kunden) aus auf vier verschiedenen Hauptwegen, aus der Sicht des Blumengeschäftes auf drei Kanälen, die mit nachfolgender Skizze vereinfacht dargestellt sind.

1. Der Konsument (Endverbraucher) kauft seine Schnittblumen direkt in der Gärtnerei seines Wohnortes (Platzgeschäft).

Vorteile:
- frische Ware
- speziell einheimische Blumen und Saisonblumen
- günstiger Preis – kein Zwischenhandel

Nachteil:
- relativ kleines Angebot.

2. Das Blumengeschäft tätigt seine Einkäufe direkt im Produktionsbetrieb (Gärtnerei). Da ein Zwischenhandel ausgeschaltet ist, sind die Blumen in der Regel etwas preisgünstiger. Andererseits führt der Produzent aber meist ein kleineres Sortiment, so dass man in verschiedenen Betrieben einkaufen muss. Es besteht auch die Möglichkeit, «Wunschkulturen» beim Gärtner anzubringen, die er dann speziell für das Blumengeschäft produziert = gesicherter Absatz.

3. Einkauf ab Blumenbörsen und/oder Blumengrossisten. Diese bieten ein grosses Sortiment unter einem Dach vereinigt an. Der Verkauf verläuft nur an den Blumenfachhandel/Detaillisten. In Blumenbörsen und beim Grossisten findet der Einkäufer ein grosses Sortiment an inländischen, importierten und auch exotischen Schnittblumen und anderen floristischen Materialien, zum Beispiel aus Frankreich, Italien, Holland, Dänemark, Israel, Kenia, Südafrika, Singapur usw.

4. Direktimport von ausländischen Produzenten. Grössere Blumengeschäfte ziehen es teilweise vor, immer wiederkehrende Einkäufe der gleichen Schnittblumen- oder Schnittgrünarten bei einem ausländischen Produzenten zu tätigen. Einerseits sind es gewisse bevorzugte Spezialitäten, andererseits ist das Qualitäts- und Preisgefälle auch weniger gross.

Nachteil:
Telefonische Bestellung = die Ware kann vor dem Einkauf nicht begutachtet werden.

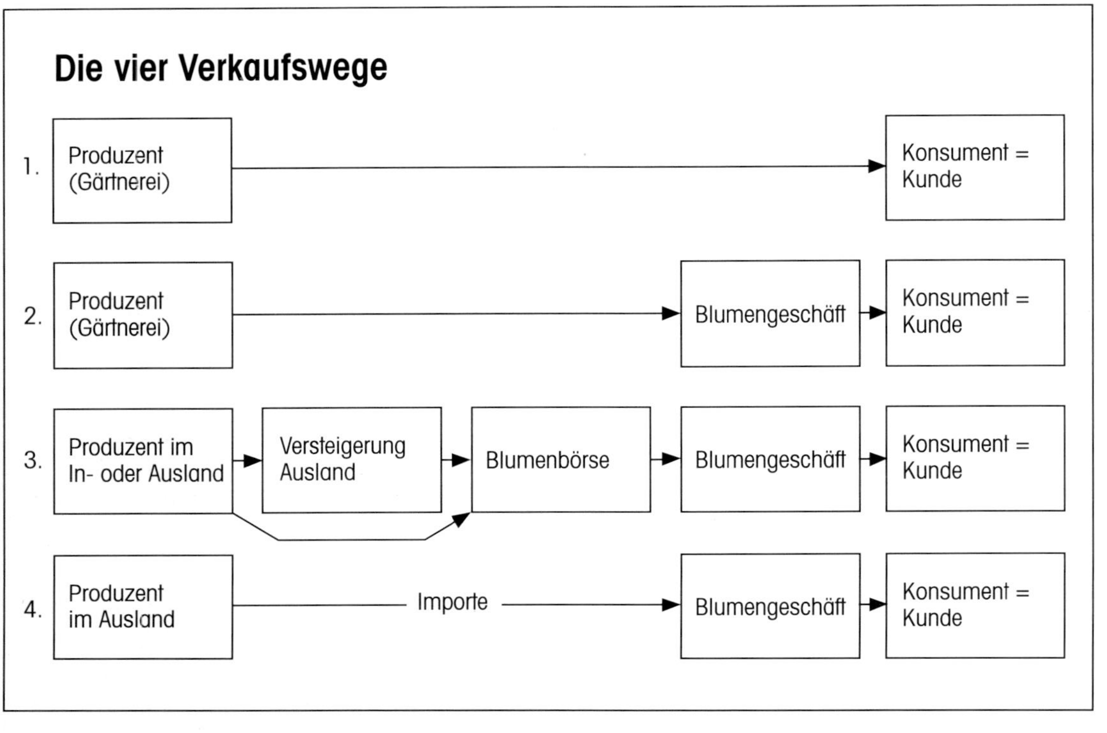

△ 5 Chrysanthemenanbau im Gewächshaus

▽ 6 Tulpen in Folienbeuteln

▽ 7 Chrysanthemen in Folienbeuteln

Wie behandeln wir geschnittene Werkstoffe?

1. Mit der nötigen Sorgfalt auspacken.

2. Kontrolle bezüglich
- Stückzahl
- Qualität
- Preis.

Die Begleitpapiere (Lieferscheine/Rechnungen) sind mit den nötigen Vermerken zu versehen. Allfällige Reklamationen sind sofort anzubringen.

3. Sehr wichtig, die Erholungsphase
Schnittblumen und Schnittgrün haben, vor allem wenn sie importiert werden, eine oft lange Reise hinter sich. Sie haben dabei eine echte «Stresssituation» erlebt. Unsere Aufgabe ist es nun, für die nötige Erholungsphase zu sorgen! Wir müssen unbedingt Massnahmen ergreifen, welche die Wasserzufuhr erleichtern.

Grundsätzlich gilt:
- frisches Anschneiden
- in lauwarmes Wasser einstellen
- möglichen Durchzug vermeiden
- Blumen oft eingepackt einstellen, vorher bei blattreichen Schnittblumen etwas Blätter entfernen
- Dauer der Erholungsphase zirka zwei bis vier Stunden, je nach Gattung, Art oder Sorte etwas unterschiedlich.

All diese Punkte bringen Erfolg, wenn die richtige Schnittreife und die Schnittzeit beachtet wurden, z. B. am frühen Morgen oder abends, niemals aber bei grosser Hitze und bei praller Sonne.

Schnittblumen im Kühlraum
Viele Schnittblumenarten werden oft über längere Zeit im Kühlraum aufbewahrt. Der Verblühungsprozess kann dadurch wesentlich verlangsamt werden. Dabei gelten die folgenden Optimalwerte:

Tagestemperatur 6 bis 10 °C
Nachttemperatur 4 bis 6 °C
relative Luftfeuchtigkeit 80 bis 90 %.

- Vorsicht! Nicht alle Blumenarten gehören in den Kühlraum, z. B. Orchideen, Wicken, Herzenskelch (Urceolina) u. a. Man beachte die Angaben im Steckbrief zu den Pflanzen!
- Der Übergang vom Kühlraum zur Normaltemperatur soll relativ langsam vor sich gehen, 1 bis 2 Stunden sind vorzusehen.

▽ 8 Lieferschein – Eingangskontrolle

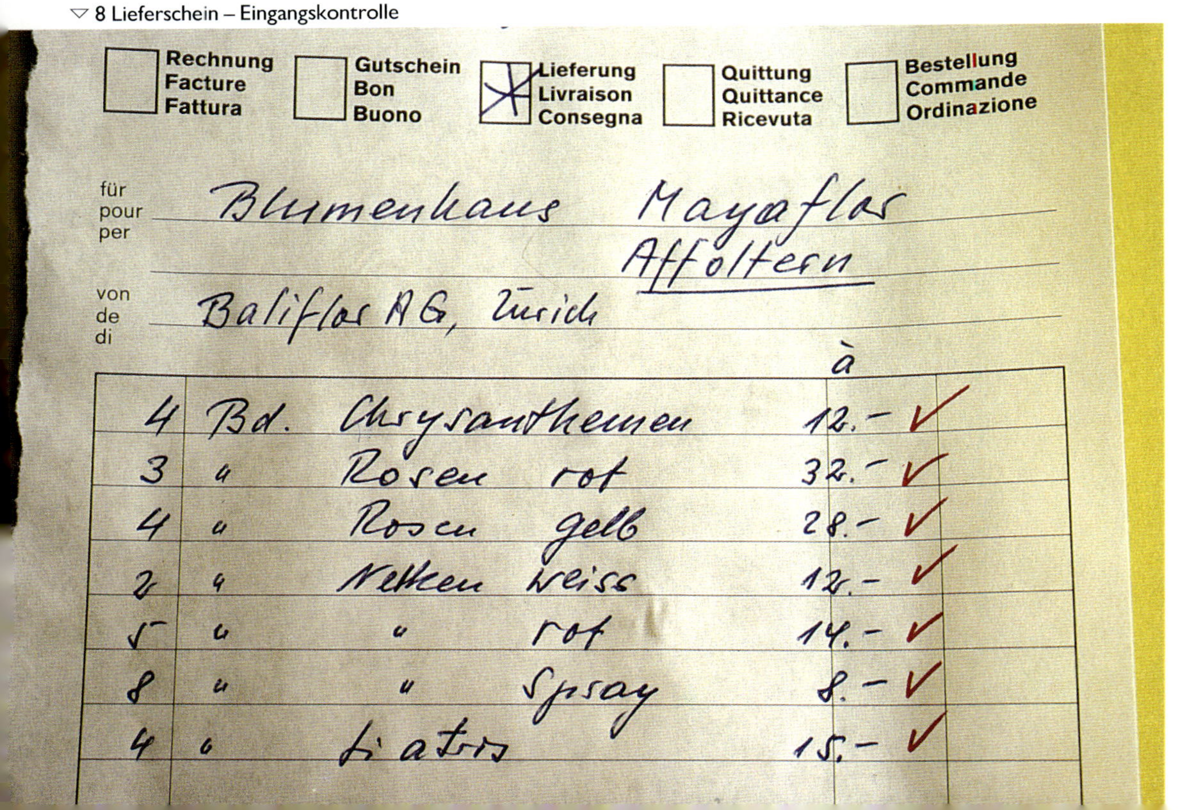

Rechnung Facture Fattura | Gutschein Bon Buono | [X] Lieferung Livraison Consegna | Quittung Quittance Ricevuta | Bestellung Commande Ordinazione

für / pour / per: Blumenhaus Mayaflor Affoltern

von / de / di: Baliflor AG, Zürich

			à	
4	Bd.	Chrysanthemen	12.–	✓
3	"	Rosen rot	32.–	✓
4	"	Rosen gelb	28.–	✓
2	"	Nelken weiss	12.–	✓
5	"	" rot	14.–	✓
8	"	" Spray	8.–	✓
4	"	Liatris	15.–	✓

Anschneiden, ein absolutes Muss?

Der richtige Anschnitt ist und bleibt eine der wichtigsten Voraussetzungen, um die Haltbarkeit unserer geschnittenen Hauptwerkstoffe zu verlängern.
Wenn Qualität und Anschnitt stimmen, sind die Voraussetzungen für eine optimale Haltbarkeit gegeben:
Je nach Beschaffenheit des Sprosses achten wir auf unterschiedliche Anschnittmethoden:

Verholzte Stengel = langer, schräger Schnitt; Schnittstelle aufschlitzen oder anklopfen; Stiele anbrechen, z. B. Flieder, Schneeball, Forsythien, Zaubernuss, Schönfrucht u. a.

Harter, krautiger Stengel = langer, schräger Anschnitt, z. B. Rosen, Nelken, Lilien, Eustoma u. a.

Weicher, krautiger Stengel = ein beinahe gerader Schnitt, z. B. Calla, Amaryllis, Hyazinthen, Tulpen, Gerbera u. a.

Werkstoffe mit Milchsaft (z. B. Euphorbiaceen) = Anschnittstellen anbrennen oder etwa 5 bis 10 cm tief und ½ bis 2 Minuten lang in heisses, fast kochendes Wasser eintauchen. Dabei gerinnt das Plasma, und die abgetöteten Zellen wirken wie ein Schwamm. Nach dieser Behandlung empfiehlt es sich, die floristischen Werkstoffe in zirka 36 °C warmes Wasser einzustellen.

Orchideen und Cyclamen = unter fliessendem Wasser oder im Wasser anschneiden. Die Stiele sind zusätzlich kurz über der Schnittstelle einzuritzen!

Schnittblumen mit Schleimabsonderung:
Nach dem Anschnitt in zirka 50 °C warmes Wasser einstellen, damit die Schleimabsonderung gestoppt wird, ohne dass die Stiele dabei weich werden. Mit dem richtig gewählten Anschnitt legen wir genügend Leitungsbahnen frei, damit ausreichend Wasser aufgenommen und zu den Blättern und Blüten transportiert werden kann.

Merke:
- Der Anschnitt erfolgt mit scharfem Messer.
- Möglichst nicht mit einer Schere anschneiden, da durch das Schneiden oft die Leitungsbahnen zerquetscht werden, wodurch die Wasserzufuhr beeinträchtigt wird. (Bei kompakt gebundenen Sträussen können die holzigen Stiele mit einer geschliffenen Baumschere angeschnitten, die Schnittstellen mit einem Messer aufgeschlitzt werden.)

△ 9 Vor dem Anschnitt
▽ 10 Nach dem Anschnitt

11 Weicher krautiger Schaft der Zantedeschia verlangt einen beinahe geraden Schnitt.

12 Bei verholzten Stengeln, z. B. bei Flieder, macht man einen möglichtst langen, schrägen Schnitt.

13 Die Schnittstelle des Flieders wird mit einem Messer aufgeschlitzt.

14 Die Werkstoffe mit Milchsaft werden an der Anschnittstelle angebrannt. Wir stoppen damit den Ausfluss des Saftes. Das Plasma gerinnt, und die abgetöteten Zellen wirken wie ein Schwamm = Kapillarität.

15 Orchideen sind sehr heikle Blumen in bezug auf die Wasseraufnahme. Bei Orchideen und Cyclamenblüten empfiehlt es sich, den Anschnitt unter Wasser vorzunehmen.

△ 11
▽ 12

▽ 13

△ 14
▽ 15

△ 16 Chrysanthemen und
▽ 17 Rosen, die Haltbarkeit kann verlängert werden

Sind Frischhaltemittel nötig?

Auf dem Markt finden wir heute verschiedene Frischhalte- bzw. Nährmittel für geschnittene Werkstoffe:
- für verholzte Stengel (Schneeball, Flieder, Chrysanthemen usw.)
- für krautige Stengel (Anemonen, Gerbera, Zinnien, Astern, Sonnenblumen usw.)
- für Rosen
- für krautige, weiche Stengel mit Schleimabsonderung, wie z. B. Narzissen
- für geschnittene Werkstoffe ganz allgemein.

Diese Frischhalte- oder Nährmittel nützen jedoch nichts ...
... bei schlechter Qualität der Werkstoffe
... beim Nichtbeachten der jeweiligen Schnittreife
... bei falschem Standort der Werkstoffe
... bei zuwenig Wasser in der Vase (z. B. bei Rosen)
... bei zuviel Wasser (z. B. bei Gerbera).

Wann nützt ein Frischhalte- oder Nährmittel bei geschnittenen Werkstoffen?
Nur wenn die vorgängig erwähnten, werkstoffgerechten Massnahmen getroffen worden sind, ist eine mögliche Verlängerung der Haltbarkeit gewährleistet.

Wichtig: Gebrauchsanweisungen unbedingt beachten!

Was bewirken Frischhalte- oder Nährmittel?
Durch die Nährmittelzufuhr (z. B. Zucker) verläuft der Verblühungsprozess normal.
Das Wasser kann über längere Zeit ohne zu faulen in Gefässen gelassen werden, denn die Produkte wirken bakterienhemmend. Man muss nur periodisch ergänzen, was durch die Verdunstung verbraucht wurde.
Die Wirksamkeit dieser Mittel ist ebenfalls von der örtlichen Wasserqualität abhängig.
Durch eigene Beobachtungen können wir erfahren, welches empfohlene Mittel bei welchen Blumenarten etwas bringt. Auch die persönlichen «Hausmittel» wie Zucker, Kupfermünzen u. a. können Erfolge verbuchen.

Umweltverträglichkeit der Produkte
Achten wir auf umweltverträgliche Frischhaltemittel! Lassen wir uns beraten! Lesen und kennen wir die Zusammensetzung der oft chemischen Produkte?

Stützen von Werkstoffen

Grundsätzlich benützen wir Draht als technisches Hilfsmittel um...
...zu schwache Werkstoffe (Stiele) zu stützen.
...Werkstoffe in eine gewünschte Lage zu bringen.

Merke:
- richtige Stütztechnik wählen (werkstoffgerecht)
- richtige Drahtstärke wählen
- richtige Drahtart wählen (Länge, grünlackiert, blaugeglüht)
- sowenig wie möglich und soviel wie nötig stützen.

Wir fragen uns dabei immer:
- Muss ich diesen Werkstoff für diese Arbeit stützen?
- Warum muss ich stützen?
- Welche Vorteile sehe ich darin?
- Wie will ich stützen?
- Gibt es andere Möglichkeiten?

Zum Beispiel mit den Fingern durch «Massieren» den Stengel in die gewünschte Lage biegen.

Wichtig: Die Werkstoffe sollten beim Stützen mit technischen Hilfsmitteln möglichst nicht verletzt werden!

Beispiele (siehe Abbildungen):
- Schiene
- allgemeine Stütze
- hohler Stiel oder Schaft
- Blätter
- Werkstoffe, welche sich nach dem Schnitt noch strecken (z. B. Gerbera, Tulpen, Ranunkeln usw.).

Sichtbare Stütztechnik kann, wenn sie bewusst eingesetzt wird, als gestalterisches Element benützt werden, um eine Aussage zu verstärken oder zu verändern, z. B. mit farbigem Draht stützen!

Oben 18+19
Allgemeine Stütze bei z. B. schwachen Rosen.
Wir achten, dass der Einstich an die Hinterseite des Fruchtknotens erfolgt. Der Draht wird möglichst langgezogen um den Stengel gewunden.

Unten 20+21
Gerbera strecken sich in der Vase. Hier wird ein «Ring» um den Blütenschaft angelegt.

22 + 23 Stützen aussen mit feinem Silber- oder Myrtendraht

24 Stützen bei hohlem Stiel oder Schaft. Ein feiner, grüner Draht wird in den hohlen Stiel eingeschoben. Wichtig ist die richtige Drahtstärke!

25, 26, 29 Blätter stützen am Beispiel Bergenia. Eine Drahtschlaufe wird an den Blattstiel angelehnt und mit Floratape umwickelt. Die Blätter werden dadurch nicht verletzt.

27 + 28 Andrahten eines Gaultheriablattes, das dadurch auch in die richtige Lage gebracht werden kann.

30 + 31 Drahtschiene bei Gaultheriazweig. Der Zweig wird mittels einer Drahtschiene in die gewünschte Lage gebracht.

△ 22
▽ 23

▽ 24

△ 25
▽ 26

△ 27
▽ 28

△ 29
▽ 30

▽ 31

Pflegetips für den Kunden

Verblühen, welken:

- Vorzeitiges Welken ist oft die Folge einer falschen Vorbehandlung oder schlechter Umweltbedingungen, wie z. B.
  - zu hohe Temperaturen
  - zu geringe Luftfeuchtigkeit
  - falsche Erntezeit
  - mit Stickstoff überdüngte Pflanzen
  - unterbrochene Wasserzufuhr
  - Durchzug oder andere Faktoren.
- Das Verblühen ist ein natürlicher Vorgang, weil sich die Baustoffe in der Pflanze langsam abbauen (verbrennen).
  Blütenstiele mit einem vielblütigen Blütenstand (z. B. Flieder) und solche mit vielen Staubblättern und starker Pollenentwicklung (Mohn) haben eine kürzere Lebensdauer.
- Floristische Arbeiten mit geschnittenen Werkstoffen nicht zu warm stellen. (Nie der prallen Sonne aussetzen!)
- Unbedingt vor Durchzug schützen!
- Genügend Wasser geben, lieber etwas zuviel als zuwenig (Ausnahmen beachten)!
- Täglich Wasser wechseln.
- **Warmes Wasser** bewirkt eine raschere Wasseraufnahme, weil Wärme die Stoffwechselvorgänge in der Pflanze aktiviert. Warmes Wasser enthält auch weniger gelöste Gase.
- **Bei kaltem Wasser** verengen sich die Leitungsbahnen, und die Wasseraufnahme ist in der Folge träge.
- Dem Wasser Frischhalte- oder Nährmittel beigeben!
- Für Blumen in der Vase täglich **neuer Anschnitt!**
- In genügendem Abstand zu Obstschalen aufstellen. Den Früchten, Äpfel, Birnen usw., entweicht **Äthylengas,** das den Verblühungsprozess fördert und somit die Haltbarkeit beträchtlich reduziert.
- Auch voll erblühte und verblühte Blumen scheiden dieses Gas aus, deshalb sind letztere auszuschneiden, z. B. in Sträussen oder Gestecken.
- Blumen nachts möglichst in die Kühle stellen!
- Blumen im Kühlschrank? Wenn der Kühlschrank auf die geringste Stufe gestellt wird, dann ja, z. B. als «Nachtquartier» für kleine Sträusse. Die Blumen sind aber in Seidenpapier einzurollen!
- Bei Sträussen dazu passende Gefässe wählen! Schlechtstehende Vasen können mit Sand oder Kies beschwert werden; je nach Vasenform und Grösse genügen 5 bis 10 cm.
- Kupfergefässe eignen sich für Schnittblumen ideal.
- Die Gefässe sind immer sauber zu halten und nach der Verwendung gründlich zu reinigen.
- Blumen können nachts mit einer leichten Folie überdeckt werden. Die erhöhte Luftfeuchtigkeit und das dadurch entstandene Mikroklima bringen ideale Voraussetzungen für den Wasserhaushalt.

Die Beurteilung der floristischen Werkstoffe in bezug auf

die Oberflächenstruktur

(Stofflichkeit) der Werkstoffe als gestaltungsbestimmendes Kriterium

Die Stofflichkeit bzw. Oberflächenstruktur der floristischen Werkstoffe sowie alle in der Floristik eingesetzten «Nichtfloralien zählen» zu den wesentlichen Gestaltungsfaktoren. Das bewusste Einsetzen der strukturellen Beschaffenheiten der Gestaltungselemente bringt uns zu interessanten Kombinationsmöglichkeiten, und dadurch werden auch spezielle Aussagen der einzelnen floristischen Gestaltungen möglich. Oberflächenstrukturen werden beeinflusst durch die Umgebung, Lichtverhältnisse, Menge sowie Form, Farbe u. a.
Wir unterscheiden:

1. Harte Oberflächenstrukturen

Metallische Erscheinung
- glänzend, kühl, hart
  z. B. Anthurium – Flamingoblume, Ilex.

Rustikale Erscheinung
- herb, rauh, stumpf, warm
  z. B. Helianthus – Sonnenblume.

Ledrige Erscheinung
- fleischig, glatt, fest, feucht
  z. B. Prunus laurocerasus – Kirschlorbeerblatt.

2. Weiche Oberflächenstrukturen

Samtige Erscheinung
- warm, filzig, weich, flauschig, glänzig
  z. B. Anigozanthos – Känguruhblume.

Wollige Erscheinung
- warm, stumpf, matt, mollig
  z. B. Ageratum – Leberbalsam.

3. Zarte und zerbrechlich erscheinende Oberflächenstrukturen

Glasige Erscheinung
– hart, klar, glänzend, edel
z. B. Freesia.

Porzellanähnliche Erscheinung
– wachsig, glitschig, geschmeidig, glatt, hart, durchscheinend
z. B. Stephanotisblüte – Kranzschlinge.

Seidige Erscheinung
– duftig, fein, leicht, zart, matt
z. B. Papaver – Islandmohn.

△ 32 Freesien = glasige Erscheinung
▽ 33 Ilex aquifolium = metallische Erscheinung

Wertmässigkeiten und Ausdruck der gestalterischen Werkstoffe

Der Persönlichkeitscharakter der Floralien

(Floristische Charaktertypen)

Nicht nur der Mensch, auch Tiere und Pflanzen weisen arttypische Charakterzüge auf. Sie besitzen demnach eine charakteristische Persönlichkeit. Ihre spezifischen Wesenszüge helfen uns, sie zu erkennen. Je ausdrucksstärker eine Persönlichkeit ist, um so leichter fällt es uns, sie richtig zu erfassen.
In der floristischen Gestaltung versuchen wir, die wesentlichen Eigenarten unserer Werkstoffe optimal zur Geltung zu bringen, indem wir ein bewusstes Einsetzen und Gestalten auch eher Verborgenes, Schlummerndes noch steigern können.
Wir unterscheiden:

I. Geltungsfordernde Persönlichkeiten

Herrschaftsformen
– eigenwillige Persönlichkeit
– kraftvolle Erscheinung
– *starke Persönlichkeit mit grossem Geltungsdrang*
z. B. Heliconia.

Edelformen
– exklusive Erscheinung
– Kostbarkeiten
– Seltenheiten
– *starke Persönlichkeit mit grossem Geltungsdrang*
z. B. Phalaenopsis.

△ 34 Heliconia = Herrschaftsform
▽ 35 × Solidaster = gemässigter Geltungsdrang

2. Persönlichkeitsformen

Geltungsform

- ertragen eine Unterordnung
- lieben Geselligkeit
- *beachtenswerte Persönlichkeit mit gemässigtem Geltungsdrang*
  z. B. Cosmos – Schmuckkörbchen, × Solidaster.

Prunkform

- voluminöse Ausstrahlung
- kraftvoll
- duldet Gemeinschaft, aber lieber unter ihresgleichen
- *Persönlichkeit mit gemässigtem bis grossen Geltungsdrang* (in üppiger Anordnung)
  z. B. Helianthus – Sonnenblume.

3. Gemeinschaftsformen

Gemeinschafts- oder Gesellschaftsformen

- sammelnder Effekt
- bescheiden im Raumanspruch
- fühlen sich unter gleichaltrigen wohl
- einzeln wirken die Gesellschaftsformen verloren
- in der Gemeinschaft erhalten sie mehr Gewicht, Kraft und Ausdruck
- *bescheidene Persönlichkeit mit geringem Geltungsdrang* z. B. Viola Veilchen.

4. Verbindende Persönlichkeiten

Kriechende, hängende oder fliessende Formen

- benötigen genügend Freiraum in der Wuchsrichtung, um die Bewegung besser zum Ausdruck zu bringen.
- *Persönlichkeiten mit beachtenswertem Geltungsdrang*
  z. B. Amaranthus – hängender Fuchsschwanz.

5. Veränderung des Persönlichkeitscharakters der Floralien ist möglich

Insbesondere Floralien mit gemässigtem Geltungsdrang oder sogar Gemeinschaftsformen können durch

- Einzelstellung
- dominierende Grösse und Menge
- beschränkte Stückzahl oder durch
- getroffene Hoch-Tief-Wirkung zu Geltungsformen

zu Herrschaftsformen bzw. Edelformen aufgewertet werden. Umgekehrt werden Floralien mit gemässigtem Geltungsdrang durch

- kurze Stiele oder
- kleinere Blüten und Zweige
- mässig kompakte Anordnung

zu Gemeinschaftsformen herabgemindert.

Es ist unsere Aufgabe, den Einsatzbereich zu bestimmen.

Botanische Fachbegriffe

In der Botanik bedient man sich auf Grund des Pflanzenaufbaues (Habitus, Form und Anordnung der Blätter und Blüten u. a. m.) mit ganz klaren Fachbegriffen. Im Volksmund und selbst in gärtnerischen und floristischen Fachkreisen haben sich in den letzten Jahren und Jahrzehnten aber Begriffe eingeschlichen, die mit einer seriösen Botanik nicht vereinbar sind. Nennen wir als Illustration einige Beispiele:
«Keine Rosen ohne Dornen!» Botanisch haben Rosen Stacheln, keine Dornen!
«Cymbidiumrispen». Aus botanischer Sicht besitzen Cymbidien Trauben, keine Rispen!
«Trachelium-Blütendolden». Botanisch sind es keine eigentlichen Dolden, sondern *Trug*dolden oder Dolden*rispen.*
«Gladiolenzwiebeln». Botanisch sind es Knollen, keine Zwiebeln. Andere Beispiele gibt es noch viele.
Wir wollen anbei die *wichtigsten* botanischen Begriffe kurz erläutern und anhand eines zeichnerischen Grundschemas und eines Bildes aus der Praxis die typischen Merkmale festhalten. Wie wäre es, wenn sich mit der Zeit Gärtner und Floristen dieser botanischen Grundbegriffe annehmen und sich ihrer auch in der Praxis bedienen würden? Viele Unklarheiten könnten dadurch eliminiert werden!

△ 36 Pfahl- oder Hauptwurzeln
▽ 37 Büschelwurzeln

Die Wurzel

Was unter der Bodenoberfläche verborgen ist, scheint dem Floristen oft nicht so wichtig. Trotzdem halten wir als Basis für solide Grundkenntnisse die wichtigsten Begriffe fest.

Pfahlwurzeln
Die Hauptwurzel entwikkelt sich deutlich stärker als die Seitenwurzeln.
Beispiele: Ammi majus, Matthiola incana u. a.

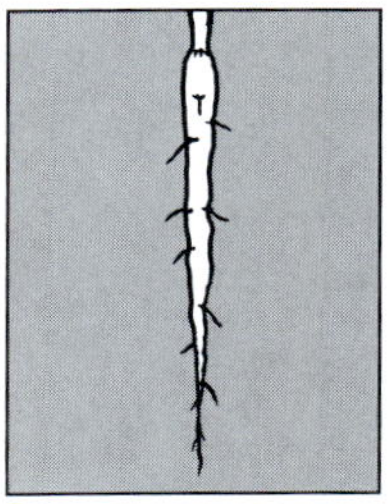

Büschelwurzeln
Alle Wurzeln sind ungefähr gleich stark und eher fein ausgebildet. Meist sind es Flachwurzler.
Beispiele: Achillea, Bellis, Chrysanthemum, Myosotis, Narcissus, Tulipa u. a.

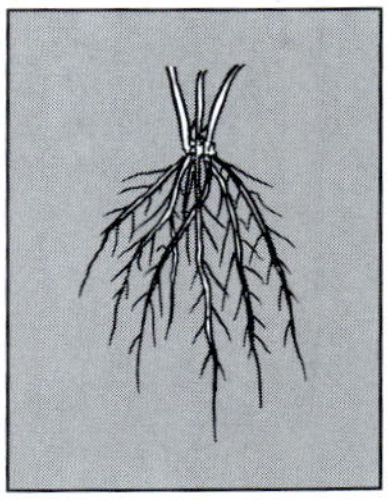

△ 38 Dahlienwurzelknollen
▽ 39 Tulpenzwiebeln

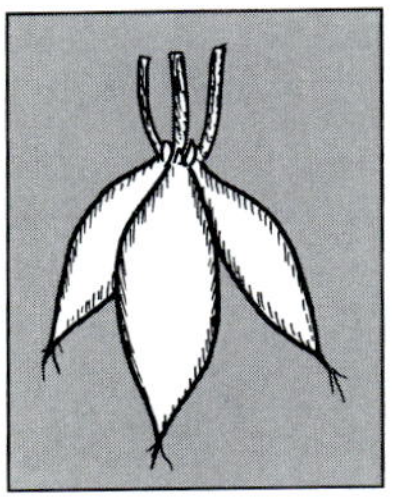

Wurzelknollen
Verdickte Einzelwurzeln. Nur im Übergang zum Spross bilden sie Knospen aus.
Beispiele: Alstroemeria, Dahlia, Gloriosa, Paeonia u. a.

Weitere Wurzelarten sind Haftwurzeln (Hedera), Luftwurzeln (Philodendron, Monstera) und Stützwurzeln (Pandanus).

Der umgewandelte Spross

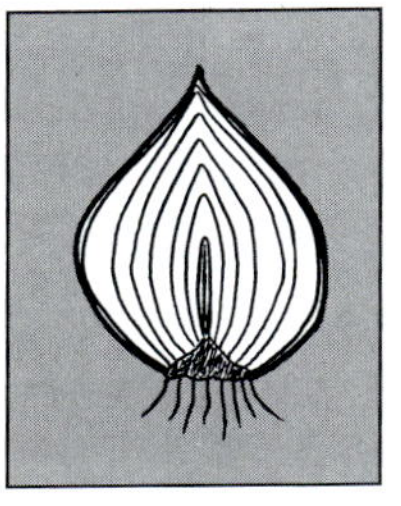

Zwiebeln
Gestauchter Grundspross mit fleischigen Niederblättern zur Reservespeicherung.
Beispiele: Hippeastrum, Hyacinthus, Leucojum, Muscari, Tulipa u. a.
Schuppenzwiebeln = Lilium-Arten

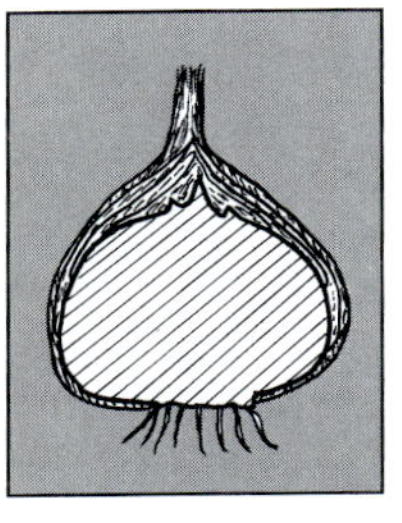

Knollen
Verdickter fleischiger Grundspross mit Knospen versehen.
Beispiele: Anemone, Freesia, Gladiolus, Ranunculus, Zantedeschia u. a.

△ 40 Gladiolenknolle
▽ 41 Achillea = Staude

Rhizome
Unterirdische, meist blattlose Sprosse mit Knospen und Wurzeln. Viele Stauden vermehren sich durch Rhizome.
Beispiele: Achillea, Convallaria, Iris germanica, Solidago, x Solidaster u. a.

Der Spross

Oft auch als Trieb oder Stengel oder bei Gräsern als Halm bezeichnet. Ein Spross ist gegliedert in Nodien (Knoten) und Internodien (Zwischenknotenstücke) und besitzt Blätter bis zum Blütenstand hinauf.
Beispiele: Achillea, Callistephus, Chrysanthemum, Dianthus u. a.

△ 42 Sonnenblumen = wechselständige Blätter
▽ 43 Hosta = gestauchter Spross

Gestauchter Spross
Pflanze mit stark verkürztem Spross, aus dem die Blätter in meist reicher Anzahl aufstreben und oft eine Rosette bilden. Aus ihnen steigen die blattlosen Blütenschäfte auf und tragen die Blütenstände oder Einzelblüten.
Beispiele: Agapanthus, Bellis, Gerbera, Hosta, Nerine, Tritonia u. a.

Aufstrebender Spross
Die meisten Pflanzen entwickeln einen aufstrebenden Spross, der z. T. unverzweigt ist. Beispiele: Digitalis, Gladiolus, Lobelia cardinalis, Matthiola u. a. Zum grössten Teil ist der Spross schwach bis sehr stark verzweigt. Beispiele: Aster, Chrysanthemum, Gypsophila, Myosotis u. a.

△ 44 Gypsophila = verzweigter Spross
▽ 45 Getreidearten haben Halme

Der Halm
Der Halm ist dünn, straff aufwärtsstrebend und innen hohl. Er ist durch Knoten leicht verdickt. Aus den Knoten entspringt je ein lanzettliches Blatt. Endständig sitzt der ährige bis rispige Blüten- oder Fruchtstand.

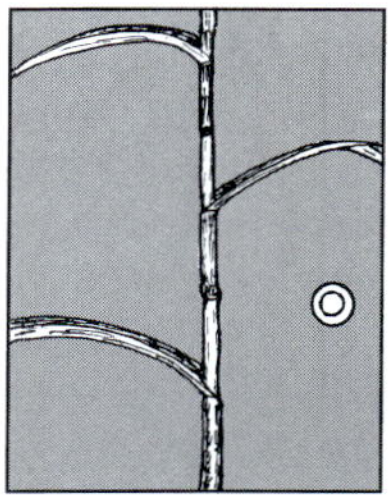

△ 46 Tulpen = Blütenschäfte

▽ 47 Strohblumen = einjährig

△ 48 Dianthus barbatus = zweijährig

▽ 49 Chrysanthemum-Maximum-Hybriden = Stauden

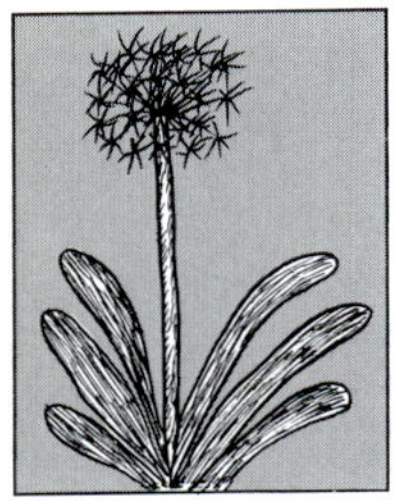

Der Schaft

Aus einer grundständigen Pflanze (Rosette, Blattschopf) entwickelt sich eine blattlose und unverzweigte Sprossachse, die an ihrem Ende Einzelblüten, Blütenstände und oft auch Hochblätter trägt.
Beispiele: Agapanthus, Allium, Anemone, Anthurium, Narcissus, Tulipa Zantedeschia u. a.

Botanische Zeichen

nach Alter und Wuchsform des Sprosses

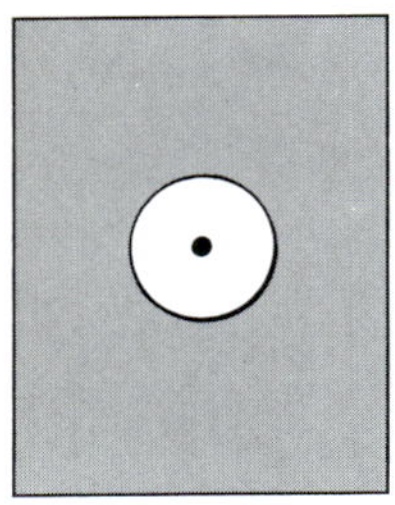

Einjährig

Die einjährigen Pflanzen werden innerhalb des gleichen Jahres vermehrt (Aussaat, Stecklinge) und blühen und sterben im gleichen Jahr.
Beispiele: Ageratum, Callistephus, Centaurea cyanus, Celosia, Helichrysum u. a.

Zweijährig

Von der Aussaat oder vegetativen Vermehrung bis zur Blüte und Befruchtung dauert es zwei Jahre, nachher stirbt die Pflanze ab.
Beispiele: Campanula medium, Dianthus barbatus u. a.

Die Staude

Die mehrjährige krautige Pflanze, die im Winter oberirdisch abstirbt, in Form von Basisknospen oder Rhizomen überwintert und jedes Frühjahr austreibt.
Beispiele: Astilbe, Chrysanthemum Max.-Hybr., Convallaria, Paeonia u. a.

Der Halbstrauch

Als Halbstrauch wird botanisch bezeichnet, was strauchartig wächst, deren Jungtriebe aber über längere Zeit noch grün und krautig sind und erst nach einigen Monaten langsam verholzen.
Beispiele: Fuchsia, Hydrangea, Pelargonien, Rosa-Arten u. a.

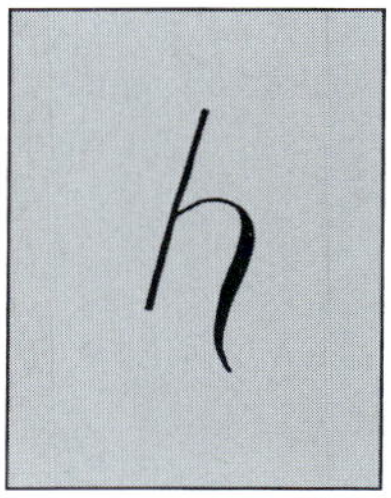

△ 50 Die Rose ist ein Halbstrauch
▽ 51 Forsythia = Strauch

Der Strauch

Aus dem Boden treibt eine Vielzahl von Trieben, die in der Folge rasch verholzen und meist breitverzweigte Büsche bilden.
Beispiele: Banksia, Callicarpa, Forsythia, Ilex, Protea, Prunus, Syringa u. a.

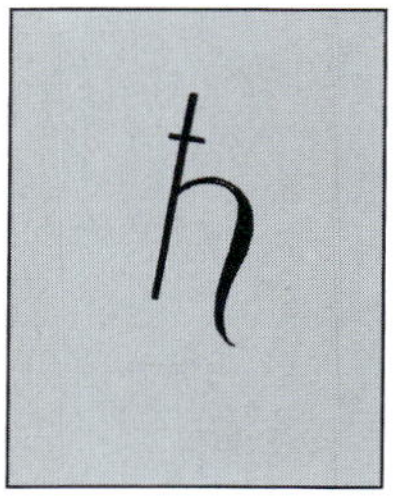

Der Baum

Auf einem längeren Stamm bildet sich eine mehr oder weniger verzweigte Krone.
Beispiele: Acer (Ahorn), Betula (Birke), Kirschen, Picea (Tanne) u. a.

△ 52 Kirschbäume
▽ 53 Hedera helix = Kletterpflanze

Hänge- und Kletterpflanzen

In der Floristik sind kletternde bis hängende Pflanzenteile gefragt. Kletterpflanzen sind: Gloriosa, Lathyrus, Stephanotis u. a.
Hängepflanzen sind: Asparagus densiflorus «Sprengeri», Hederasorten u. a.

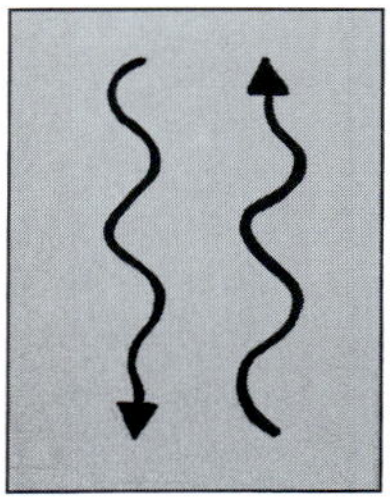

△ 54 Aglaonemablätter

△ 55 Lilienschuppenzwiebeln

▽ 56 Gerbera = grundständige Pflanze

Das Blatt

Das Blatt hat die wichtige Aufgabe, mit Hilfe von Licht, Wärme und CO_2 (Kohlensäuregas) von den Wurzeln aufgenommene Nährstoffe in organische Baustoffe umzuwandeln, die die Pflanzen zu ihrem Wachstum und zur Ausbildung von Blüten und Früchten benötigen. Wichtig ist das Chlorophyll, die winzigen grünen Farbstoffkörperchen, die diesen Assimilationsvorgang erst ermöglichen. Daher sind die meisten Blätter grün. Bei farbigen Blättern sind meist andere Farbstoffkörperchen über dem Chlorophyll (Blattgrün) gelagert. Bei weisspanaschierten Blättern fehlt das Chlorophyll teilweise ganz, deshalb wachsen diese Pflanzen auch langsamer.
Bei Kurz- und Langtagpflanzen werden im Blatt als Reatkion auf die effektive Tageslänge Wuchs- oder Blühhormone ausgebildet, die in den Triebspitzen den Befehl zum vegetativen Blattwachstum oder zur generativen Blütenentwicklung auslösen.
Für den Floristen sind die Blätter in der Verarbeitung sehr wichtige Werkstoffe, sei es als verbindende hängende Blattzweige, als sehr feines Grün zusammen mit blattlosen Blütenschaften wie Gerbera, in Biedermeiersträussen und anderen. Die schön gefärbten und gezeichneten, zum Teil grossflächigen Blätter sowie die feingefiederten Blätter und Blatttriebe verschiedener Schnittgrünarten werden in der modernen Floristik oft zum dominierenden Werkstoff überhaupt. Ein bewusstes Einsetzen macht den Floristen zum Meister!

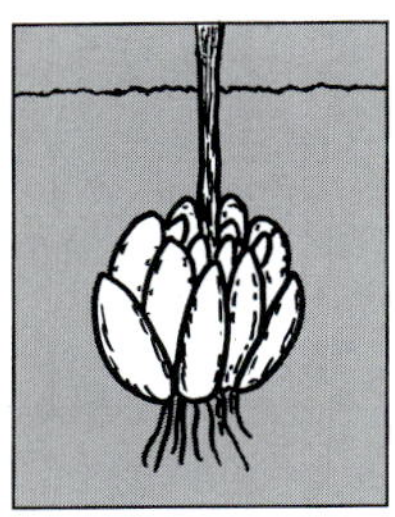

Fleischige Niederblätter

Die fleischigen, schalenförmigen Niederblätter stehen auf einem flachen, kurzen Grundspross und bilden eine Zwiebel.
Beispiele: Lilium, Narcissus, Tulipa u. a.

Grundständige Blätter

Die grünen Blätter entwickeln sich aus einem stark verkürzten Spross und bilden meist eine Blattrosette. Aus der Sprossspitze steigt ein Schaft empor.
Beispiele: Agapanthus, Allium, Bellis, Gerbera, Zantedeschia u. a.

Wechselständige Blätter
An mehr oder weniger gestreckten Sprossen sind die einzelnen Blätter in wechselnder Anordnung angeordnet. Sie verteilen sich meist rund um den Spross, können aber auch nur zweizeilig (in zwei entgegengesetzten Richtungen) angeordnet sein.
Beispiele: Achillea, Chrysanthemum, Tulipa u. a.

△ 57 Chrysanthemum = wechselständige Blätter
▽ 58 Syringa und Forsythia = gegenständige Blätter

Gegenständige Blätter
Die Blätter sind paarweise am Spross angewachsen. Meist sind sie kreuzweise gegenständig angeordnet.
Beispiele: Ageratum, Dianthus, Forsythia, Hydrangea, Syringa u. a.

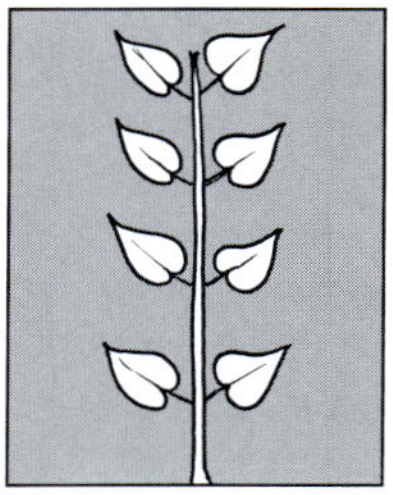

Quirlständige Blätter
Die Blätter stehen in einer Vielzahl kreisförmig um den Knoten herum angeordnet und sind meist flach ausgebreitet.
Beispiele: Galium odoratum (Waldmeister), Equisetum (Zinnkraut) u. a.

△ 59 Waldmeister und Einbeere = quirlständige Blätter
▽ 60 Anthurium = Hochblatt oder Spatha

Hochblätter/Brakteen
Pflanzenarten mit unscheinbaren Blütenständen haben zur Selbsthilfe gegriffen: Sie bilden farbige Hochblätter aus. Einzelne Hochblätter nennt man z. B. Araceae, Spatha. Kreisförmig um den Blütenstand = Brakteen.

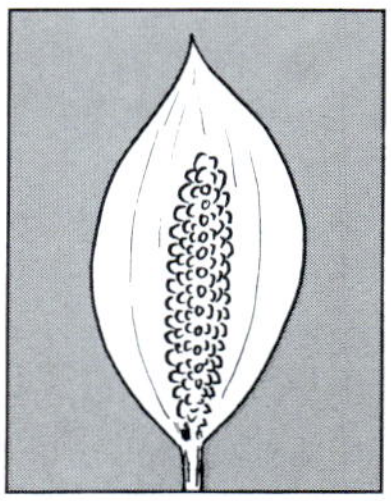

Die Blattformen

Wir unterscheiden zwischen einfachen und zusammengesetzten Blättern.
Das einfache Blatt besitzt nur eine einzige Blattfläche. Das Blatt kann sehr unterschiedlich geformt und gestaltet sein.

△ 61 Asparagus = nadelige Scheinblätter
▽ 62 Narcissus = linealische Blätter

Das einfache Blatt

Nadeliges Blatt

Das Blatt ist schmal, relativ kurz und oft hart.
Bei den Asparagusarten übernehmen laubblattähnliche Seitenachsen (Phyllokladien) die Aufgabe der Blätter. Die eigentlichen Blätter sind verkümmert und eingetrocknet.
Beispiele: Asparagus densiflorus, Asparagus setaceus, Chamelaucium, Leptospermum u. a.

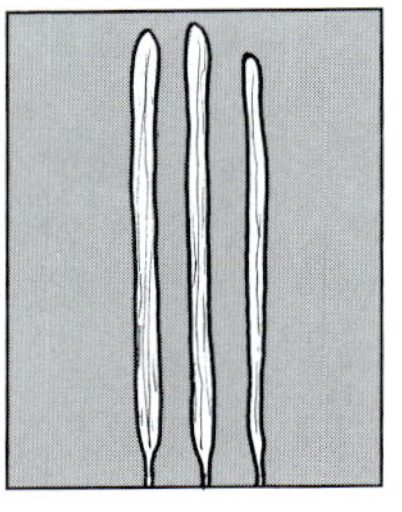

Linealisch

Das Blatt ist auf der ganzen Länge gleich breit.
Beispiele: Galanthus, Leucojum, Hippeastrum, Nerine, Narcissus, Ophiopogon, Typha u. a.

△ 63 Iris-Arten = schwertförmige Blätter
▽ 64 Schmal- bis breitlanzettliche Blätter

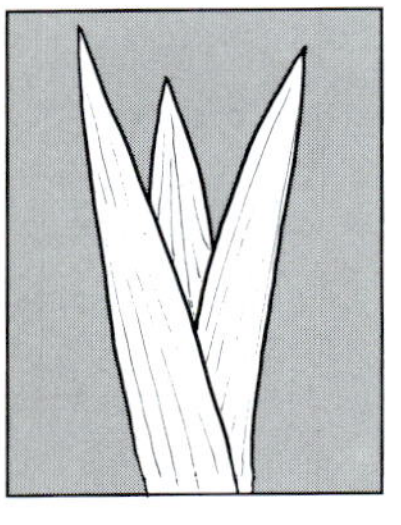

Schwertförmig

Das Blatt ist an der Stielbasis am breitesten und verschmälert sich zur Spitze hin zusehends.
Beispiele: Freesia, Gladiolus, Iris u. a.

Lanzettenförmig

Das Blatt verbreitert sich vom Blattstiel her und wird gegen die Spitze hin wieder schmäler. Es gibt schmal- und breitlanzettliche Blattformen.
Beispiele: Alstroemeria, Convallaria, Dianthus, Lilium, Salvia, Tulipa u. a.

△ 65 Bergenia = ovale Blätter

▽ 66 Syringa = herzförmige Blätter

Oval oder elliptisch

Von dieser Form ausgehend gibt es viele Übergangsformen, wie eiförmig, spatelig und kreisrund. Beispiele: Bellis, Bergenia, Calendula, Leucadendron, Protea-Arten, Sedum, Stephanotis u. a.

Herzförmig

Auch hier unterscheiden wir in langherz- bis breitherzförmigen Blättern. Beispiele: Syringa, Viola u. a.

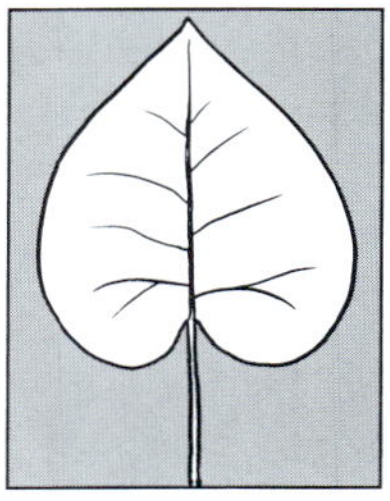

△ 67 Asarum – Haselwurz = nierenförmige Blätter

▽ 68 Hedera = pfeilblättrig

Nierenförmig

Das Blatt ist am Ende abgerundet und an der Blattbasis rundlich eingebuchtet. Beispiele: Asarum europaeum, Nymphaea u. a.

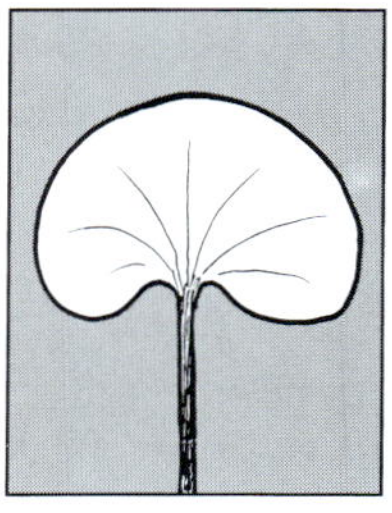

Pfeilförmig

Das zur Spitze hin stark zugespitzte Blatt weist an der Blattbasis noch zwei nach hinten verlaufende spitze Anhängsel auf. Beispiele: Arum, Hederasorten, Syngonium, Zantedeschia-Arten u. a.

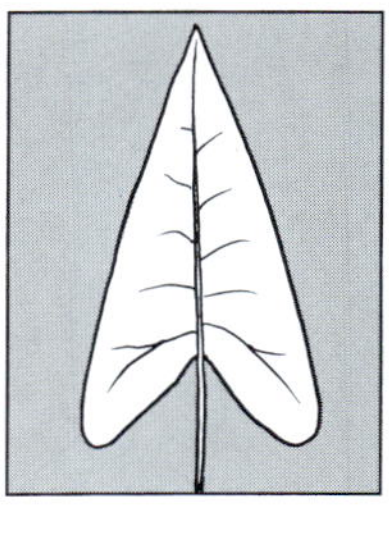

△ 69 Lotos = schildförmige Blätter
▽ 70 Delphinium = gelappte Blätter

Schildförmig
Das meist kreisrunde Blatt sitzt in der Mitte an einem Stiel, der Rand ist nicht oder wenig eingeschnitten oder eingebuchtet.
Beispiele: Lotosblume, Tropaeolum.

Gelappt
Die Blätter sind rundlich eingeschnitten. Der Blattrand ist dadurch stark gewellt.
Beispiele: Chrysanthemun, Delphinium, Gerbera u. a.

△ 71 Chrysanthemum = gebuchtete Blätter
▽ 72 Philodendron selloum = fiederteilig

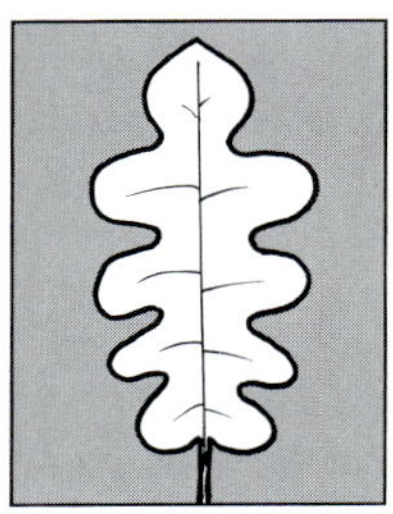

Gebuchtet
Das Blatt ist zwischen den Hauptnerven mehr oder weniger tief eingeschnitten.
Beispiele: Chrysanthemum, Fatsia, Viburnum opulus u. a.

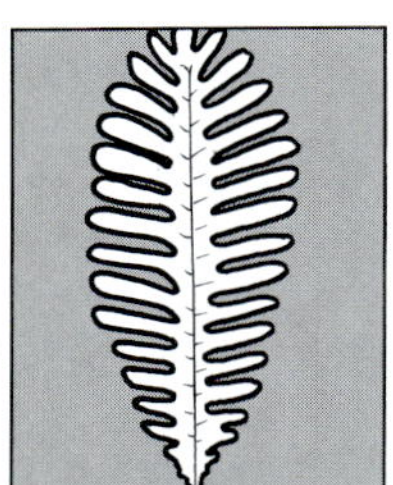

Fiederteilig
Je nach der Tiefe der seitlichen Einschnitte unterteilt man in fiederspaltig, in fiederteilig und in fiederschnittig.
Beispiele: Crataegus monogyna, Papaver Philodendron selloum u. a.

Geteilte oder zusammengesetzte Blätter

Fingerförmig geteilt

Geteilte oder zusammengesetzte Blätter weisen mehrere Einzelblättchen auf.
Klee hat drei, Aesculus Kastanien, Lupinus und andere weisen fünf bis zehn und mehr Einzelblättchen auf.

△ 73 Lupinus und Helleborus = fingerförmig geteilt
▽ 74 Papaver und Achillea= einfach gefiedert

Einfach gefiedert

Nennen wir als Beispiel das Rosenblatt. Der Blattstiel weist am Ende ein einzelnes Blatt auf, seitlich sind paarig angeordnet noch weitere vier, sechs oder mehr Blätter. Das Rosenblatt ist unpaarig gefiedert (ungerade Zahl). Fehlt das Endblatt, so sprechen wir von paarig gefiederten Blättern. Beispiel: Cassia.

Doppelt gefiedert

Hier sind die seitlichen Fiederblätter noch ein zweites Mal unterteilt.
Typische Beispiele sind: Caryota rumphiana, Cosmos bipinnatus = doppeltgefiedert, Nephrolepis exaltata u. a.

△ 75 Dryopteris = doppelt gefiedert
▽ 76 Dicentra = dreifach dreigeteilt

Dreifach dreigeteilt

Das Blatt ist in je drei Teilblätter gegliedert, die ihrerseits wieder je drei Blättchen aufweisen.
Beispiel: Dicentra spectabilis u. a.

Die Blüte

Für den Floristen sind Blüten (Blumen) vorwiegend als Werkstoff interessant. Man verwendet sie als Zierde, wegen der Farbe, der Form oder auch wegen des feinen Duftes. Botanisch sind Blüten jedoch für die Pflanze lebensnotwendige Einrichtungen, damit sich die Pflanzen erhalten und weiter vermehren können. Die farbigen Blütenblätter locken Insekten an, um das zentrale Fruchtblatt mit den Pollen der Staubblätter zu versehen. Aus der Bestäubung vollzieht sich die Befruchtung und in der Folge auch die Samenentwicklung.

△ 77 Orchideenblüten = Phalaenopsis

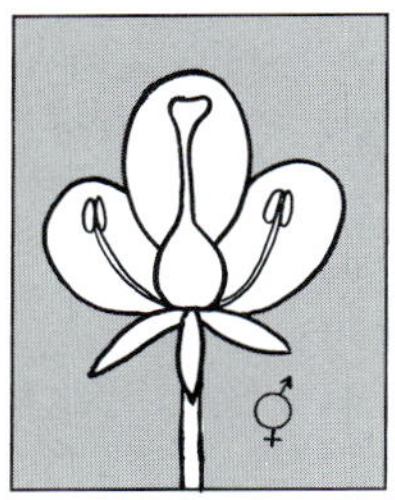

Die zwittrige Blüte
Die zwittrige oder zweigeschlechtliche Blüte besteht in der Regel aus vier verschiedenen Blattarten: grüne Kelchblätter, farbige Blütenblätter, männliche Staubblätter und das weibliche Fruchtblatt. Die meisten Blüten sind zwittrig.
Beispiele: Allium, Cattleya, Gladiolus, Lilium, Rosa, Tulipa u. a.

△ 78 Larix – Lärche = weibliche Blüten

Die weibliche Blüte
Bei einhäusigen und bei zweihäusigen Pflanzen finden wir die Blüten nach Geschlechtern getrennt. Die weibliche Blüte enthält nur das Fruchtblatt, keine Staubblätter.
Beispiele: Zea (Maiskolben) und Hippophaea (Sanddorn), Ilex (Stechpalme) als Fruchtzweige.

▽ 79 Salix – Weide = Kätzchen

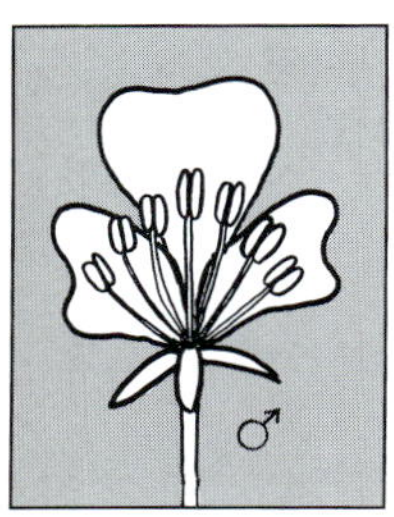

Die männliche Blüte
Wir kennen sie als floristischen Werkstoff im Winter bis Frühjahr, die Kätzchen von Corylus (Hasel) und Salix (Weiden). Auch Begonien bringen neben den weiblichen auch männliche Blüten mit Staubblättern hervor.

Der Blütenstand

Unter einem Blütenstand versteht man die mehr oder weniger systematische Anordnung von mehreren Blüten auf einer Pflanze nach einem bestimmten Schema. Um keine Unsicherheiten aufkommen zu lassen, sind die Baupläne der typischen Blütenstandformen aufgezeichnet. Nicht alle «Dolden» sind dabei wirkliche Dolden, meist sind es bei genauem Betrachten der Verzweigungen sogenannte Trugdolden (trügerische Dolden) oder Doldenrispen (doldenähnliche Rispen).

△ 80 Orchideentraube, keine Rispe!

Die Traube

Der verlängerte Spross oder Schaft ist seitlich mit einzelnen kürzeren oder längeren Blütenstielen versehen. Die Blüten können einseitig gewendet (Convallaria) oder auch rundherum angeordnet sein: Cymbidium, Eremurus, Kniphofia, Veronica u. a. Abgewandelte Trauben sind Wickel und Schraubel.

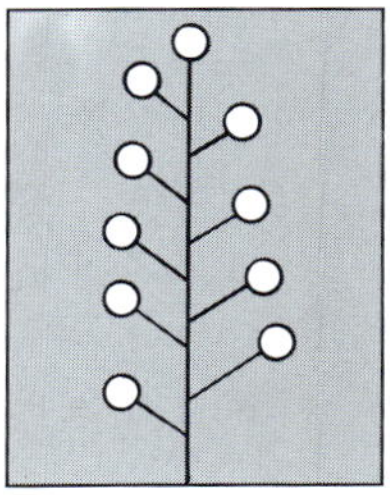

△ 81 Allium = Dolde

▽ 82 Ammi = Doppeldolde

Die Dolde

Auf einem meist blattlosen Blütenschaft entspringen mehrere, meist gleich lange Blütenstiele, die in der Folge vorwiegend kugelige Blütendolden bilden. Beispiele: Agapanthus, Alliumarten, Brodiaea, Nerine u. a.

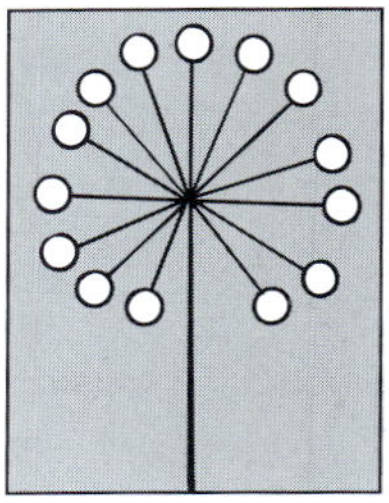

Die zusammengesetzte Dolde (Doppeldolde)

Die Dolde ist an ihren Enden nochmals in kleine Dolden aufgegliedert. Der Blütenstand ist meist flach bis leicht hochgewölbt. Beispiele: Ammi majus, Anthriscus cerefolium, Didiscus caeruleus (Umbelliferae) u. a.

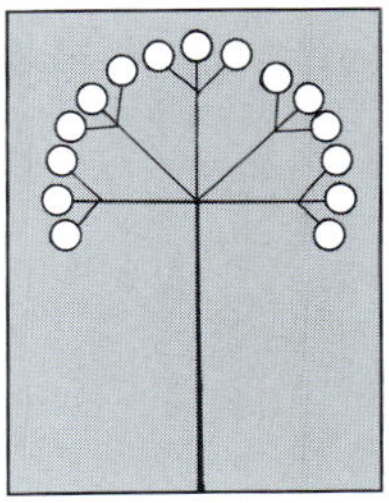

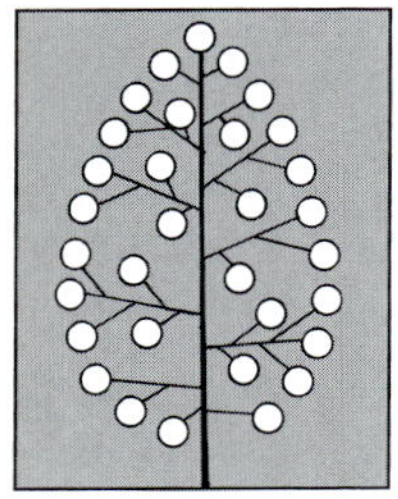

Die Rispe
Der endständige Spross ist mehrfach verästelt oder verzweigt. Die Blüten bilden in der Folge meist einen pyramidalen bis kugeligen Blütenstand.
Beispiele: Gypsophila, Phlox, Syringa, Viburnum u. a.

△ 83 x Solidaster = Rispe
▽ 84 Trachelium = Doldenrispe

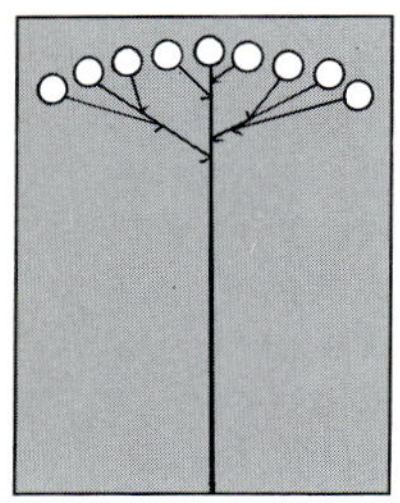

Die Doldenrispe
Die Rispe ist zu einem flachen Teller umgeformt. Meist werden diese in der Folge als Dolden bezeichnet, was jedoch falsch ist. Nur der innere Aufbau (schematische Zeichnung) entscheidet und nicht die äussere Form!
Beispiele: Achillea, Sedum, Trachelium u. a.

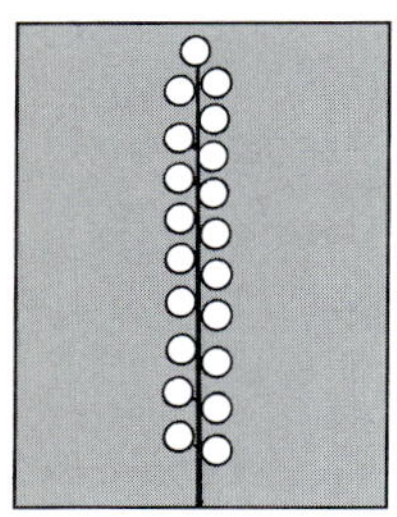

Die Ähre
Bei der Ähre sitzen die meist zahlreichen Blüten der Früchte (Getreide) ohne Stiel direkt am Schaft. Doch, wo beginnt die Ähre, wo die Traube? Bei den sehr kurzen Blütenstielen herrscht oft Unsicherheit.
Beispiele von Ähren: Hordeum, Liatris u. a.

△ 85 Liatris = Ähre
▽ 86 Larix – Lärche = Zapfen

Der Zapfen
Ein Zapfen ist botanisch gesehen eine Ähre, wobei die Grundachse und die Tragblätter verholzen.
Beispiele: Pinus, Picea, Koniferengewächse u. a.

Der Kolben

Auf einem verdickten Schaftende sitzen die einzelnen Blüten und später auch Beerenfrüchte und bilden in der Folge einen oft ansehnlichen runden Blütenstand.
Beispiele: Anthurium, Arum, Dracunculus, Zantedeschia sowie auch Zea (Mais).

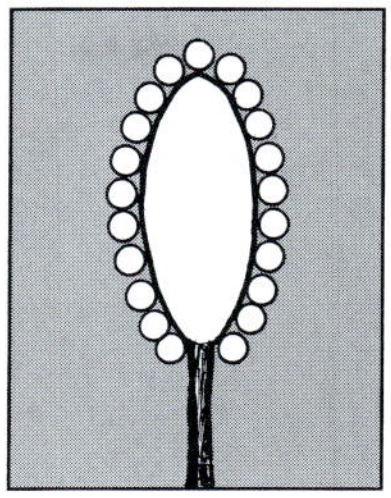

△ 87 Spathiphyllum = Kolben mit Spatha
▽ 88 Scabiosa stellata = Köpfchen

Das Köpfchen

Ist der Blütenstand endständig zu einer kugeligen Form verkürzt, so sprechen wir von einem Köpfchen. Die einzelnen Blüten sind meist locker angeordnet und auch mit Kelchblättchen versehen.
Beispiele: Scabiosa, Rotklee, Weissklee.

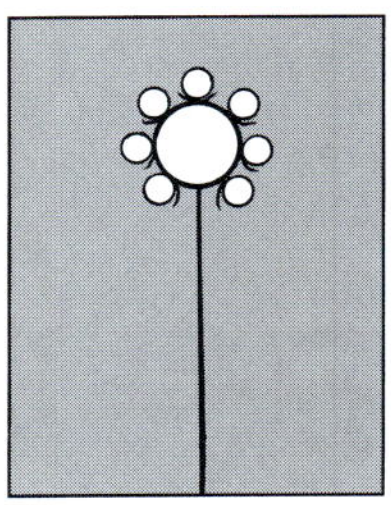

Das Körbchen

Der am meisten verbreitete Blütenstand ist das Körbchen. Der Blütenstand ist eine flache Scheibe. Die Kelchblätter sind schuppenartig angeordnet. Auf der Scheibe sitzen zwittrige Einzelblüten und weibliche Randblüten.
Beispiele: Aster, Bellis, Chrysanthemum, Cosmos, Dahlia, Gerbera u. a.

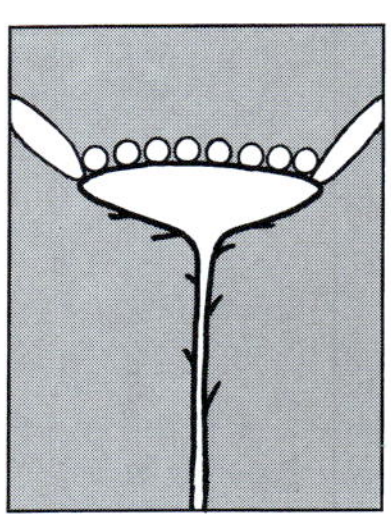

△ 89 Gerbera = Körbchen
▽ 90 Corylus – Hasel = Kätzchen

Das Kätzchen

Kätzchen sind männliche Blütenstände, die meist als Ähren ausgebildet sind und nur Staubblätter enthalten. Sie dienen der Windbestäubung bei Corylus, Hasel, Erlen, Pappeln und Salix Weiden.

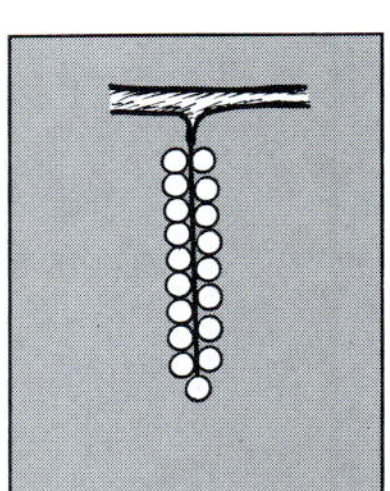

△ 91 Rebentraube = Rispe
▽ 92 Zierkürbis = Beeren

Die Frucht

Nach der Befruchtung der weiblichen Eizelle durch den Pollen der männlichen Staubblätter bildet sich zwecks Erhaltung und Verbreitung der Art der Samen. Der Samen ist zum Teil einzeln, teils auch zu mehreren zusammen in eine Frucht eingebettet. Besonders im Herbst werden die Früchte mit schönen Formen und Farben gerne zu floristischen Arbeiten verwendet. Doch um welche Fruchtart handelt es sich nun, wenn wir z. B. an Zierkürbisse, Äpfel, Weintrauben u. a. m. denken? Eine kurze Übersicht soll darüber Klarheit verschaffen:
Wir unterscheiden bei den echten Früchten in Schliess- und Spring- oder Streufrüchte. Bei den Schliessfrüchten sind die Samen in der Frucht eingebettet, bei den Streufrüchten werden die Samen nach der Reife durch Öffnen der Fruchtwände herausgeschleudert, oder sie fallen heraus. Zudem wird in echte und unechte oder Scheinfrüchte aufgeteilt. Die echten Früchte bilden sich nur aus dem Fruchtknoten heraus, während die unechten Früchte aus dem Fruchtknoten und der fleischigen Blütenachse gebildet werden.

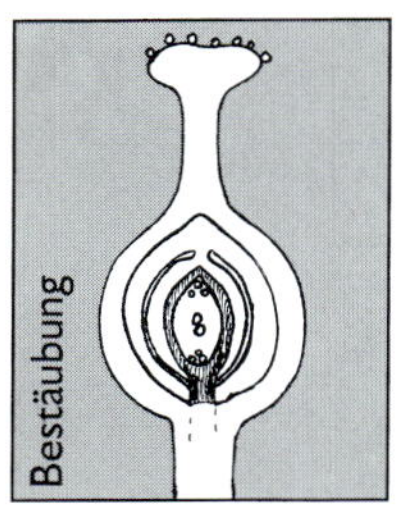

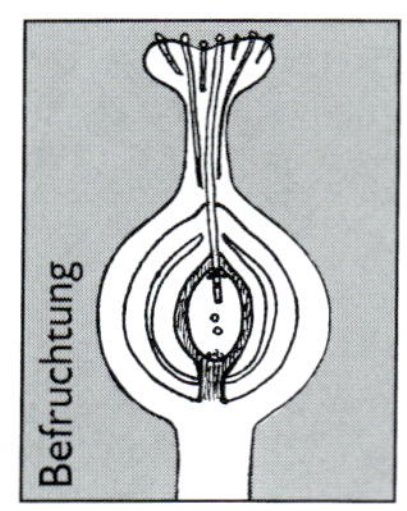

Echte Früchte
A. Schliessfrüchte

Die Beere

Das Fruchtgewebe ist fleischig, und die Samen sind oft zahlreich im Fruchtfleisch eingebettet.
Beispiele: Bananen, Gurken, Johannisbeeren, Kürbisse, Tomaten, Weintrauben u. a.

Die Steinfrucht
Hier ist nur der äussere Teil der Frucht fleischig, während der innere Teil der Frucht sehr hart ausgebildet ist.
Beispiele: Aprikose, Kirsche, Pflaume, Pfirsich, Walnüsse (fleischige Hülle).

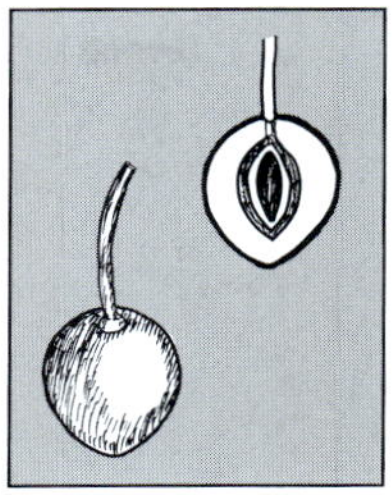

△ 93 Pfirsich = Steinfrucht
▽ 94 Haselnüsse

Die Nuss
Die Fruchtwand ist durch Steinzellen sehr hart geworden. Nüsse sind immer nur einsamig. Sie fallen meist nach der Reife ab.
Beispiele: Buchecker, Eiche, Haselnuss, Kastanie, Kokosnuss.

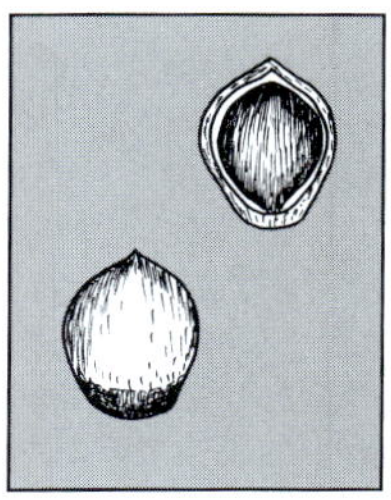

Die Grasfrucht oder Karyopse
Die Fruchtwand ist mit der Samenschale verwachsen. Wir finden sie bei allen Gras- und Getreidearten.
Beispiele: Gerste, Hafer, Korn, Reis, Roggen, Weizen.

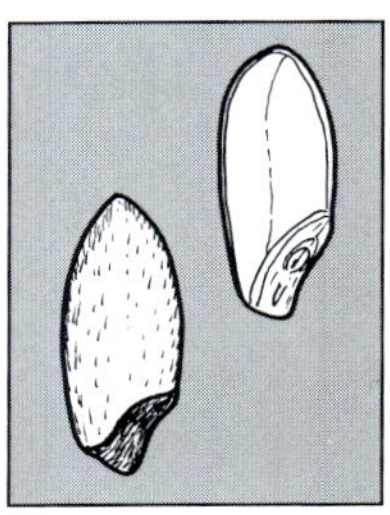

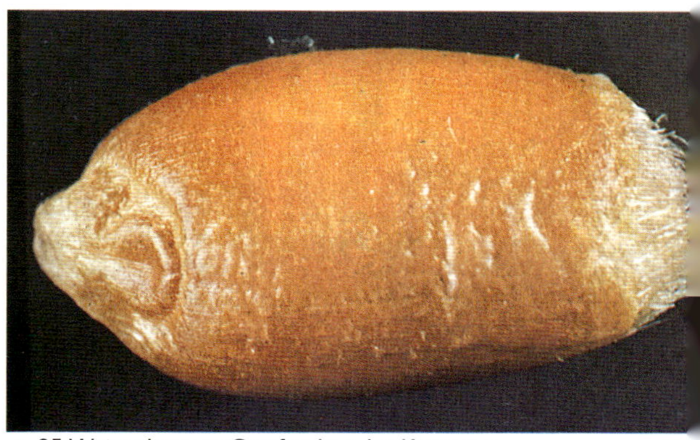

△ 95 Weizenkorn = Grasfrucht oder Karyopse
▽ 96 Paeonia = Balgfrucht

B. Spring- oder Streufrüchte
Meist sind es trockenhäutige Gehäuse, die bis zur Reife den Samen umschliessen.

Die Balgfrucht
Die Fruchtwand wird aus einem einzigen Fruchtblatt gebildet, die an einer Naht aufspringt.
Beispiele: Delphinium, Paeonien, Ranunkeln u. a.

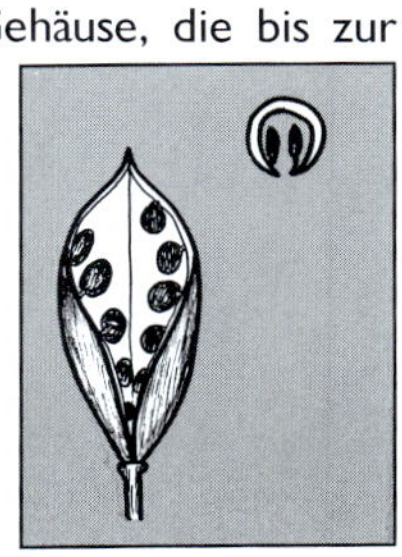

△ 97 Lunaria und Raps = Schoten

▽ 98 Lathyrus = Hülsen

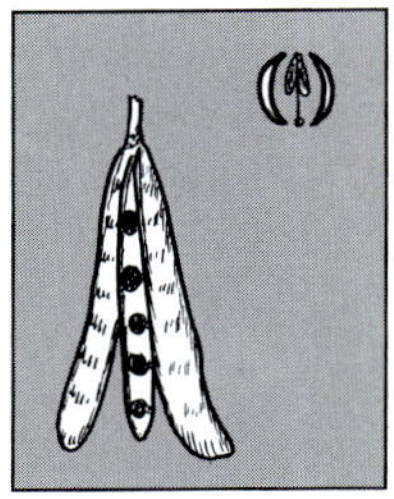

Die Schote
Es sind zwei Fruchtblätter vorhanden, die bei Kreuzblütlern (Cruciferae) in der Mitte noch mit einer Scheidewand ausgerüstet sind.
Beispiele: Alyssum, Lunaria annua, Kohlarten, Raps u. a.

Die Hülse
Hier ist das Fruchtblatt mit zwei Nähten versehen, die sich nach der Samenreife öffnen.
Beispiele: Bohnen, Erbsen, Ginster, Robinien, Lathyrus, Wicken u. a.

△ 99 Irisfruchtstände = Kapseln

▽ 100 Apfel = Scheinfrucht oder Apfelfrucht

Die Kapsel
Die Fruchtwand ist aus mehreren Fruchtblättern gebildet. Sie verhärten mit der Samenreife und lassen die Samen durch Längsrisse (Spaltkapsel) oder seitliche Öffnungen (Porenkapsel) austreten.
Beispiele Spaltkapsel: Lilien, Tulpen, Iris u. a.
Beispiele Porenkapsel: Mohnarten u. a.

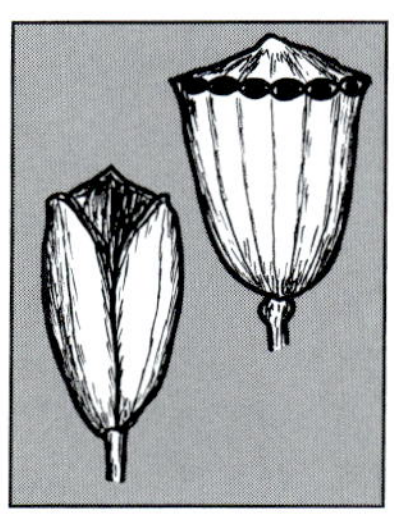

Die Schein- oder unechten Früchte

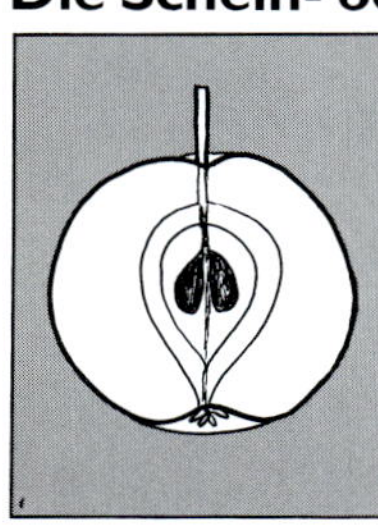

Die Kernfrucht
Das Fruchtfleisch wird von der Blütenachse gebildet. Nur das Fruchtgehäuse mit den Samen entstand aus den Fruchtblättern.
Beispiele: Apfel, Birne, Quitte.

Die Erdbeere
Das rote Fruchtfleisch ist die Blütenachse, die einzelnen Samen sind die kleinen Nüsschen, die an der Aussenhaut sitzen.

△ 101 Erdbeere = Scheinfrüchte
▽ 102 Hagebutten = Scheinfrüchte

Die Hagebutte
Auch hier sind die Samen Nüsschen, die von einer krugartig ausgebildeten Blütenachse umgeben sind. Beispiele: alle Rosenarten.

Der Fruchtstand
Hier ist nicht nur die Blütenachse, sondern der ganze Blütenstand an der Fruchtbildung beteiligt. Beispiel: Ananas.

△ 103 Ananas = Fruchtstand
▽ 104 Brombeeren = Sammelfrüchte

Die Sammelfrucht
Der Blütenboden ist mit den zahlreichen Fruchtknoten nicht verwachsen, aber stark emporgewölbt. Beispiele: Brombeere, Himbeere u. a.

△ 105 Polianthes tuberosa
▽ 106 Amaranthus caudatus

Polianthes tuberosa L. ♃ D

Synonym: –.
Familie: Agavaceae.
Handelsname: Tuberose.
Heimat/Herkunft: Nur in Kultur bekannt.
Persönlichkeit: Edelform, Herrschaftsform.
Stofflichkeit: Porzellanähnlich.
Ausstrahlung: Glänzend, hart.
Wuchsform: Zwiebelpflanze, grundständige breitlineale Blätter, endständiger hoher, ähriger Blütenstand.
Pflanzenhöhe: 50 bis 100 cm.
Blütenfarbe: Weiss.
Natürliche Blütezeit: Juni bis Oktober.
Zeitraum des Angebotes: Zurückgehaltene und später eingepflanzte Zwiebeln blühen im November bis Dezember.
Schnittreife: Die untersten 2 bis 3 Blüten müssen geöffnet sein.
Haltbarkeit: 10 bis 14 Tage.
Kühllagerung: Möglich.
Besondere Pflege: –.
Verwendung: Spezielle Bindereien, als Leitelement.
Besonderheiten: Starker Duft. Vorsicht, nicht geeignet für Krankenzimmer!

Amaranthus caudatus L. ☉

Synonym: –.
Familie: Amaranthaceae.
Handelsname: Gartenfuchsschwanz, Amarant.
Heimat/Herkunft: Tropisches bis subtropisches Südamerika.
Persönlichkeit: Hängend, verbindende Persönlichkeit.
Stofflichkeit: Rustikal.
Ausstrahlung: Wärme, klare Linie, rauh.
Wuchsform: Krautige Pflanze mit breitlanzettlichen Blättern und endständigen, überhängenden Blütenähren.
Pflanzenhöhe: 60 bis 100 cm.
Blütenfarbe: Dunkelrot, Grün.
Natürliche Blütezeit: Juli bis Oktober.
Zeitraum des Angebotes: Durch Importe aus südlichen Ländern fast das ganze Jahr erhältlich. Hauptsaison Mai bis November.
Schnittreife: Erst, wenn die Ähren voll erblüht sind, sonst fallen sie in sich zusammen.
Haltbarkeit: 10 bis 14 Tage.
Kühllagerung: Möglich.
Besondere Pflege: Möglichst viele (oder alle) Blätter entfernen.
Verwendung: Allgemeine Bindereien.
Besonderheiten: Auch für die Trockenbinderei geeignet. Bei zu spätem Trocknen ist jedoch mit Blütenausfall zu rechnen.

Amaranthus cruentus ⊙ Ⓝ

Synonym: A. hybridus ssp. cruentus; var. cruentus.
Familie: Amaranthaceae.
Handelsname: Aufrechter Katzenschwanz.
Heimat/Herkunft: Südmexiko bis Guatemala.
Persönlichkeit: Geltungsform.
Stofflichkeit: Rustikal.
Ausstrahlung: Herb, wollig.
Wuchsform: Straff aufrecht, krautig, teilweise verzweigt. Endständig aufrechte bis überneigende kräftige, ährige Blütenstände.
Pflanzenhöhe: 60.
Blütenfarbe: Dunkelrot und Grün.
Natürliche Blütezeit: Juli bis September.
Zeitraum des Angebotes: Juli bis Oktober.
Schnittreife: Die Blütenähren müssen fest und voll erblüht sein, damit sie nicht welken.
Haltbarkeit: 10 bis 14 Tage.
Kühllagerung: Möglich.
Besondere Pflege: Blätter entfernen, um ein Welken zu verhindern.
Verwendung: Allgemeine Sommerfloristik.
Besonderheiten: Zum Trocknen geeignet, hängend trocknen lassen!

Amaranthus hypochondriacus ⊙

Synonym: A. chlorostachys, A. hybridus.
Familie: Amaranthaceae.
Handelsname: Aufrechter Fuchsschwanz, Düsterer Amarant.
Heimat/Herkunft: Tropisches bis subtropisches Amerika (Virginien).
Persönlichkeit: Geltungsform.
Stofflichkeit: Rustikal.
Ausstrahlung: Herb, rauh.
Wuchsform: Krautig aufrecht mit lanzettlichen Blättern und endständigen, verzweigten aufrechten Blütenähren.
Pflanzenhöhe: 60 bis 150 cm.
Blütenfarbe: Dunkelrot, Grün.
Natürliche Blütezeit: Juli bis Oktober.
Zeitraum des Angebotes: Durch Importe aus südlichen Ländern praktisch durch das ganze Jahr.
Schnittreife: Die Blütenähren müssen fast voll erblüht sein, sonst welken sie vorzeitig.
Haltbarkeit: 10 bis 14 Tage.
Kühllagerung: Möglich.
Besondere Pflege: Möglichst viele (oder alle) Blätter entfernen.
Verwendung: Allgemeine Sommerfloristik.
Besonderheiten: Zum Trocknen geeignet.

△ 107 Amaranthus cruentus
▽ 108 Amaranthus hypochondriacus

△ 109 Celosia cristata 'Cristata'
▽ 110 Celosia cristata 'Plumosa'

Celosia cristata 'Cristata' ☉

Synonym: C. argentea var. cristata.
Familie: Amaranthaceae.
Handelsname: Hahnenkammzelosie.
Heimat/Herkunft: Tropisches Afrika.
Persönlichkeit: Geltungsform mit gemässigtem Geltungsdrang.
Stofflichkeit: Rustikal.
Ausstrahlung: Wärme, herb.
Wuchsform: Krautig aufrecht, verzweigt mit lanzettlichen Blättern und hahnenkammförmig gebändertem Blütenstand.
Pflanzenhöhe: 50 bis 60 cm.
Blütenfarbe: Gelb, Orange, Scharlachrot und Zwischenfarben.
Natürliche Blütezeit: Juli bis September.
Zeitraum des Angebotes: Durch südliche Importe ab Mai.
Schnittreife: Erst wenn die Blütenstände voll aufgeblüht sind.
Haltbarkeit: 10 bis 14 Tage.
Kühllagerung: Möglich, doch ist mit Fäulnisherden zu rechnen.
Besondere Pflege: Möglichst viele Blätter entfernen.
Verwendung: Allgemeine bis spezielle Sommerbindereien, auch für Basisgestaltung geeignet.
Besonderheiten: Auch zum Trocknen geeignet.

Celosia cristata 'Plumosa' ☉

Synonym: C. argentea var. plumosa.
Familie: Amaranthaceae.
Handelsname: Federbuschzelosie.
Heimat/Herkunft: Tropisches Afrika.
Persönlichkeit: Gestaltungsform.
Stofflichkeit: Wollig.
Ausstrahlung: Stumpf, matt, mollig.
Wuchsform: Krautig aufrecht, verzweigt mit lanzettlichen Blättern und endständigen, dicht verzweigten Blütenähren.
Pflanzenhöhe: Schnittsorten 80 bis 100 cm.
Blütenfarbe: Gelb, Orange, Scharlachrot, Dunkelrot und Zwischenfarben.
Natürliche Blütezeit: Juli bis September.
Zeitraum des Angebotes: Durch Importe aus südlichen Ländern ab Mai lieferbar.
Schnittreife: Wenn die Blütenstände voll aufgeblüht sind.
Haltbarkeit: 10 bis 14 Tage.
Kühllagerung: Möglich, doch ist mit Fäulnisherden zu rechnen.
Besondere Pflege: Möglichst viele Blätter entfernen = Reduktion der Verdunstungsflächen.
Verwendung: Allgemeine Sommerbindereien.
Besonderheiten: Auch zum Trocknen geeignet.

Gomphrena globosa ☉

Synonym: –.
Familie: Amaranthaceae.
Handelsname: Kugelamarant.
Heimat/Herkunft: Tropen bis Subtropen von Amerika.
Persönlichkeit: Gemeinschaftsform.
Stofflichkeit: Rustikal, wollige Blüten.
Ausstrahlung: Stumpf, matt.
Wuchsform: Krautig, breitverzweigt mit lanzettlichen Blättern. Auf den aufstrebenden Blütentrieben sitzen kugelige Blütenköpfchen.
Pflanzenhöhe: 15 bis 20 cm.
Blütenfarbe: Weiss, Weinrot.
Natürliche Blütezeit: Juli bis September.
Zeitraum des Angebotes: Ab Mai bis September.
Schnittreife: Wenn die Blütenkugeln gut ausgefärbt und die Stiele solid sind.
Haltbarkeit: 10 bis 12 Tage.
Kühllagerung: Möglich.
Besondere Pflege: Verdunstungsflächen (Blätter) und weiche Seitentriebe entfernen.
Verwendung: Vor allem in kompakt gearbeiteten Werkstücken oder als Basiselement.
Besonderes: Zur Trockenbinderei gut geeignet.

△ 111 Gomphrena globosa
▽ 112 Alstroemeria-Hybriden

Alstroemeria-Hybriden ♃

Synonym: –.
Familie: Amaryllidaceae.
Handelsname: Inkalilie.
Heimat/Herkunft: Wildformen aus Chile.
Persönlichkeit: Geltungsform.
Stofflichkeit: Glasig, je nach Farbe, rustikal.
Ausstrahlung: Stumpf, warm, hart.
Wuchsform: Fleischige Wurzelknollen, straff aufrechter Wuchs mit linealischen bis lanzettlichen Blättern. Endständig verzweigter rispiger Blütenstand.
Pflanzenhöhe: 80 bis 120 cm.
Blütenfarbe: Weiss, Gelb, Orange, Rosa, Lila, Rot, je mit schön gezeichnetem Schlund.
Natürliche Blütezeit: Juni bis Juli.
Zeitraum des Angebotes: Durch gestaffelte Pflanzungen im Gewächshaus durch das ganze Jahr.
Schnittreife: Wenn die ersten Knospen gut Farbe zeigen und sich öffnen wollen.
Haltbarkeit: 10 bis 14 Tage.
Kühllagerung: Möglich.
Besondere Pflege: Lauwarmes Wasser verwenden.
Verwendung: Allgemeine Binderei.
Besonderheiten: –.

△ 113 Amaryllis bella-donna
▽ 114 Cyrtanthus mackenii

Amaryllis bella-donna ♃

Synonym: –.
Familie: Amaryllidaceae.
Handelsname: Belladonnalilie.
Heimat/Herkunft: Südafrika.
Persönlichkeit: Herrschaftsform, Edelform.
Stofflichkeit: Porzellanähnlich.
Ausstrahlung: Wachsig, glatt, hart.
Wuchsform: Zwiebelpflanze, riemenförmige Blätter, doldiger Blütenstand auf langem Schaft mit 2 bis 8 Blüten.
Pflanzenhöhe: 50 bis 70 cm.
Blütenfarbe: Rosa, Purpurrot, Weiss.
Natürliche Blütezeit: August bis September.
Zeitraum des Angebotes: August bis September.
Schnittreife: Wenn die erste Blüte sich öffnen will.
Haltbarkeit: 10 bis 14 Tage, gute Haltbarkeit.
Kühllagerung: Möglich.
Besondere Pflege: Nicht zu schräg anschneiden.
Verwendung: Spezielle Bindereien.
Besonderheiten: –.

Cyrtanthus mackenii ♃ ⌂

Synonym: –.
Familie: Amaryllidaceae.
Handelsname: Bogenlilie.
Heimat/Herkunft: Natal.
Persönlichkeit: Edelform, Geltungsform.
Stofflichkeit: Porzellanähnlich.
Ausstattung: Wachsig, glatt.
Wuchsform: Zwiebelpflanze, horstbildend mit grundständigen, riemenförmigen, grünen Blättern. Auf 30 bis 40 cm langen Blütenschäften stehen Dolden mit je bis 10 duftenden, röhrenförmigen und etwas gedrehten Blüten.
Pflanzenhöhe: Bis 40 cm.
Blütenfarbe: Cremefarbig bis weiss.
Natürliche Blütezeit: Mai bis Juni.
Zeitraum des Angebotes: März bis Juni.
Schnittreife: Wenn die erste Blüte sich öffnen will.
Haltbarkeit: Mässig gut.
Kühllagerung: Möglich.
Besondere Pflege: –.
Verwendung: Lockere, leichte Binderei.
Besonderheiten: –.

Cyrtanthus purpureus ♃

Synonym: Crinum speciosum, Amaryllis purpurea, Vallota purpurea, V. speciosa.
Familie: Amaryllidaceae.
Handelsname: Vallote.
Heimat/Herkunft: Südafrika.
Persönlichkeit: Edelform.
Stofflichkeit: Porzellanähnlich, samtig.
Ausstrahlung: Wärme, wachsig, glatt, edel.
Wuchsform: Zwiebelpflanze mit linealischen Blättern. Gut entwickelte Zwiebeln bringen 1 bis 3 runde Schäfte hervor mit je 5 bis 10 Blüten pro Dolde.
Pflanzenhöhe: 40 cm.
Blütenfarbe: Orangerot.
Natürliche Blütezeit: Juli bis August.
Zeitraum des Angebotes: März bis Mai und Juli bis September.
Schnittreife: Wenn die ersten Blütenknospen gut ausgefärbt, aber noch geschlossen sind.
Haltbarkeit: 10 bis 14 Tage.
Kühllagerung: Ohne Wasser 1 bis 2 Tage möglich, von einer Kühllagerung im Wasser wird eher abgeraten.
Besondere Pflege: Nicht zu tief ins Wasser stellen. Einen geraden Anschnitt ausführen!
Verwendung: Spezielle Floristik.
Besonderheiten: –.

△ 115 Cyrtanthus purpureus
▽ 116 Eucharis amazonica

Eucharis amazonica ♄ ✂ ⌂

Synonym: Eucharis grandiflora.
Familie: Amaryllidaceae.
Handelsname: Herzenskelch.
Heimat/Herkunft: Anden, Kolumbien.
Persönlichkeit: Edelform.
Stofflichkeit: Porzellanähnlich, samtig.
Ausstrahlung: Wachsig, edel.
Wuchsform: Zwiebelpflanze mit bis 30 cm langen, breitlanzettlichen dunkelgrünen Blättern. Runder Schaft mit 3 bis 6 hängenden edlen Blüten, die eine Dolde bilden.
Pflanzenhöhe: 40 bis 60 cm.
Blütenfarbe: Reinweiss mit grünlicher Krone.
Natürliche Blütezeit: Dezember bis Januar und Mai bis August.
Zeitraum des Angebotes: Dezember bis August.
Schnittreife: Wenn eine Blüte einer Dolde geöffnet ist.
Haltbarkeit: 7 bis 10 Tage.
Kühllagerung: Nicht zu empfehlen.
Besondere Pflege: Täglich neu anschneiden, nicht zu tief ins Wasser einstellen.
Verwendung: Spezielle ausgewählte Bindereien.
Besonderheiten: Es ist meist nur immer eine Blüte ganz geöffnet.

△ 117 Galanthus nivalis
▽ 118 Hippeastrum-Hybride

Galanthus nivalis ♃

Synonym: –.
Familie: Amaryllidaceae.
Handelsname: Schneeglöckchen.
Heimat/Herkunft: Mittel- bis Südeuropa, von Frankreich bis Südrussland.
Persönlichkeit: Gesellschaftsform.
Stofflichkeit: Glasig.
Ausstrahlung: Kühl, edel.
Wuchsform: Zwiebelpflanze, linealische Blätter, hängende Einzelblüten mit 3 weissen Kronkelchblättern und kürzerer grüner Innenkrone.
Pflanzenhöhe: 10 bis 20 cm.
Blütenfarbe: Weiss mit Grün.
Natürliche Blütezeit: Ende Februar bis April.
Zeitraum des Angebotes: Aus Gewächshaustreiberei ab Januar.
Schnittreife: In noch knospigem Zustand.
Haltbarkeit: 4 bis 8 Tage.
Kühllagerung: Möglich.
Besondere Pflege: Nur in wenig Wasser stellen.
Verwendung: Für feine Bindereien.
Besonderheiten: Da sehr weiche Stiele, bündelweise 4 bis 7 Stück mit feinem Draht zusammenbinden und in Steckmasse stecken.

Hippeastrum-Hybriden ♃

Synonym: H. x hortorum, H. vittatum.
Familie: Amaryllidaceae.
Handelsname: Amaryllis, Ritterstern.
Heimat/Herkunft: Wildarten aus den Anden von Peru.
Persönlichkeit: Herrschaftsform.
Stofflichkeit: Samtig, rustikal.
Ausstrahlung: Wärme, stumpf, filzig.
Wuchsform: Zwiebelpflanze mit langen linealischen Blättern und röhrigem Schaft. Endständig doldiger Blütenstand mit 2 bis 6 Blüten.
Pflanzenhöhe: 60 bis 100 cm.
Blütenfarbe: Weiss, Rosa, Scharlachrot, Dunkelrot, z. T. gestreift.
Natürliche Blütezeit: März bis Mai.
Zeitraum des Angebotes: Oktober bis Mai.
Schnittreife: Wenn die Blütenknospen gut Farbe zeigen, aber noch nicht geöffnet sind.
Haltbarkeit: 12 bis 15 Tage.
Kühllagerung: Möglich.
Besondere Pflege: Die Schnittstelle gerade anschneiden, 1 cm über der Schnittstelle mit Bast abbinden, damit der Stiel nicht ausrollt.
Verwendung: Spezielle Binderei.
Besonderheiten: Blütenstaub gibt Verschmutzungen an den Kleidern, Staubgefässe entfernen.

Leucojum vernum ♃

Synonym: –.
Familie: Amaryllidaceae.
Handelsname: Märzenbecher.
Heimat/Herkunft: Pyrenäen, Süd- bis Osteuropa, Rumänien.
Persönlichkeit: Gesellschaftsform, Geltungsform.
Stofflichkeit: Glasig, porzellanähnlich.
Ausstrahlung: Glänzend, Klarheit, durchscheinend.
Wuchsform: Zwiebelpflanze mit linealischen Blättern. Einzelblüten hängend, 6 Kronblätter mit grünem Spitzenfleck.
Pflanzenhöhe: 20 bis 30 cm.
Blütenfarbe: Weiss mit Grün.
Natürliche Blütezeit: März bis April.
Zeitraum des Angebotes: Ab Februar bis April.
Schnittreife: In knospigem Zustand.
Haltbarkeit: 4 bis 10 Tage.
Kühllagerung: Möglich.
Besondere Pflege: In wenig Wasser stellen.
Verwendung: Für feine Bindereien.
Besonderheiten: Weiche Stiele, daher je 4 bis 7 Stück zusammen in Steckmasse stecken, Stiele vorher mit weichem Draht zusammenbinden.

Narcissus x incomparabilis ♃

Synonym: –.
Familie: Amaryllidaceae.
Handelsname: Schalen-Narzisse.
Heimat/Herkunft: Kreuzung aus N. poeticus x N. pseudonarcissus.
Persönlichkeit: Geltungsform.
Stofflichkeit: Samtig, wollig.
Ausstrahlung: Wärme, Frühling.
Wuchsform: Zwiebelpflanze mit langen linealischen Blättern, Einzelblüten seitlich geneigt auf zweikantigem Schaft mit 6 Blütenblättern und verkürzter Krone.
Pflanzenhöhe: 30 bis 45 cm.
Blütenfarbe: Weiss, Gelb, Rosa, z. T. mit andersfarbiger Krone.
Natürliche Blütezeit: März bis April.
Zeitraum des Angebotes: Durch Treiberei ab Dezember bis April.
Schnittreife: Wenn die schützende Knospenhaut gesprungen ist und die Knospen gut Farbe zeigen, aber noch gut geschlossen sind.
Haltbarkeit: 7 bis 14 Tage.
Kühllagerung: Ohne Wasser 1 bis 3 Tage möglich.
Besondere Pflege: Schleimabsonderung beachten, evtl. kurz ins warme Wasser einstellen.
Verwendung: Frühlingsbindereien.
Besonderheiten: Die Schleimabsonderung ist für andere Schnittblumen Gift. Frischhaltemittel ins Wasser geben oder erst nach 5 bis 10 Stunden mit anderen Schnittblumen kombinieren, nicht mehr anschneiden!

△ 119 Leucojum vernum
▽ 120 Narcissus x incomparabilis

△ 121 Narcissus poeticus ssp. poeticus
▽ 122 Narcissus pseudonarcissus ssp. pseudonarcissus

Narcissus poeticus ssp. poeticus ♃ ✂ ☠

Synonym: –.
Familie: Amaryllidaceae.
Handelsname: Dichter-Narzisse.
Heimat/Herkunft: Mittel- bis Südeuropa.
Persönlichkeit: Geltungsform.
Stofflichkeit: Samtig.
Ausstrahlung: Wärme, Sonne, Weichheit.
Wuchsform: Zwiebelpflanze mit schmalen linealischen Blättern. Auf einem zweikantigen Blütenschaft sitzt die seitlich geneigte Blüte mit 6 Blütenblättern und sehr kurzer Krone.
Pflanzenhöhe: 30 bis 45 cm.
Blütenfarbe: Weiss mit kleiner, roter Krone.
Natürliche Blütezeit: April bis Mai.
Zeitraum des Angebotes: April bis Mai.
Schnittreife: Vor dem Öffnen der Blütenkrone.
Haltbarkeit: 10 bis 14 Tage.
Kühllagerung: Ohne Wasser 1 bis 3 Tage möglich.
Besondere Pflege: Schleimabsonderung beachten, evtl. in wenig warmes Wasser stellen.
Verwendung: Allgemeine Frühlingsbindereien.
Besonderheiten: Siehe N. x incomparabilis.

Narcissus pseudonarcissus ssp. pseudonarcissus ♃ ✂ ☠

Synonym: –.
Familie: Amaryllidaceae.
Handelsname: Osterglocke, Trompetennarzisse.
Heimat/Herkunft: Südwesteuropa.
Persönlichkeit: Geltungsform.
Stofflichkeit: Samtig.
Ausstrahlung: Wärme, leuchtend, Frühling.
Wuchsform: Zwiebelpflanze mit linealischen Blättern und zweikantigem Schaft. Endständige Einzelblüten mit grosser glockiger Krone.
Pflanzenhöhe: 30 bis 40 cm.
Blütenfarbe: Gelb, Weiss, Rosa, Orange, z. T. mit andersfarbiger Trompete.
Natürliche Blütezeit: März bis April.
Zeitraum des Angebotes: Durch Frühtreiberei im Gewächshaus ab Dezember bis April.
Schnittreife: Wenn die schützende Knospenhaut geplatzt ist und die Blütenknospe gut Farbe zeigt, aber noch geschlossen ist.
Haltbarkeit: 8 bis 12 Tage, je nach Temperatur.
Kühllagerung: Ohne Wasser 1 bis 3 Tage möglich.
Besondere Pflege: Siehe N. x incomparabilis.
Verwendung: Frühlingsbindereien.
Besonderheiten: Siehe N. x incomparabilis. Einfache und gefüllte Sorten.

Narcissus tazetta ssp. tazetta ♃

Synonym: –.
Familie: Amaryllidaceae.
Handelsname: Tazette, Mehrblütige Narzisse.
Heimat/Herkunft: Mittelmeerländer.
Persönlichkeit: Geltungsform.
Stofflichkeit: Porzellanähnlich.
Ausstrahlung: Glatt, wachsig.
Wuchsform: Zwiebelpflanze mit linealischen Blättern, auf dem Schaft sitzt ein doldiger Blütenstand mit 3 bis 5 kleinen Blüten.
Pflanzenhöhe: 30 bis 50 cm.
Blütenfarben: Weiss, Gelb, z.T. mit andersfarbiger Krone.
Normale Blütezeit: März bis Mai.
Zeitraum des Angebotes: Durch Treiberei ab Januar bis Mai.
Schnittreife: Vor dem Aufblühen.
Haltbarkeit: 7 bis 10 Tage.
Kühllagerung: Ohne Wasser 1 bis 3 Tage möglich.
Besondere Pflege: Siehe N. x incomparabilis.
Verwendung: Allgemeine Frühlingsbinderei.
Besonderheiten: Siehe N. x incomparabilis. Einfache und gefüllte Sorten.

Nerine bowdenii ♃

Synonym: –.
Familie: Amaryllidaceae.
Handelsname: Nerine, Nerinen-Hybride.
Heimat/Herkunft: Südafrika.
Persönlichkeit: Geltungsform.
Stofflichkeit: Glasig, porzellanähnlich.
Ausstrahlung: Kälte, durchscheinend, glänzend.
Wuchsform: Zwiebelpflanze mit linealischen bis langlanzettlichen Blättern, die 15 bis 30 cm lang sind. Auf dem langen Schaft sind 6 bis 12 Blüten zu einer Dolde vereinigt.
Pflanzenhöhe: 40 bis 50 cm.
Blütenfarbe: Rosa mit dunklem Kiel.
Natürliche Blütezeit: September.
Zeitraum des Angebotes: Durch das ganze Jahr aus gestaffelten Gewächshauskulturen.
Schnittreife: Wenn die ersten Blütenknospen gut ausgefärbt und entwickelt sind, aber vor dem Aufblühen.
Haltbarkeit: 10 bis 14 Tage und länger.
Kühllagerung: Möglich.
Besondere Pflege: Keine, ausser nur in wenig Wasser stellen.
Verwendung: Allgemeine bis spezielle Bindereien.
Besonderheiten: Je nach Jahreszeit und Angebot grosse Preisschwankungen.

△ 123 Narcissus tazetta ssp. tazetta
▽ 124 Nerine bowdenii

△ 125 Nerine sarniensis
▽ 126 Scadoxus multiflorus ssp. katherinae

Nerine sarniensis var. sarniensis ♃ (K)

Synonym: –.
Familie: Amaryllidaceae.
Handelsname: Nerine, Nerinen-Hybride.
Heimat/Herkunft: Südafrika, Kapregion.
Persönlichkeit: Geltungsform, Edelform, je nach Einsatz in der Floristik.
Stofflichkeit: Porzellanähnlich, glasig.
Ausstrahlung: Kühl, glänzend, edel.
Wuchsform: Zwiebelpflanze mit linealischen bis langlanzettlichen Blättern. Auf den langen runden Schäften sitzen 10 bis 20 grosse Blüten zu einer Dolde vereinigt.
Pflanzenhöhe: 30 bis 50 cm.
Blütenfarbe: Rosa, Rot, Orange, Lila, Weiss. Durch Neuzüchtungen reiches Farbenspiel.
Natürliche Blütezeit: Oktober.
Zeitraum des Angebotes: September bis Oktober.
Schnittreife: Kurz vor dem Aufspringen der ersten Blütenknospen.
Haltbarkeit: 10 bis 14 Tage.
Kühllagerung: Möglich.
Besondere Pflege: Nur in wenig Wasser stellen.
Verwendung: Allgemeine und spezielle Bindereien.
Besonderheiten: Sehr oft starke Preisschwankungen.

Scadoxus multiflorus ssp. katherinae ♃ (K)

Synonym: Haemanthus multiflorus, Haemanthus katherinae.
Familie: Amaryllidaceae.
Handelsname: Blutblume.
Heimat/Herkunft: Namibia.
Persönlichkeit: Herrschaftsform, Edelform.
Stofflichkeit: Porzellanähnlich.
Ausstrahlung: Wachsig, glatt.
Wuchsform: Zwiebelpflanze mit langlanzettlichen grünen Blättern, die einen dichten Blattschopf bilden. Auf einem langen Schaft sitzen auf einer kugeligen Dolde zahlreiche Blüten.
Pflanzenhöhe: 40 bis 50 cm.
Blütenfarbe: Rot.
Natürliche Blütezeit: April bis Mai.
Zeitraum des Angebotes: Praktisch durch das ganze Jahr.
Schnittreife: Die ersten Blüten müssen geöffnet sein.
Haltbarkeit: Bis 14 Tage.
Kühllagerung: Möglich.
Besondere Pflege: In kaltes Wasser einstellen.
Verwendung: Spezielle, kostbare Binderei.
Besonderheiten: Erträgt auch wenig Wasser (flache Schalen).

Anthurium-Andraeanum-Hybriden ♄

Synonym: A. cultorum, A. andraeanum.
Familie: Araceae.
Handelsname: Grosse Flamingoblume.
Heimat/Herkunft: Kolumbien.
Persönlichkeit: Herrschaftsform, Edelform.
Stofflichkeit: Metallisch.
Ausstrahlung: Glänzend, kühl, eigenwillig, hart, edel.
Wuchsform: Grundständig bis später strauchig mit langherzförmigen Blättern. Auf langen Schäften stehen endständig herzförmige Blütenscheiden und ein fingerdicker Kolben.
Pflanzenhöhe: Je nach Alter 50 bis 150 cm.
Blütenfarbe: Scharlachrot, Dunkelrot, Orangerot, Rosa, Weiss, z. T. grüne Einfärbungen auf dem Hochblatt. Der Kolben ist weiss bis gelb.
Natürliche Blütezeit: Durch das ganze Jahr.
Zeitraum des Angebotes: Januar bis Dezember.
Schnittreife: Der Blütenstiel muss solid ausgebildet sein und der Kolben ein körniges Aussehen haben.
Haltbarkeit: 10 bis 18 Tage.
Kühllagerung: Möglich, aber nicht nötig.
Besondere Pflege: Die grossen Hochblätter ab und zu mit lauwarmem Wasser besprühen.
Verwendung: Spezielle Bindereien.
Besonderheiten: Es ist oft schwierig, die Anthurien richtig einzusetzen.

△▽ 127 + 128 Anthurium-Andraeanum-Hybriden

△ 129 Spathiphyllum floribundum
▽ 130 Zantedeschia aethiopica

Spathiphyllum floribundum ♃

Synonym: –.
Familie: Araceae.
Handelsname: Einblatt.
Heimat/Herkunft: Kolumbien.
Persönlichkeit: Edelform.
Stofflichkeit: Porzellanähnlich.
Ausstrahlung: Frisch, durchscheinend, edel.
Wuchsform: Grundständig mit lanzettlichen Blättern. Die Hochblätter und der dicke, Kolben stehen auf einem 30 bis 40 cm langen Schaft.
Pflanzenhöhe: 50 bis 80 cm.
Blütenfarbe: Weisses Hochblatt, cremeweisser Kolben, der später vergrünt.
Natürliche Blütezeit: Im Gewächshaus durch das ganze Jahr.
Zeitraum des Angebotes: Januar bis Dezember.
Schnittreife: Wenn das Hochblatt breit ausgefaltet ist und der Kolben körnig aussieht.
Haltbarkeit: 15 bis 20 Tage.
Kühllagerung: Nicht zu empfehlen.
Besondere Pflege: Gut anschneiden, in lauwarmes Wasser einstellen. Wenn zu früh geschnitten, fallen sie gerne zusammen.
Verwendung: Spezielle Bindereien, z. B. Brautsträusse, Tischdekorationen u. a.
Besonderheiten: Die grünen Blätter werden gerne mitverwendet.

Zantedeschia aethiopica ♃ ✂ ⌂

Synonym: Calla aethiopica, Richardia africana.
Familie: Araceae.
Handelsname: Zimmerkalla.
Heimat/Herkunft: Südafrika, Natal.
Persönlichkeit: Edelform, Herrschaftsform.
Stofflichkeit: Porzellanähnlich.
Ausstrahlung: Wachsig, edel, geschmeidig.
Wuchsform: Aus einem knolligen Erdstamm entwickeln sich pfeilförmige Blätter sowie auf runden Schäften trichterförmige Blütenscheiden sowie fingerdicke Kolben.
Pflanzenhöhe: Bis 100 cm.
Blütenfarbe: Weisses Hochblatt, gelber Kolben.
Natürliche Blütezeit: Januar bis Juni.
Zeitraum des Angebotes: Durch das ganze Jahr.
Schnittreife: Wenn das Hochblatt gut entwickelt ist und eine gewisse Festigkeit aufweist.
Haltbarkeit: 10 bis 14 Tage.
Kühllagerung: Möglich, aber Vorsicht, nasse Stellen verursachen Faulstellen.
Besondere Pflege: Tief ins Wasser einstellen und täglich nachschneiden.
Verwendung: Ideal für Brautsträusse, Tischdekorationen und Trauerbindereien.
Besonderheiten: Zantedeschias werden oft auch gefärbt angeboten.

Zantedeschia elliottiana ♃ ✂ ⌂

Synonym: Calla elliottiana, Richardia elliottiana.
Familie: Araceae.
Handelsname: Gelbe Kalla.
Heimat/Herkunft: Südafrikanisches Hochland.
Persönlichkeit: Edelform, Geltungsform.
Stofflichkeit: Porzellanähnlich.
Ausstrahlung: Wachsig, glatt, durchscheinend.
Wuchsform: Knolliger Erdstamm, grundständig. Die grünen Blätter sind pfeilförmig bis langherzförmig und mit weissen Flecken durchsetzt. Die Blütenscheide ist gelb.
Pflanzenhöhe: 60 bis 80 cm.
Blütenfarbe: Gelbes Hochblatt und gelber Kolben.
Natürliche Blütezeit: Juni bis August.
Zeitraum des Angebotes: Aus Gewächshauskultur Januar bis Dezember.
Schnittreife: Das trichterförmige Hochblatt muss eine genügende Festigkeit aufweisen.
Haltbarkeit: 10 bis 14 Tage.
Kühllagerung: Möglich.
Besondere Pflege: Nach längerer Zeit ohne Wasser lassen sich die Stengel biegen und evtl. mit Draht in eine gewünschte Stellung bringen.
Verwendung: Spezielle Bindereien.
Besonderheiten: Im Laufe des Jahres starke Preisschwankungen. Die Blüten sind in verschiedenen Grössen erhältlich.

△ 131 Zantedeschia elliottiana
▽ 132 Zantedeschia rehmannii

Zantedeschia rehmannii ♃ ⌂

Synonym: Richardia rehmannii.
Familie: Araceae.
Handelsname: Kleine Kalla, Buntfarbige Kalla.
Heimat/Herkunft: Südafrika, Natal.
Persönlichkeit: Edelform.
Stofflichkeit: Porzellanähnlich.
Ausstrahlung: Wachsig, glatt.
Wuchsform: Knolliger Erdstamm, grundständig, die Blätter sind langlanzettlich und die Blütenscheiden trichterförmig. Der Kolben ist kurz.
Pflanzenhöhe: 30 cm.
Blütenfarbe: Rosa, Bronze, verschiedene aparte Farbtöne.
Natürliche Blütezeit: August.
Zeitraum des Angebotes: Aus Gewächshauskultur oder Importen durch das ganze Jahr.
Schnittreife: Die trichterförmigen Hochblätter müssen eine gewisse Festigkeit aufweisen.
Haltbarkeit: 10 bis 14 Tage.
Kühllagerung: Möglich.
Besondere Pflege: Die Stiele lassen sich nach 4 bis 5 Stunden ohne Wasser leicht biegen und evtl. mit Draht in eine gewünschte Lage bringen.
Verwendung: Spezielle Bindereien.
Besonderheiten: In verschiedenen Blütengrössen erhältlich.

△ 133 Asclepias syriaca
▽ 134 Asclepias tuberosa

Asclepias syriaca ♃ ♣ Ⓝ

Synonym: A. cornuti.
Familie: Asclepiadaceae.
Handelsname: Seidenpflanze.
Heimat/Herkunft: Nordamerika.
Persönlichkeit: Geltungsform.
Stofflichkeit: Weich.
Ausstrahlung: Herb, rauh.
Wuchsform: Staude mit kräftigem Wuchs und breiter Horstbildung. Die fingerdicken Triebe wachsen straff aufrecht. Die lanzettlichen Blätter stehen kreuzweise gegenständig. Aus den oberen Blattachseln wachsen doldige Blütenstände, die später pagageiartige Früchte entwickeln.
Pflanzenhöhe: 100 cm.
Blütenfarbe: Grünlichpurpur bis Weiss.
Natürliche Blütezeit: Juli bis September.
Zeitraum des Angebotes: Das ganze Jahr erhältlich, im Winter ist die Qualität oft mangelhaft.
Schnittreife: 2 bis 3 der Blütendolden sollten geöffnet sein.
Haltbarkeit: 5 bis 8 Tage.
Kühllagerung: Möglich.
Besondere Pflege: Anbrennen der Stiele wird empfohlen.
Verwendung: Sommerbinderei, Sträusse.
Besonderheiten: Im Herbst sind die Papageienfrüchte attraktiv zum Verarbeiten.

Asclepias tuberosa ♃

Synonym: –.
Familie: Asclepiadaceae.
Handelsname: Seidenpflanze.
Heimat/Herkunft: Nordamerika.
Persönlichkeit: Geltungsform, Herrschaftsform.
Stofflichkeit: Rustikal.
Ausstrahlung: Wärme, Rauhheit, stumpf.
Wuchsform: Staude mit knolligem Wurzelstock, verzweigt, Blätter lanzettlich bis lineal. Die trugdoldigen Blütenstände erscheinen aus den oberen Blattachseln.
Pflanzenhöhe: 60 bis 90 cm.
Blütenfarbe: Orange bis Scharlachrot.
Natürliche Blütezeit: August bis September.
Zeitraum des Angebotes: Mai bis Oktober.
Schnittreife: Die meisten Blüten einer Trugdolde müssen geöffnet sein.
Haltbarkeit: 10 bis 12 Tage.
Kühllagerung: Blätter und Blumen sollten trocken sein, sonst ist mit Fäulnis zu rechnen!
Besondere Pflege: Möglichst viele Verdunstungsflächen (Blätter) entfernen.
Verwendung: Sommerbindereien, auch sehr gut geeignet für Strukturarbeiten.
Besonderheiten: Interessante Oberflächenstruktur durch die unterschiedlichen Farbabstufungen innerhalb des Blütenstandes.

Stephanotis floribunda Brongn. ♄ ⚘ (W)

Synonym: –.
Familie: Asclepiadaceae.
Handelsname: Kranzschlinge.
Heimat/Herkunft: Madagaskar.
Persönlichkeit: Edelform.
Stofflichkeit: Porzellanähnlich.
Ausstrahlung: Glitschig, geschmeidig, klar.
Wuchsform: Schlingstrauch mit ovalen, gegenständigen Blättern. Aus den Blattachseln bilden sich kurzgestielte Dolden mit je 5 bis 12 Blüten.
Pflanzenhöhe: An Drahtringen aufgebunden 40 bis 50 cm, freiwachsend 2 bis 3 Meter lang.
Blütenfarbe: Weiss, glänzend.
Natürliche Blütezeit: Juni bis September.
Zeitraum des Angebotes: April bis November.
Schnittreife: Alle Blüten einer Dolde müssen geöffnet sein.
Haltbarkeit: 3 bis 5 Tage.
Kühllagerung: In einem Foliensack ohne Wasser 1 bis 3 Tage möglich.
Besondere Pflege: Vor der Verwendung mit einer dünnen Plastikfolie abdecken.
Verwendung: Vorwiegend Brautsträusse, Haarstecker, Anstecker, Corsagen.
Besonderheiten: Die Einzelblüten fallen gerne vom Stiel, evtl. mit dünnem Draht fixieren.

△ 135 Stephanotis floribunda
▽ 136 Corylus avellana var. avellana 'Contorta'

Corylus avellana var. avellana 'Contorta' ♄ (N)

Synonym: –.
Familie: Betulaceae.
Handelsname: Korkenzieherhasel.
Heimat/Herkunft: Gartenform des gewöhnlichen Haselstrauches. Wildart aus Europa, Kleinasien, Kaukasus.
Persönlichkeit: Geltungsform, Herrschaftsform.
Stofflichkeit: Rustikal.
Ausstrahlung: Verspielt, bewegt.
Wuchsform: Strauch mit korkenzieherhaft gedrehten Trieben und Ästen, rundlichen bis herzförmigen Blättern. Einhäusige Pflanze.
Pflanzenhöhe: Bis 2 Meter.
Blütenfarbe: Gelbe lange Kätzchen.
Natürliche Blütezeit: Februar bis März.
Zeitraum des Angebotes: November bis März.
Schnittreife: Kann jederzeit geschnitten werden, ausser Vegetationszeit = zu weiche Triebe.
Haltbarkeit: Ohne Blätter und Kätzchen auch im Trockenzustand über Monate.
Kühllagerung: Nicht nötig.
Besondere Pflege: Angetriebene Zweige möglichst ins warme Wasser stellen.
Verwendung: Meistens als Hauptelement in formalen, linearen Gestaltungen oder als auflösendes Element in kompakten floristischen Arbeiten.
Besonderes: Zur Treiberei gut geeignet.

△ 137 + 138 Anchusa capensis
▽

▽ 139 Myosotis sylvatica

Anchusa capensis ⊙

Synonym: –.
Familie: Boraginaceae.
Handelsname: Ochsenzunge.
Heimat/Herkunft: Südafrika.
Persönlichkeit: Gemeinschaftsform.
Stofflichkeit: Wollig.
Ausstrahlung: Frische, rauh.
Wuchsform: Krautig aufrecht und verzweigt. Die grünen Blätter sind linealisch-lanzettlich. Die runden Blüten stehen endständig in lockeren Rispen.
Pflanzenhöhe: 30 bis 60 cm.
Blütenfarbe: Tiefblau.
Natürliche Blütezeit: Juii bis August.
Zeitraum des Angebotes: Juni bis September.
Schnittreife: Die ersten Blüten müssen geöffnet sein.
Haltbarkeit: 6 bis 8 Tage.
Kühllagerung: Möglich.
Besondere Pflege: Tief ins Wasser stellen, grosser Wasserbedarf.
Verwendung: Kleine Sommersträusse.
Besonderheiten: Einzelne Blüten fallen relativ schnell ab.

Myosotis sylvatica Ehrh. ex Hoffm. ⊙ ♃

Synonym: M. alpestris, M. oblongata.
Familie: Boraginaceae.
Handelsname: Vergissmeinnicht.
Heimat/Herkunft: Europa, Kleinasien, Mittelasien, Nordwestafrika.
Persönlichkeit: Gesellschaftsform.
Stofflichkeit: Wollig, samtig.
Ausstrahlung: Weich, Wärme, lieblich.
Wuchsform: Krautig aufrecht, verzweigt mit weichen lanzettlichen Blättern. Endständige, rispige Blütenstände.
Pflanzenhöhe: Schnittsorten 40 cm.
Blütenfarbe: Blau, z. T. auch in Rosa und Weiss.
Natürliche Blütezeit: April bis Juni.
Zeitraum des Angebotes: März bis Mai.
Schnittreife: Wenn 50 % der Blüten geöffnet sind.
Haltbarkeit: 10 bis 12 Tage.
Kühllagerung: Keine nassen Pflanzenteile, sonst ist mit Fäulnis zu rechnen.
Besondere Pflege: Viele Verdunstungsflächen entfernen. Die Schnittreife muss unbedingt beachtet werden.
Verwendung: Kleine, feine Bindereien, Biedermeier, Körbli usw.
Besonderheiten: Die Blütenfarbe verändert sich beim Verblühen.

Brunia albiflora ♄ ✂ ⌂

Synonym: –.
Familie: Bruniaceae.
Handelsname: Weissköpfige Brunie.
Heimat/Herkunft: Südafrika.
Persönlichkeit: Geltungsform, Gesellschaftsform.
Stofflichkeit: Rustikal.
Ausstrahlung: Würde, Schwere.
Wuchsform: Strauch mit aufrechtem Wuchs und lockerer Verzweigung. Weichnadelige, dichtstehende Blätter. Endständig locker verzweigt oder in Scheindolden angeordnet dichte kugelige Blütenköpfe.
Pflanzenhöhe: Bis 1 m und mehr.
Blütenfarbe: Weiss, Braungrün.
Natürliche Blütezeit: Oktober bis Januar.
Zeitraum des Angebotes: Januar bis Juni, vereinzelt auch das ganze Jahr.
Schnittreife: Wenn die kugeligen Blütenköpfe gut ausgefärbt sind.
Haltbarkeit: 15 bis 20 Tage.
Kühllagerung: Möglich.
Besondere Pflege: Ab und zu gelbwerdende Nadeln entfernen.
Verwendung: Ideal für Basisgestaltungen und Strukturarbeiten sowie für Schwerpunktbildungen.
Besonderheiten: Auch in der Trockenbinderei verwendbar. Weitere Brunia-Arten sind ebenfalls beliebt.

△ 140 Brunia albiflora

▽ 141 Brunia laevis

▽ 142 Brunia nodiflora

△ 143 Campanula glomerata
▽ 144 Campanula medium

Campanula glomerata ♃

Synonym: –.
Familie: Campanulaceae.
Handelsname: Knäuelglockenblume.
Heimat/Herkunft: Europa, Kaukasus, Iran.
Persönlichkeit: Geltungsform.
Stofflichkeit: Wollig.
Ausstrahlung: Frische, Kühle.
Wuchsform: Staude mit polsterartiger Ausbreitung. Die grundständigen Blätter sind eiförmig, die Stengelblätter sind länglich, gezähnt und behaart. Auf aufrechten Trieben bilden sich endständig engstehende Blütenstände aus den oberen Blattachseln.
Pflanzenhöhe: 60 cm.
Blütenfarbe: Blauviolett.
Natürliche Blütezeit: Juni bis Juli.
Zeitraum des Angebotes: Mai bis September.
Schnittreife: Einige Blüten müssen geöffnet sein.
Haltbarkeit: 4 bis 7 Tage.
Kühllagerung: Möglich.
Besondere Pflege: In warmes Wasser einstellen, evtl. zuerst kurz in heisses Wasser. Benötigt viel Wasser.
Verwendung: Sträusse, Gestecke.
Besonderheiten: Vom 2. Tage an sind einzelne verblühende Blüten zu entfernen.

Campanula medium ⊙ ✂

Synonym: –.
Familie: Campanulaceae.
Handelsname: Marienglockenblume.
Heimat/Herkunft: Nord- bis Mittelitalien, Südostfrankreich.
Persönlichkeit: Geltungsform, Herrschaftsform.
Stofflichkeit: Samtig, seidig.
Ausstrahlung: Duftig, matt.
Wuchsform: Zweijährig, straff aufrechter Wuchs mit lanzettlichen weichen Blättern. Traubiger Blütenstand mit hängenden glockigen Blüten.
Pflanzenhöhe: 60 bis 80 cm.
Blütenfarbe: Weiss, Rosa, Dunkelblau.
Natürliche Blütezeit: Juni bis Juli.
Zeitraum des Angebotes: April bis Juli.
Schnittreife: Wenn die Blütenknospen ausgefärbt und entwickelt, aber noch nicht geöffnet sind.
Haltbarkeit: 8 bis 14 Tage.
Kühllagerung: Möglich. Vorsicht, die Blüten ertragen keine lange Lagerung und faulen gerne.
Besondere Pflege: Möglichst viele Verdunstungsflächen (Blätter) entfernen und verholzte Stiele gut anschneiden.
Verwendung: Allgemeine Sommerbindereien, Dekorationen, Sträusse und anderes.
Besonderheiten: Die Seitentriebe eignen sich ideal für kleine, feine Bindereien. Die Knospen öffnen sich fast alle.

Campanula persicifolia ssp. sessiliflora ♃ ✂

Synonym: C. gracilis, C. latifolia, C. sessiliflora.
Familie: Campanulaceae.
Handelsname: Pfirsichblättrige Glockenblume.
Heimat/Herkunft: Balkan.
Persönlichkeit: Geltungsform.
Stofflichkeit: Glasig, porzellanähnlich.
Ausstrahlung: Frisch, kühl, klar, hart.
Wuchsform: Staude mit zierlich aufrechtem Wuchs, Blätter spatelförmig, endständig traubige bis rispige Blütenstände mit weit geöffneten Glockenblüten.
Pflanzenhöhe: 60 bis 80 cm.
Blütenfarbe: Weiss, Blau.
Natürliche Blütezeit: Juni bis Juli.
Zeitraum des Angebotes: Mai bis Juli.
Schnittreife: Wenn die Blütenknospen gut ausgefärbt und entwickelt, aber noch nicht geöffnet sind.
Haltbarkeit: 10 bis 14 Tage.
Kühllagerung: Möglich.
Besondere Pflege: Verholzte Blütenstiele besonders gut behandeln: Aufschlitzen, schräges Anschneiden der Schnittstellen.
Verwendung: Sommerfloristik.
Besonderheiten: –.

△ 145 Campanula persicifolia ssp. sessiliflora
▽ 146 Campanula pyramidalis

Campanula pyramidalis ♄ Ⓚ

Synonym: –.
Familie: Campanulaceae.
Handelsname: Pyramidenglockenblume.
Heimat/Herkunft: Norditalien, Nordwestbalkan.
Persönlichkeit: Geltungsform.
Stofflichkeit: Wachsig.
Ausstrahlung: Glänzend, glatt.
Wuchsform: Zwei- bis dreijährige Pflanze mit an der Basis grossen, länglich-eirunden, grünen Blättern. An den Blütentrieben sind sie kleiner und herzförmig. An starken und schlanken Trieben bilden sich lange, rispige Blütenstände.
Pflanzenhöhe: 80 bis 100 cm.
Blütenfarbe: Hellblau, Hellviolett oder Weiss.
Natürliche Blütezeit: Juni bis August.
Zeitraum des Angebotes: April bis November.
Schnittreife: Wenn die Blütenknospen gut ausgefärbt und entwickelt sind, unten sind nur wenige geöffnet.
Haltbarkeit: 8 bis 14 Tage.
Kühllagerung: Möglich.
Besondere Pflege: –.
Verwendung: Lockere Sommerbinderei.
Besonderheiten: –.

△ 147 Lobelia cardinalis
▽ 148 Lobelia speciosa

Lobelia cardinalis ♃ ⌂ w→

Synonym: –.
Familie: Campanulaceae.
Handelsname: Hohe Lobelie.
Heimat/Herkunft: Nordamerika.
Persönlichkeit: Geltungsform.
Stofflichkeit: Samtig.
Ausstrahlung: Wärme, stumpf, matt.
Wuchsform: Staude mit straff aufrechtem Wuchs und dunkelroten, lanzettlichen Blättern. Die stark leuchtenden Blüten sitzen an langen, ährigen bis traubigen Blütenständen.
Pflanzenhöhe: 100 cm.
Blütenfarbe: Scharlachrot.
Natürliche Blütezeit: Juni bis August.
Zeitraum des Angebotes: Juni bis August.
Schnittreife: Wenn zirka 30 % der Blüten geöffnet sind.
Haltbarkeit: 1 bis 8 Tage. Unbedingt eine gute Schnittreife beachten, sonst fällt die Traube in sich zusammen.
Kühllagerung: Nach Möglichkeit vermeiden.
Besondere Pflege: Die Anschnittstellen sind unbedingt leicht aufzuspalten.
Verwendung: Besondere Sommerbindereien.
Besonderheiten: Das rote Laub ist ebenfalls dekorativ.

Lobelia x speciosa ⊙ ♃

Synonym: –.
Familie: Campanulaceae.
Handelsname: Grünblättrige, hohe Lobelie.
Heimat/Herkunft: Kreuzung aus L. cardinalis x L. siphilitica x L. splendens.
Persönlichkeit: Geltungsform.
Stofflichkeit: Samtig (Blüten).
Ausstrahlung: Wärme, Weichheit.
Wuchsform: Krautig, straff aufrecht mit grünen, lanzettlichen Blättern, leuchtende Blüten an langen Ähren.
Pflanzenhöhe: 100 bis 120 cm.
Blütenfarbe: Scharlachrot, Purpurviolett.
Natürliche Blütezeit: Juli bis September.
Zeitraum des Angebotes: Juli bis September.
Schnittreife: Wenn 70 % aller Blüten pro Trieb geöffnet sind.
Haltbarkeit: 12 bis 15 Tage.
Kühllagerung: Nicht nötig.
Besondere Pflege: Möglichst viele Verdunstungsflächen entfernen, ebenso weiche Seitentriebe.
Verwendung: Allgemein als Haupt- oder Begleitelement in der Gestaltung einsetzen.
Besonderes: Unbedingt eine gute Schnittreife beachten.

Trachelium caeruleum ♃ ✂ ⌂

Synonym: –.
Familie: Campanulaceae.
Handelsname: Trachelium, Halskraut.
Heimat/Herkunft: Portugal, westliche Mittelmeerländer.
Persönlichkeit: Geltungsform.
Stofflichkeit: Rustikal.
Ausstrahlung: Kühl (Farbe), stumpf, matt.
Wuchsform: Staude mit aufrechtem Wuchs, verholzend, leicht verzweigt. Die zahlreichen kleinen Blüten sitzen auf breitgefächerten Trugdolden.
Pflanzenhöhe: 60 bis 80 cm.
Blütenfarbe: Blau, Violett, Weiss.
Natürliche Blütezeit: Juli bis September.
Zeitraum des Angebotes: Januar bis November.
Schnittreife: Wenn die ersten kleinen Blütchen einer Doldenrispe (Trugdolde) geöffnet sind.
Haltbarkeit: 10 bis 14 Tage.
Kühllagerung: Möglich.
Besondere Pflege: Möglichst viele Verdunstungsflächen (Blätter) entfernen.
Verwendung: Allgemeine Bindereien.
Besonderheiten: Die Pflanze bildet unterhalb des Hauptblütenstandes noch eine Anzahl kleinerer Nebentrugdolden, die sich sehr gut für kleine Bindereien verwenden lassen.

△ 149 Trachelium caeruleum
▽ 150 Cleome spinosa

Cleome spinosa ⊙

Synonym: C. pungens.
Familie: Capparaceae.
Handelsname: Spinnenpflanze.
Heimat/Herkunft: Südamerika.
Persönlichkeit: Geltungsform.
Stofflichkeit: Seidig.
Ausstrahlung: Fein, zart, luftig.
Wuchsform: Krautig aufrecht mit leichter Verzweigung im unteren Bereich. Die Blätter sind handförmig geteilt und unterseits bedornt. Die Triebe bilden endständig traubige Blütenstände, die sich laufend weiterentwickeln und höhersteigen.
Pflanzenhöhe: 80 bis 100 cm.
Blütenfarbe: Weiss, Rosa und Purpur.
Natürliche Blütezeit: Juli bis Oktober.
Zeitraum des Angebotes: Sommer bis Frühherbst.
Schnittreife: Die ersten Blüten müssen geöffnet sein.
Haltbarkeit: 5 bis 8 Tage.
Kühllagerung: Nicht geeignet.
Besondere Pflege: Kurz in heisses Wasser stellen. Die Seitentriebe entfernen.
Verwendung: Sommersträusse.
Besonderheiten: Raffinierte Verarbeitung mit den langen Samenständen.

△ 151 Viburnum opulus 'Roseum'
▽ 152 Dianthus barbatus

Viburnum opulus 'Roseum' ♄ ✂

Synonym: –.
Familie: Caprifoliaceae.
Handelsname: Gemeiner Schneeball.
Heimat/Herkunft: Europa, Nord- und Westasien.
Persönlichkeit: Geltungsform.
Stofflichkeit: Wollig (aus Freiland), glasig (angetrieben).
Ausstrahlung: Kühle, Frische.
Wuchsform: Strauch mit breitverzweigtem Wuchs. Die Blätter stehen gegenständig und sind 3- bis 5lappig. Endständig trugdoldige Blütenkugeln.
Pflanzenhöhe: 1 bis 4 Meter.
Blütenfarbe: Grünlichweiss mit Rosaschimmer.
Natürliche Blütezeit: Mai bis Juni.
Zeitraum des Angebotes: Durch Treiberei ab Januar bis Mai.
Schnittreife: Wenn die runden Blütenbälle entwikkelt, aber noch grün sind.
Haltbarkeit: 10 bis 14 Tage.
Kühllagerung: Möglich.
Besondere Pflege: Möglichst viele Verdunstungsflächen (Blätter) entfernen.
Verwendung: Vor allem für die Basisgestaltung bei angetriebenem Schneeball. Sonst als Begleitelement in der Floristik.
Besonderes: Guter Treibstrauch.

Dianthus barbatus ⊙ ♃ ✂

Synonym: –.
Familie: Caryophyllaceae.
Handelsname: Bartnelke.
Heimat/Herkunft: Pyrenäen bis Ostkarpaten, Balkan, Mandschurei, Russland, China.
Persönlichkeit: Geltungsform.
Stofflichkeit: Samtig, wollig.
Ausstrahlung: Wärme.
Wuchsform: Im ersten Jahr grundständiger Wuchs. Im zweiten Jahr straffe Stiele mit lanzettlichen Blättern und endständigen Scheindolden.
Pflanzenhöhe: 40 bis 50 cm.
Blütenfarbe: Weiss, Rosa, Scharlachrot, Dunkelrot, z. T. zweifarbig.
Natürliche Blütezeit: Ende Mai bis Juli.
Zeitraum des Angebotes: Durch Gewächshauskultur Vorverlegung der Blüte ab Januar bis Juli.
Schnittreife: Wenn erste Blüten geöffnet sind.
Haltbarkeit: 7 bis 10 Tage.
Kühllagerung: Möglich.
Besondere Pflege: Guter Anschnitt, z. T. verblühte Einzelblüten auszupfen.
Verwendung: Allgemeine Sommerbindereien.
Besonderheiten: Anfällig für Rostkrankheiten, beim Einkauf unbedingt darauf achten.

Dianthus caryophyllus, grossblumig ⊙–♃ ✂

Synonym: –.
Familie: Caryophyllaceae.
Handelsname: Gurtennelke, grossblumige Edelnelkensorten.
Heimat/Herkunft: Mittelmeerregion, meist nur aus Kulturen bekannt.
Persönlichkeit: Geltungsform, Prunkform.
Stofflichkeit: Samtig, porzellanähnlich, rustikal.
Ausstrahlung: Klar, hart, einfach.
Wuchsform: Krautige, einjährige bis mehrjährige Pflanze. Durch Ausbrechen der Seitenknospen wird eine grosse Blüte erzielt.
Pflanzenhöhe: Einjährig 60 bis 100 cm. Mehrjährig 120 bis 180 cm.
Blütenfarbe: Weiss, Gelb, Orange, Rosa, Rot, z.T. gestreift. Angenehmer Duft.
Natürliche Blütezeit: Im Freiland Juni bis Oktober.
Zeitraum des Angebotes: Aus Gewächshaus das ganze Jahr lieferbar. Auch Importe aus südlichen Ländern.
Schnittreife: Die Einzelblüten müssen zur Hälfte geöffnet sein.
Haltbarkeit: 6 bis 10 Tage.
Kühllagerung: Gut geeignet.
Besondere Pflege: Schnittstellen nachschneiden.
Verwendung: Allgemeine Binderei, sehr gut geeignet zur Schwerpunktbildung in der Binderei.
Besonderheiten: Ein sehr reiches Sortiment.

△ 153 Dianthus caryophyllus, grossblumig
▽ 154 Nelken im Gewächshaus

△ 155 Dianthus caryophyllus 'Spray'
▽ 156 Dianthus caryophyllus (Eola-Gruppe)

Dianthus caryophyllus 'Spray' ⊙–♃ ✂

Synonym: –.
Familie: Caryophyllaceae.
Handelsname: Spraynelke, Mehrblütige Nelke.
Heimat/Herkunft: Mittelmeerregion, durch Einkreuzungen stets verbessert.
Persönlichkeit: Geltungsform.
Stofflichkeit: Rustikal, samtig, Porzellan, je nach Farbe.
Ausstrahlung: Klar, hart, einfach.
Wuchsform: Krautige, einjährige bis mehrjährige Gartenpflanze mit schmallanzettlichen Blättern und verästelter Verzweigung. Die duftenden Blüten sitzen endständig.
Pflanzenhöhe: 60 bis 100 cm.
Blütenfarbe: Weiss, Gelb, Orange, Rot, Lila sowie Zwischenfarben, z. T. mit hellem Rand.
Natürliche Blütezeit: Im Freien angebaut Juni bis September.
Zeitraum des Angebotes: Das ganze Jahr.
Schnittreife: Mindestens 3 Knospen müssen gut Farbe zeigen, die oberste Blüte sollte zur Hälfte geöffnet sein.
Haltbarkeit: 8 bis 15 Tage.
Kühllagerung: Gut geeignet.
Besondere Pflege: Schnittstellen täglich nachschneiden.
Verwendung: Allgemeine Binderei.
Besonderheiten: Sehr haltbare Schnittblume.

Dianthus caryophyllus (Eola-Gruppe) ⊙–♃ D ✂

Synonym: –.
Familie: Caryophyllaceae.
Handelsname: Eolanelken.
Heimat/Herkunft: Zuchtform in vielen Farben.
Persönlichkeit: Gemeinschaftsform, Geltungsform.
Stofflichkeit: Porzellanähnlich.
Ausstrahlung: Frisch, kühl.
Wuchsform: Krautig, straff aufrecht, an der Basis verzweigt. Gegenständige langlanzettliche Blätter. Endständig breitverzweigter, rispiger Blütenstand.
Pflanzenhöhe: 30 cm.
Blütenfarbe: Weiss, Rosa, Rot.
Natürliche Blütezeit: Juni bis Oktober.
Zeitraum des Angebotes: Durch das ganze Jahr.
Schnittreife: Wenn die Knospen gut Farbe zeigen, also kurz vor dem Aufblühen.
Haltbarkeit: 10 bis 15 Tage.
Kühllagerung: Möglich.
Besondere Pflege: –.
Verwendung: Als untergeordnetes Element für die Basisgestaltung und für feine Bindereien.
Besonderes: Die Stiele sind z. T. sehr brüchig.

Gypsophila elegans ⊙

Synonym: –.
Familie: Caryophyllaceae.
Handelsname: Einjähriges Schleierkraut.
Heimat/Herkunft: Kaukasus, Südukraine, Kleinasien.
Persönlichkeit: Geltungsform.
Stofflichkeit: Wollig.
Ausstrahlung: Feinheit, verspielt.
Wuchsform: Krautig aufrecht, breitverzweigt mit lockerem Wuchs und schmallanzettlichen Blättern. Die grossen, einfachen Blüten sitzen endständig auf einem sehr lockeren, rispigen Blütenstand.
Pflanzenhöhe: 50 cm.
Blütenfarbe: Weiss, z. T. auch Rosa und Rot.
Natürliche Blütezeit: Juli bis August.
Zeitraum des Angebotes: Mai bis August und November bis Januar.
Schnittreife: Wenn über 50% der Blüten an der Rispe geöffnet sind.
Haltbarkeit: 14 bis 18 Tage.
Kühllagerung: Möglich.
Besondere Pflege: In reines Wasser stellen, Schnittblumennahrung beifügen.
Verwendung: Allgemeine Binderei.
Besonderheiten: Auch in der Trockenbinderei verwendbar.

△ 157 Gypsophila elegans
▽ 158 Gypsophila paniculata

Gypsophila paniculata ♃

Synonym: –.
Familie: Caryophyllaceae.
Handelsname: Mehrjähriges Schleierkraut.
Heimat/Herkunft: Östliches bis südliches Europa, Kaukasus.
Persönlichkeit: Geltungsform.
Stofflichkeit: Wollig.
Ausstrahlung: Feinheit, verspielt.
Wuchsform: Mehrjährige Staude mit aufrechtem Wuchs, stark gabelig verzweigtem Wuchs mit schmallanzettlichen Blättchen. An den sehr lokker verästelten Rispen sitzen kleine, einfache bis gefüllte Blütchen.
Pflanzenhöhe: 100 cm.
Blütenfarbe: Weiss, Zartrosa.
Natürliche Blütezeit: Juni bis Juli.
Zeitraum des Angebotes: Durch Gewächshauskultur und südliche Importe das ganze Jahr.
Schnittreife: Wenn 50% der Blütchen geöffnet sind.
Haltbarkeit: 14 bis 20 Tage.
Kühllagerung: Möglich.
Besondere Pflege: Gute Schnittreife beachten.
Verwendung: Allgemeine Binderei.
Besonderheiten: Gypsophila werden teilweise gefärbt angeboten. Auch zum Trocknen geeignet.

△ 159 Lychnis chalcedonica
▽ 160 Lychnis viscaria ssp. viscaria

Lychnis chalcedonica ♃

Synonym: –.
Familie: Caryophyllaceae.
Handelsname: Brennende Liebe.
Heimat/Herkunft: Mittel-, Südwest- bis Südostrussland.
Persönlichkeit: Geltungsform.
Stofflichkeit: Samtig.
Ausstrahlung: Leuchtend, kräftig.
Wuchsform: Staude mit starker Horstbildung. Die Blütentriebe wachsen unverzweigt steif aufrecht. Die gegenständigen Blätter sind einförmig bis lanzettlich. Endständig bilden sich halbkugelige Blütenstände in Trugdolden.
Pflanzenhöhe: 80 bis 100 cm.
Blütenfarbe: Leuchtendrot.
Natürliche Blütezeit: Juni bis Juli.
Zeitraum des Angebotes: Juni bis Juli.
Schnittreife: 2 bis 3 Blüten sollten geöffnet sein.
Haltbarkeit: 6 bis 8 Tage.
Kühllagerung: Möglich.
Besondere Pflege: –.
Verwendung: Sträusse, Gestecke. Kann zur Gemeinschaftsform herabgemindert werden.
Besonderheiten: Die einzelnen Blüten halten nur 2 bis 3 Tage (nachputzen).

Lychnis viscaria ssp. viscaria ♃

Synonym: Viscaria vulgaris, V. viscosa.
Familie: Caryophyllaceae.
Handelsname: Pechnelke.
Heimat/Herkunft: Europa, Westsibirien, Transkaukasus.
Persönlichkeit: Geltungsform.
Stofflichkeit: Samtig.
Ausstrahlung: Matt.
Wuchsform: Buschig, ohne starke Horstbildung, mit schmalen, meist grundständigen, dunkelgrünen Blättern. Die gefüllten Blüten sitzen auf lockeren Rispen.
Pflanzenhöhe: 40 cm.
Blütenfarbe: Karminrot.
Natürliche Blütezeit: Mai bis Juni.
Zeitraum des Angebotes: Mai bis Juni.
Schnittreife: Einige Blüten müssen geöffnet sein.
Haltbarkeit: 4 bis 6 Tage.
Kühllagerung: Möglich.
Besondere Pflege: –.
Verwendung: Sommerliche Sträusse und Gestekke.
Besonderheiten: Klebrige Stiele.

Tradescantia-Andersoniana-Hybriden ♃

Synonym: T. virginiana.
Familie: Commelinaceae.
Handelsname: Gartentradeskantie, Dreimasterblume.
Heimat/Herkunft: Kreuzung aus T. ohiensis x T. subaspera x T. virginiana.
Persönlichkeit: Geltungsform, Edelform.
Stofflichkeit: Samtige Blüten.
Ausstrahlung: Edel, speziell.
Wuchsform: Krautige Staude mit langlanzettlichen Blättern. Aus endständigen Blattachseln Trugdolden mit grossen Blüten.
Pflanzenhöhe: 50 bis 60 cm.
Blütenfarbe: Weiss, Rosa, Hellblau, Dunkelblau.
Natürliche Blütezeit: Juni bis August.
Zeitraum des Angebotes: Juni bis September.
Schnittreife: Wenn erste Blüten halboffen sind.
Haltbarkeit: Die einzelnen Blüten sind nicht sehr haltbar, doch öffnen sich in der Folge noch viele weitere Knospen in der Vase. 10 bis 14 Tage.
Kühllagerung: Möglich.
Besondere Pflege: Saubere, glatte Schnittstelle, möglichst in lauwarmes Wasser einstellen.
Verwendung: Spezielle Schnittblume.
Besonderheiten: Interessante Schnittblume.

△ 161 Tradescantia-Andersoniana-Hybriden
▽ 162 Achillea filipendulina

Achillea filipendulina ♃ D ✂

Synonym: A. eupatorium.
Familie: Compositae.
Handelsname: Gelbe Schafgarbe.
Heimat/Herkunft: Kaukasus, Klein- bis Mittelasien.
Persönlichkeit: Geltungsform.
Stofflichkeit: Rustikal, samtig.
Ausstrahlung: Wärme.
Wuchsform: Staude mit fiederteilig gelappten Blättern und straffen Stielen. Endständig breite kompakte Scheindolden.
Pflanzenhöhe: 100 cm.
Blütenfarbe: Gelb.
Natürliche Blütezeit: Juli bis September.
Zeitraum des Angebotes: Juni bis Oktober.
Schnittreife: Wenn 70 % der Einzelblüten geöffnet sind.
Haltbarkeit: Ausgezeichnete Haltbarkeit der Blüten, die Blätter welken relativ rasch.
Kühllagerung: Nicht nötig.
Besondere Pflege: Möglichst viele Blätter entfernen.
Verwendung: Allgemeine Binderei. Vorsicht, starker Duft!
Besonderheiten: Sehr gut zum Trocknen geeignet.

△ 163 Achillea millefolium
▽ 164 Ageratum houstonianum

Achillea millefolium ♃ ✂ Ⓝ

Synonym: –.
Familie: Compositae.
Handelsname: Gemeine Schafgarbe.
Heimat/Herkunft: Europa bis Asien.
Persönlichkeit: Gemeinschaftsform mit geringem Geltungsdrang.
Stofflichkeit: Samtig, wollig.
Ausstrahlung: Lieblich, süss, frisch.
Wuchsform: Staude mit aufrechtem Wuchs und gefiederten Blättern. Endständige, breite, lokkere Scheindolden.
Pflanzenhöhe: 30 bis 70 cm.
Blütenfarbe: Durch neuere Züchtungen Weiss, Gelb, Orange, Rosa, Rot.
Natürliche Blütezeit: Juni bis Oktober.
Zeitraum des Angebotes: Durch Spezialkulturen und Importe Januar bis Dezember.
Schnittreife: Wenn 30 % der Einzelblütchen geöffnet sind.
Haltbarkeit: Maximal 15 bis 20 Tage.
Kühllagerung: Möglich.
Besondere Pflege: Möglichst viele Blätter entfernen = längere Haltbarkeit.
Verwendung: Kompakte und strukturierte Gestaltungen.
Besonderheiten: Besonders geeignet für die Basisbildung einer floristischen Arbeit.

Ageratum houstonianum ⊙ D Ⓚ

Synonym: A. mexicanum.
Familie: Compositae.
Handelsname: Leberbalsam.
Heimat/Herkunft: Mexiko.
Persönlichkeit: Gemeinschaftsform.
Stofflichkeit: Samtig, wollig.
Ausstrahlung: Wärme (kühlende, frische Wärme).
Wuchsform: Krautig aufrecht und verzweigt mit herzförmigen Blättern und endständigen Blütenkörbchen, in Scheindolde zusammengefasst.
Pflanzenhöhe: Schnittsorten 50 bis 80 cm.
Blütenfarbe: Blau, Blauviolett, Weiss.
Natürliche Blütezeit: Juni bis Oktober.
Zeitraum des Angebotes: Durch Anbau im Gewächshaus oder Importe aus südlichen Ländern z.T. durch das ganze Jahr.
Schnittreife: Wenn etwa 50 % der Blütenkörbchen geöffnet sind.
Haltbarkeit: Für kurze, kompakte Gestaltungen 10 bis 12 Tage. Bei langstieliger Verwendung reduzierte Haltbarkeit von 4 bis 8 Tagen.
Kühllagerung: Möglich.
Besondere Pflege: Möglichst viele Verdunstungsflächen (Blätter) entfernen. Die Haltbarkeit wird dadurch verlängert.
Verwendung: Strukturarbeiten, Gestecke, Sträusse.
Besonderheiten: Sehr ideal für Basisgestaltungen.

Amberboa moschata ⊙ ✂

Synonym: Centaurea moschata, C. odorata, C. suaeolens.
Familie: Compositae.
Handelsname: Wohlriechende Flockenblume.
Heimat/Herkunft: Orient bis Südwestasien.
Persönlichkeit: Gemeinschaftsform, Geltungsform.
Stofflichkeit: Wollig, glasig.
Ausstrahlung: Frische, Wärme.
Wuchsform: Krautig aufrecht, verzweigt mit fiederschnittigen Blättern. Die Blütenkörbe sitzen auf langen Stielen.
Pflanzenhöhe: 60 bis 80 cm.
Blütenfarbe: Weiss, Gelb, Rot, Blau.
Natürliche Blütezeit: Juli bis Oktober.
Zeitraum des Angebotes: Juni bis Oktober.
Schnittreife: Die Blütenkörbe müssen gut ausgebildet sein.
Haltbarkeit: 4 bis 8 Tage.
Kühllagerung: Möglich, aber nicht optimal.
Besondere Pflege: Möglichst viele Verdunstungsflächen entfernen.
Verwendung: Allgemeine feine Binderei.
Besonderheiten: Sehr schöne Blütenfarben.

Argyranthemum frutescens ♄ ⌂

Synonym: Chrysanthemum frutescens.
Familie: Compositae.
Handelsname: Strauchmargerite.
Heimat/Herkunft: Kanarische Inseln.
Persönlichkeit: Gemeinschaftsform, Geltungsform.
Stofflichkeit: Samtig, glänzend, matt.
Ausstrahlung: Fröhlichkeit, lieblich, fein.
Wuchsform: Halbstrauch mit anfänglich krautigem, aufrecht verzweigtem Wuchs, später verholzend. Die graugrünen Blätter sind schmalgefiedert. Die Blüten stehen über dem Laub.
Pflanzenhöhe: 40 bis 100 cm.
Blütenfarbe: Weiss mit gelber Scheibe, z. T. auch gelbe Sorten.
Natürliche Blütezeit: Juni bis Oktober.
Zeitraum des Angebotes: Aus südlichem Anbau durch das ganze Jahr.
Schnittreife: Die erste Blüte muss geöffnet sein.
Haltbarkeit: 10 bis 14 Tage.
Kühllagerung: Möglich. Vorsicht, bei nassen Pflanzen Fäulnisgefahr!
Besondere Pflege: Möglichst viele Seitentriebe und Blätter entfernen.
Verwendung: Feine Bindereien.
Besonderheiten: Zum Teil sehr dicke Stiele.

△ 165 Amberboa moschata
▽ 166 Argyranthemum frutescens

△ 167 Aster ericoides
▽ 168 Aster novi-belgii

Aster ericoides ♃

Synonym: A. multiflorus.
Familie: Compositae.
Handelsname: Myrtenaster.
Heimat/Herkunft: Kanada, USA bis Mexico.
Persönlichkeit: Geltungsform.
Stofflichkeit: Samtig, glasig.
Ausstrahlung: Licht, Freude.
Wuchsform: Staude mit lockerem, verästeltem Wuchs. Die feinstrahligen Blütenkörbchen sitzen an den traubig bis rispig verzweigten Trieben.
Pflanzenhöhe: Je nach Sorte 50 bis 100 cm.
Blütenfarbe: Weiss, Zartrosa, Blau.
Natürliche Blütezeit: September bis November.
Zeitraum des Angebotes: Durch Anbau im Gewächshaus durch das ganze Jahr.
Schnittreife: Wenn 30 % der Blütenkörbchen aufgeblüht sind.
Haltbarkeit: 14 bis 18 Tage.
Kühllagerung: Möglich.
Besondere Pflege: Möglichst viele Verdunstungsflächen (Blätter) entfernen. Verholzte Stiele schräg anschneiden oder aufspalten, möglichst in warmes Wasser einstellen.
Verwendung: Allgemeine Binderei.
Besonderheiten: Die ausserhalb der normalen Blütezeit angebotenen Astern sind weniger haltbar.

Aster novi-belgii ♃ ✂

Synonym: –.
Familie: Compositae.
Handelsname: Glattblattaster.
Heimat/Herkunft: Kanada bis mittlere USA.
Persönlichkeit: Gemeinschaftsform, Geltungsform.
Stofflichkeit: Samtig, rauh.
Ausstrahlung: Wärme.
Wuchsform: Staude mit straff aufrechtem Wuchs und breit pyramidaler Verzweigung. Grosse Blütenkörbchen, dichte lanzettliche Belaubung.
Pflanzenhöhe: 60 bis 150 cm.
Blütenfarbe: Weiss, Rosa, Rot, Blau, Lila.
Natürliche Blütezeit: September bis November.
Zeitraum des Angebotes: Durch Kurztagesbehandlung ab Juni lieferbar.
Schnittreife: Wenn 25 bis 30 % der Blütenkörbchen geöffnet sind.
Haltbarkeit: 14 bis 18 Tage.
Kühllagerung: Möglich.
Besondere Pflege: Verholzte Stiele besonders schräg anschneiden und in warmes Wasser einstellen. Möglichst viele Blätter entfernen.
Verwendung: Allgemeine Binderei.
Besonderheiten: Die lockeren Blütenrispen können gut von einander getrennt und auch einzeln verarbeitet werden.

Bellis perennis ⊙–♃

Synonym: –.
Familie: Compositae.
Handelsname: Gänseblümchen, Tausendschön.
Heimat/Herkunft: Europa bis Asien.
Persönlichkeit: Gesellschaftsform mit geringem Geltungsdrang.
Stofflichkeit: Rauh, samtig, wollig.
Ausstrahlung: Fröhlich, lieblich.
Wuchsform: Grundständige zweijährige Pflanze mit verkehrt eiförmigen bis spateligen Blättern. Die halbgefüllten Blütenkörbchen stehen auf röhrigen Schäften.
Pflanzenhöhe: 15 cm.
Blütenfarbe: Weiss, Rosa, Rot.
Natürliche Blütezeit: April bis Juni.
Zeitraum des Angebotes: Durch Treiberei im Gewächshaus bereits ab Januar lieferbar.
Schnittreife: Die Blütenkörbchen müssen gut aufgeblüht und die gelben Scheiben sichtbar sein.
Haltbarkeit: 10 bis 14 Tage.
Kühllagerung: Möglich.
Besondere Pflege: Die weichen Stiele vorsichtig anschneiden.
Verwendung: Diverse Bindereien, z. B. Biedermeier.
Besonderheiten: Auch für gute Basisgestaltung geeignet.

△ 169 Bellis perennis
▽ 170 Buphthalmum salicifolium

Buphthalmum salicifolium ♃

Synonym: –.
Familie: Compositae.
Handelsname: Ochsenauge.
Heimat/Herkunft: Mitteleuropa.
Persönlichkeit: Geltungsform.
Stofflichkeit: Rustikal.
Ausstrahlung: Sonne, Wärme.
Wuchsform: Dicker, runder Wurzelstock; die Pflanze bildet grosse Horste. Die lanzettlichen, grünen Blätter sind am Rande gezähnt und leicht behaart. Endständig finden wir flache Blütenkörbchen mit strahligen Zungenblütenblättern.
Pflanzenhöhe: 50 cm.
Blütenfarbe: –.
Natürliche Blütezeit: Juni bis September.
Zeitraum des Angebotes: Juni bis September.
Schnittreife: 2 bis 3 Kränze der Scheibenblüten müssen geöffnet sein.
Haltbarkeit: 7 bis 10 Tage.
Kühllagerung: Möglich.
Besondere Pflege: Die Seitentriebe und Seitenknospen sind zu entfernen.
Verwendung: Luftige Sommerfloristik.
Besonderheiten: Nur vereinzelt im Angebot.

△ 171 + 172 Calendula officinalis ▽

△ 173 + 174 Callistephus chinensis ▽

Calendula officinalis ⊙ Ⓝ

Synonym: –.
Familie: Compositae.
Handelsname: Ringelblume.
Heimat/Herkunft: Mittelmeerländer.
Persönlichkeit: Geltungsform.
Stofflichkeit: Rustikal.
Ausstrahlung: Wärme.
Wuchsform: Krautig aufrecht, verzweigt mit weichen, lanzettlichen bis spateligen Blättern. Grosse endständige Blütenkörbe.
Pflanzenhöhe: 30 bis 50 cm.
Blütenfarbe: Gelb, Orange, oft mit dunkler Mitte.
Natürliche Blütezeit: Juni bis Oktober.
Zeitraum des Angebotes: Durch Importe aus südlichen Ländern bereits ab Januar.
Schnittreife: Wenn die erste Blüte pro Trieb ganz geöffnet ist. Vorzeitig geschnittene Triebe welken rasch.
Haltbarkeit: 6 bis 12 Tage.
Kühllagerung: Nicht nötig.
Besondere Pflege: Möglichst viel Verdunstungsfläche (Blätter) entfernen.
Verwendung: Dekorative Bindereien.
Besonderheiten: Zum Teil ist der Schaft unter den Blüten etwas weich (drahten).

Callistephus chinensis ⊙ ✂

Synonym: Aster chinensis.
Familie: Compositae.
Handelsname: Sommeraster.
Heimat/Herkunft: China, Japan, Korea.
Persönlichkeit: Geltungsdrang.
Stofflichkeit: Rustikal, samtig.
Ausstrahlung: Wärme, Frische.
Wuchsform: Krautig aufrecht, verzweigt mit breitlanzettlichen, am Rande gezahnten Blättern. Endständig grosse, einfache bis gefüllte Blütenkörbe in verschiedenen Formen.
Pflanzenhöhe: Schnittsorten 60 bis 90 cm.
Blütenfarbe: Weiss, Cremegelb, Rosa, Karminrot, Blau, Violett, z. T. mit heller Mitte.
Natürliche Blütezeit: Juli bis September.
Zeitraum des Angebotes: Juni bis September.
Schnittreife: Sobald die Blütenkörbe gut geöffnet sind.
Haltbarkeit: 10 bis 18 Tage.
Kühllagerung: Möglich. Vorsicht, Wasser auf den Blüten verursacht Fäulnis!
Besondere Pflege: Möglichst viele Verdunstungsflächen entfernen.
Verwendung: Allgemeine Sommerbindereien.
Besonderheiten: Gefüllte Sommerastern sind sehr gut geeignet für die Basisgestaltung.

Centaurea cyanus ⊙ ✂

Synonym: Cyanus arvensis.
Familie: Compositae.
Handelsname: Kornblume.
Heimat/Herkunft: Mittelmeerregion.
Persönlichkeit: Gemeinschaftsform.
Stofflichkeit: Samtig, wollig.
Ausstrahlung: Kühle, Frische.
Wuchsform: Krautig, schlank aufrecht, verzweigt mit schmallanzettlichen Blättern. Endständig sitzen die Blütenkörbchen frei über dem Laub.
Pflanzenhöhe: 30 bis 80 cm.
Blütenfarbe: Weiss, Rosa, Dunkelrot, Hellblau, Tiefblau.
Natürliche Blütezeit: Juni bis September.
Zeitraum des Angebotes: Durch Importe aus südlichen Ländern bereits ab Januar.
Schnittreife: Wenn die oberste Blüte geöffnet ist.
Haltbarkeit: 5 bis 8 Tage.
Kühllagerung: Möglich. Vorsicht, nasse Blüten faulen gerne!
Besondere Pflege: Möglichst viele Verdunstungsflächen entfernen.
Verwendung: Für Bindereien, Biedermeier, Haarkränzchen u. a.
Besonderheiten: Die Blütenfarben verblassen beim Verblühungsprozess.

△ 175 Centaurea cyanus
▽ 176 Centaurea dealbata

Centaurea dealbata ♃

Synonym: –.
Familie: Compositae.
Handelsname: Flockenblume.
Heimat/Herkunft: Kaukasus.
Persönlichkeit: Geltungsform.
Stofflichkeit: Wollig, herb.
Ausstrahlung: Stumpf.
Wuchsform: Staude mit breiter Horstbildung und straff aufrechten Trieben. Die grünen Blätter sind fiederig gelappt. Endständig finden wir dichtgefüllte Blütenkörbe, je einzeln stehend.
Pflanzenhöhe: 70 cm.
Blütenfarbe: Karminrot.
Natürliche Blütezeit: Juni bis Juli.
Zeitraum des Angebotes: Juni bis Juli.
Schnittreife: Die Blüten sollten etwas geöffnet sein.
Haltbarkeit: 4 bis 6 Tage.
Kühllagerung: Nicht zu empfehlen.
Besondere Pflege: Eventuell Seitentriebe ausschneiden.
Verwendung: Sträusse, Gestecke in luftiger Art.
Besonderheiten: Nur vereinzelt im Angebot.

△ 177 Centaurea macrocephala
▽ 178 Chrysanthemum carinatum

Centaurea macrocephala ♃

Synonym: –.
Familie: Compositae.
Handelsname: Gelbe Flockenblume.
Heimat/Herkunft: Kaukasus, Armenien.
Persönlichkeit: Geltungsform.
Stofflichkeit: Rustikal, herb.
Ausstrahlung: Wärme.
Wuchsform: Staude mit aufrechtem, verzweigtem Wuchs. Die weichen, lanzettlichen Blätter sind am Ende leicht gezähnt. Endständig stehen grosse, kugelige Blütenkörbe.
Pflanzenhöhe: 40 bis 90 cm.
Blütenfarbe: Goldgelb.
Natürliche Blütezeit: Juli bis August.
Zeitraum des Angebotes: April bis August.
Schnittreife: Wenn die Blütenkörbe gut Farbe zeigen.
Haltbarkeit: 8 bis 20 Tage.
Kühllagerung: Möglich.
Besondere Pflege: Möglichst viele weiche Blätter entfernen. Diese werden sehr schnell gelb.
Verwendung: Dekorationen und allgemeine Binderei.
Besonderheiten: Zum Trocknen geeignet.

Chrysanthemum carinatum ⊙ ✂

Synonym: C. tricolor, Ismelia carinata.
Familie: Compositae.
Handelsname: Kielwucherblume.
Heimat/Herkunft: Nordwestafrika.
Persönlichkeit: Gemeinschaftsform, Geltungsform.
Stofflichkeit: Rauh, rustikal, wollig.
Ausstrahlung: Wärme.
Wuchsform: Krautig aufrecht, verzweigt mit fiederschnittigen Blättern. Endständig sitzen einfache Blütenkörbe.
Pflanzenhöhe: 40 bis 60 cm.
Blütenfarbe: Grundfarben: Weiss, Gelb, Rosa, Purpurrot mit andersfarbigen Ringen und Blütenscheiben.
Natürliche Blütezeit: Juli bis Oktober.
Zeitraum des Angebotes: Durch südliche Importe bereits ab Mai bis Oktober.
Schnittreife: Wenn der Blütenkorb geöffnet ist und die Stiele eine gewisse Härte aufweisen.
Haltbarkeit: 10 bis 14 Tage.
Kühllagerung: Nicht zu empfehlen.
Besondere Pflege: Möglichst viele Verdunstungsflächen entfernen. Gut anschneiden.
Verwendung: Allgemeine Sommerbindereien.
Besonderheiten: Die relativ weichen Stiele lassen sich nicht gut in die Steckmasse stecken.

Chrysanthemum segetum ⊙ ✂

Synonym: –.
Familie: Compositae.
Handelsname: Saatwucherblume.
Heimat/Herkunft: Griechenland, Südwestasien.
Persönlichkeit: Gemeinschaftsform, Geltungsform.
Stofflichkeit: Wollig, samtig.
Ausstrahlung: Wärme.
Wuchsform: Krautig aufrecht, verzweigt, mit lanzettlichen bis spatelförmigen Blättern. Endständige Blütenkörbe.
Pflanzenhöhe: 40 bis 50 cm.
Blütenfarbe: Goldgelb, Schwefelgelb mit gelber, grünlicher oder braunschwarzer Mitte.
Natürliche Blütezeit: Juli bis Oktober.
Zeitraum des Angebotes: Juli bis Oktober.
Schnittreife: Wenn die Scheibenblüten grösstenteils geöffnet und die Stiele relativ fest sind.
Haltbarkeit: 8 bis 12 Tage.
Kühllagerung: Vorsicht, die Blätter leiden unter der Kälte!
Besondere Pflege: Möglichst viele Verdunstungsflächen (Blätter und Seitentriebe) entfernen.
Verwendung: Allgemeine Sommerbindereien, vorwiegend Sträusse.
Besonderheiten: Infolge der relativ weichen Stiele lassen sie sich nicht gut in Steckmassen stecken.

△ 179 Chrysanthemum segetum

Cirsium japonicum ♃ ✂

Synonym: –.
Familie: Compositae.
Handelsname: Japan-Kratzdistel.
Heimat/Herkunft: Japan.
Persönlichkeit: Geltungsform.
Stofflichkeit: Rustikal.
Ausstrahlung: Herb, Wärme.
Wuchsform: Staude mit kräftigem, aufrechtem Wuchs und oben verzweigten Trieben. Das lanzettliche Blatt ist gelappt bis gebuchtet und leicht bestachelt. Endständig stehen grosse, kugelige Blütenstände.
Pflanzenhöhe: Bis 1 Meter.
Blütenfarbe: Hellrosa, Dunkelrosa, Rot.
Natürliche Blütezeit: Juni bis August.
Zeitraum des Angebotes: –.
Schnittreife: Wenn pro Stiel die äusserste Blüte geöffnet ist. Zu früh geschnittene Stiele welken gerne.
Haltbarkeit: Bis 12 Tage.
Kühllagerung: Möglich.
Besondere Pflege: Verdunstungsflächen reduzieren.
Verwendung: Sträusse.
Besonderheiten: Stachlige Pflanzen werden weniger gern verarbeitet.

△▽ 180 + 181 Cirsium japonicum

△ 182 Coreopsis grandiflora
▽ 183 Coreopsis lanceolata

Coreopsis grandiflora ♃ ✂

Synonym: –.
Familie: Compositae.
Handelsname: Grossblumiges Mädchenauge.
Heimat/Herkunft: USA.
Persönlichkeit: Geltungsform.
Stofflichkeit: Rustikal.
Ausstrahlung: Sonnig, Wärme.
Wuchsform: Staude mit lanzettlichen, grünen Blättern an der Basis, die oberen Blätter an den Blütentrieben sind drei- bis fünfteilig. Die flachen Blütenkörbchen stehen einzeln auf kahlen Schäften.
Pflanzenhöhe: 20 bis 60 cm.
Blütenfarbe: Goldgelb.
Natürliche Blütezeit: Juli bis September.
Zeitraum des Angebotes: Juni bis September.
Schnittreife: Der Blütenkranz muss geöffnet sein und eine gewisse Reife aufweisen.
Haltbarkeit: 4 bis 6 Tage.
Kühllagerung: Nicht zu empfehlen.
Besondere Pflege: –.
Verwendung: Sommerliche Floristik.
Besonderheiten: –.

Coreopsis lanceolata ♃ ✂

Synonym: –.
Familie: Compositae.
Handelsname: Mädchenauge.
Heimat/Herkunft: USA.
Persönlichkeit: Geltungsform, Gemeinschaftsform.
Stofflichkeit: Rustikal.
Ausstrahlung: Wärme, Sonne, lieblich.
Wuchsform: Staude mit Horstbildung und kompaktem Wuchs. Die langlanzettlichen, grünen Blätter sind fiederschnittig. Auf zahlreichen aufstrebenden Trieben bilden sich einzeln stehende, flache, einfache Blüten.
Pflanzenhöhe: 25 cm.
Blütenfarbe: Helles Goldgelb.
Natürliche Blütezeit: Juni bis August.
Zeitraum des Angebotes: Juni bis August.
Schnittreife: Die Blüten müssen gut geöffnet sein und eine gewisse Reife aufweisen.
Haltbarkeit: 4 bis 6 Tage.
Kühllagerung: Nicht zu empfehlen.
Besondere Pflege: Kaltes Wasser verwenden.
Verwendung: Lockere Sträusse.
Besonderheiten: Weiche Stiele.

Cosmos bipinnatus ⊙ ✂

Synonym: Bidens formosa.
Familie: Compositae.
Handelsname: Schmuckkörbchen, Kosmee.
Heimat/Herkunft: Mexiko bis Brasilien.
Persönlichkeit: Geltungsform, Persönlichkeit mit gemässigtem Geltungsdrang.
Stofflichkeit: Seidig, zart.
Ausstrahlung: Kühle, Frische, duftig.
Wuchsform: Krautig aufrecht, verzweigt mit doppelgefiederten feinen Blättern und endständigen flachen Blütenkörben.
Pflanzenhöhe: 100 bis 150 cm.
Blütenfarbe: Weiss, Rosa, Rot, z. T. mit dunklen Ringen im Zentrum.
Natürliche Blütezeit: Juli bis Oktober.
Zeitraum des Angebotes: Juli bis Oktober.
Schnittreife: Wenn die erste Endblüte gut geöffnet und die Stabilität der Triebe solid ist.
Haltbarkeit: 7 bis 10 Tage.
Kühllagerung: Vorsicht, die Blütenkörbe können Schaden nehmen!
Besondere Pflege: Vorsichtig umgehen, die grossen Randblütenblätter sind sehr heikel.
Verwendung: Feine duftende Bindereien.
Besonderheiten: Wunderschöne Farben.

△ 184 Cosmos bipinnatus
▽ 185 Cynara scolymus

Cynara scolymus ♃ Ⓝ

Synonym: –.
Familie: Compositae.
Handelsname: Artischocke.
Heimat/Herkunft: Nur aus Kultur bekannt.
Persönlichkeit:: Herrschaftsform, Geltungsform.
Stofflichkeit: Rustikal, wollig.
Ausstrahlung: Kraftvoll, Frische.
Wuchsformen: Staude mit aufrecht verzweigtem Wuchs und stacheligen Blättern. Endständig bilden sich bis 15 cm grosse, kugelige Blütenköpfe, die mit festen Kelchblättern schuppenartig umhüllt sind.
Pflanzenhöhe: 100 bis 150 cm.
Blütenfarbe: Lila.
Natürliche Blütezeit: September bis Oktober.
Zeitraum des Angebotes: Juli bis Oktober, vereinzelt im Februar.
Schnittreife: Wenn die Blütenköpfe gut aufgeblüht sind.
Haltbarkeit: Sehr gut, bis 20 Tage.
Kühllagerung: Nicht nötig.
Besondere Pflege: Verdunstungsflächen entfernen, sie trocknen sonst gerne ein.
Verwendung: Als Hauptelement in der Floristik.
Besonderes: Oft werden Artischocken auch als Trockenwerkstoff verwendet.

△ 186 Dahlia-Hybride
▽ 187 Dekorative Form

Dahlia-Hybriden ♃ D

Synonym: D. x cultorum, D. variabilis.
Familie: Compositae.
Handelsname: Dahlie, Georgine.
Heimat/Herkunft: Mexiko.
Persönlichkeit: Herrschaftsform, Geltungsform, Prunkform.
Stofflichkeit: Samtig, rustikal, wollig, glasig, porzellanähnlich, ledrig.
Ausstrahlung: Wärme, Frische.
Wuchsform: Staude mit knolligen Wurzeln, Wuchs straff aufrecht, z.T. verzweigt, endständig seitlich geneigte Blütenkörbe in unterschiedlichen Grössen und Formen. Geteilte grosse Blätter.
Pflanzenhöhe: Schnittsorten 80 bis 150 cm.
Blütenfarbe: Weiss, Gelb, Orange, Rot, Purpur, Rosa, Lila, z.T. zweifarbig.
Natürliche Blütezeit: Juli bis Oktober.
Zeitraum des Angebotes: Juli bis Oktober.
Schnittreife: Sobald die Blütenbälle gut geöffnet und die Stiele sehr solid sind.
Haltbarkeit: 6 bis 14 Tage.
Kühllagerung: Möglich.
Besondere Pflege: Wegen Fäulnisgefahr täglich frisch anschneiden und das Wasser wechseln.
Verwendung: Allgemeine Sommer- und Herbstbindereien.
Besonderheiten: Dahlien haben einen eigenartigen Duft.

▽ 188 Pomponblütig

Dendranthema-Grandiflorum-Hybriden ♃

D. x grandiflorum, D. morifolium, Anthemis grandiflora.

Synonym: C. x hortorum, C. sinense, C. vestitum.
Familie: Compositae.
Handelsname: Winteraster, Gärtner-Chrysanthemen.
Heimat/Herkunft: China, Japan, Korea.
Persönlichkeit: Gemeinschaftsform, Geltungsform, Herrschaftsform, Prunkform.
Stofflichkeit: Samtig, porzellan, weich, wollig.
Ausstrahlung: Wärme, Kraft, Frische.
Wuchsform: Mehrjährige Staude, in Kultur einjährig durch Stecklingsvermehrung. Blätter gebuchtet. Viele Blumengrössen und Formen.
Pflanzenhöhe: 50 bis 120 cm.
Blütenfarbe: Weiss, Gelb, Orange, Rot, Rosa, Lila, ein- und zweifarben sowie Zwischenfarben.
Natürliche Blütezeit: Freilandsorten August bis Oktober, Spätsorten Oktober bis November.
Zeitraum des Angebotes: Das ganze Jahr.
Schnittreife: Grossblumige Sorten müssen gut entwickelt sein, bei kleinblumigen «Spray-Sorten» müssen 3 bis 5 Blüten geöffnet sein.
Haltbarkeit: Freilandsorten 8 bis 14 Tage.
Kühllagerung: Möglich.
Besondere Pflege: Verholzte Stengel schräg anschneiden, evtl. Schnittstellen aufschlitzen.
Verwendung: Allgemeine Bindereien.

△ 189 Anemonblütig

▽ 190 Dendranthema einfachblütig

▽ 191 Pomponblütig

△ 192 Strahlenblütig

△ 193 Kleinblumige Spinnenform

▽ 194 Gesteuerte Kultur im Gewächshaus

△ 195 Grossblumige Reflexform
▽ 197 Grossblumige Spinnenform

△ 196 Dekorative Form

△ 198 Dimorphotheca sinuata

△▽ 199 + 200 Doronicum orientale

Dimorphotheca sinuata ☉

Synonym: D. calendulacea, D. aurantiaca.
Familie: Compositae.
Handelsname: Kapkörbchen.
Heimat/Herkunft: Südafrika.
Persönlichkeit: Geltungsform.
Stofflichkeit: Seidig.
Ausstrahlung: Frische, Wärme.
Wuchsform: Krautig, rosettenartige Kurztriebe, die später aufsteigen. Grundständige Blätter sind breitlanzettlich, die oberen schmaler und kleiner. Aufrechtsitzende Blütenkörbe.
Pflanzenhöhe: 20 bis 30 cm.
Blütenfarbe: Leuchtendorange mit brauner Mitte, Lila, Dunkelviolett, Weiss.
Natürliche Blütezeit: Juni bis September.
Zeitraum des Angebotes: Durch Importe ab Januar bis September.
Schnittreife: Wenn die Blütenscheiben gut aufgeblüht und die Stiele solid sind.
Haltbarkeit: 8 bis 12 Tage.
Kühllagerung: Möglich.
Besondere Pflege: Verholzte Stengel besonders gut anschneiden.
Verwendung: Allgemeine feine Bindereien, im Handel findet man vorwiegend die hellilafarbigen Sorten für den Schnitt.
Besonderheiten: Die Blüten schliessen sich bei Dunkelheit.

Doronicum orientale ♃ ✂

Synonym: D. caucasicum.
Familie: Compositae.
Handelsname: Gemswurz.
Heimat/Herkunft: Ungarn, Südosteuropa, Kleinasien, Kaukasus.
Persönlichkeit: Geltungsform.
Stofflichkeit: Rustikal.
Ausstrahlung: Wärme, Sonne.
Wuchsform: Horstbildend, krautig aufrecht, breitbuschig. Die Blütenstiele sind wenig verzweigt. Die gelben Blütenkörbchen stehen endständig, die Zungenblätter sind gedreht. Die Grundblätter sind grün und herzförmig.
Pflanzenhöhe: 40 bis 70 cm.
Blütenfarbe: Goldgelb.
Natürliche Blütezeit: April bis Mai.
Zeitraum des Angebotes: April bis Mai.
Schnittreife: Blütenkranz muss ganz geöffnet sein.
Haltbarkeit: 4 bis 6 Tage.
Kühllagerung: Möglich.
Besondere Pflege: Stets genügend Wasser geben.
Verwendung: Sträusse, wird ausschliesslich zur Gemeinschaftsform herabgemindert.
Besonderheiten: Die Blütenscheiben können auch ohne die Zungenblätter (ausgezupft) verarbeitet werden.

Echinacea purpurea ♃

Synonym: Rudbeckia purpurea.
Familie: Compositae.
Handelsname: Roter Sonnenhut.
Heimat/Herkunft: Östliche USA.
Persönlichkeit: Geltungsform.
Stofflichkeit: Samtig, weich.
Ausstrahlung: Wärme.
Wuchsform: Staude mit straff aufrechten Stielen, eirunde bis lanzettliche Blätter. Endständig kugelige Blütenköpfe mit seitlichen Randblüten.
Pflanzenhöhe: 60 bis 100 cm.
Blütenfarbe: Purpurrot, Weiss, dunkle Mitte.
Natürliche Blütezeit: Juli bis September.
Zeitraum des Angebotes: Januar bis März und Juli bis Oktober.
Schnittreife: Wenn die Scheibenblüten geöffnet sind und die Randblütenblätter straff stehen.
Haltbarkeit: 7 bis 8 Tage, ohne Randblüten 14 bis 20 Tage.
Kühllagerung: Vorsicht, die Blüten können durch die Kühlhaltung Schaden nehmen!
Besondere Pflege: –.
Verwendung: Allgemeine Bindereien.
Besonderheiten: Der kugelige Blütenstand ohne Randblätter ist ein ideales Gestaltungselement.

△ 201 Echinacea purpurea

Echinops ritro ssp. ritro ♃

Synonym: –.
Familie: Compositae.
Handelsname: Kugeldistel.
Heimat/Herkunft: Süd- bis Osteuropa.
Persönlichkeit: Geltungsform.
Stofflichkeit: Metallisch, glänzend.
Ausstrahlung: Kühle.
Wuchsform: Staude mit straff aufrechtem Wuchs, mit grossen fiederschnittigen Blättern. Endständig kugelförmige Blütenkörbe.
Pflanzenhöhe: 70 bis 150 cm.
Blütenfarbe: Hellblau, Dunkelblau.
Natürliche Blütezeit: Juli bis September.
Zeitraum des Angebotes: Juli bis Oktober.
Schnittreife: Wenn der runde Blütenkopf zu 70 % aufgeblüht ist.
Haltbarkeit: 15 bis 20 Tage.
Kühllagerung: Möglich.
Besondere Pflege: Möglichst viele bis alle Verdunstungsflächen (Blätter) entfernen.
Verwendung: Geeignet für viele Bindereien. Sehr ideal auch für die Basisbildung.
Besonderheiten: Kugeldisteln lassen sich auch als Trockenblumen verwenden.

△▽ 202 + 203 Echinops ritro ssp. ritro

△ 204 Erigeron-Hybriden
▽ 205 Eupatorium purpureum

Erigeron-Hybriden ♃

Synonym: E. x hybridus.
Familie: Compositae.
Handelsname: Berufkraut.
Heimat/Herkunft: USA.
Persönlichkeit: Geltungsform.
Stofflichkeit: Wollig, weich.
Ausstrahlung: Wärme.
Wuchsform: Staude mit aufrechtem Wuchs und spatelförmigen Blättern. Die feinstrahligen Blütenkörbchen sitzen an lockeren Rispen.
Pflanzenhöhe: 50 bis 70 cm.
Blütenfarbe: Verschiedene Sorten in Weiss, Rosa, Rot und Violett mit grüngelber Mitte.
Natürliche Blütezeit: Juni bis August.
Zeitraum des Angebotes: Juni bis August.
Schnittreife: Wenn die oberste Hauptblüte ganz geöffnet ist.
Haltbarkeit: 10 bis 15 Tage.
Kühllagerung: Möglich.
Besondere Pflege: Verholzte Triebe möglichst gut anschneiden. Möglichst viele Verdunstungsflächen (Blätter) entfernen.
Verwendung: Allgemeine Bindereien.
Besonderheiten: Die kürzeren Seitentriebe eignen sich gut für kleine floristische Arbeiten.

Eupatorium purpureum ♃

Synonym: –.
Familie: Compositae.
Handelsname: Wasserdost.
Heimat/Herkunft: USA.
Persönlichkeit: Geltungsform.
Stofflichkeit: Wollig.
Ausstrahlung: Stolz, rauh.
Wuchsform: Staude, horstbildend mit kräftigem, aufrechtem Wuchs. Die lanzettlichen Blätter sind schmal und quirlständig um die Knoten angeordnet. Rundständig bilden sich grosse, runde Blütenstände in Scheindolden (Rispen).
Pflanzenhöhe: 180 cm.
Blütenfarbe: Weinrot.
Natürliche Blütezeit: Juli bis September.
Zeitraum des Angebotes: Juli bis September.
Schnittreife: Die Blütenknospen müssen gut Farbe zeigen.
Haltbarkeit: 8 bis 10 Tage.
Kühllagerung: Ist möglich.
Besondere Pflege: Kurz in heisses Wasser stellen. Benötigt viel Wasser.
Verwendung: Grosszügige, aber lockere Verarbeitung. Die Rispen auseinanderschneiden für Haarkränzchen.
Besonderheiten: –.

Gaillardia-Hybriden ♃ ✂

Synonym: –.
Familie: Compositae.
Handelsname: Kokardenblume.
Heimat/Herkunft: USA.
Persönlichkeit: Geltungsform.
Stofflichkeit: Samtig.
Ausstrahlung: Wärme.
Wuchsform: Krautige Staude mit grundständiger Rosette und lanzettlichen, grobgezähnten Blättern, die rauh behaart sind. Die leicht verzweigten Schäfte tragen endständig grosse, flache Blütenkörbe mit dunkler Mitte.
Pflanzenhöhe: Je nach Sorte 30 bis 70 cm.
Blütenfarbe: Rot mit Gelb bis Blutrot.
Natürliche Blütezeit: Juni bis September.
Zeitraum des Angebotes: Mai bis September.
Schnittreife: Die Blüten müssen gut entwickelt und der Schaft gefestigt sein.
Haltbarkeit: Gut.
Kühllagerung: Ja.
Besondere Pflege: Kurz in heisses Wasser stellen.
Verwendung: Allgemeine Sommerfloristik.
Besonderheiten: Es können auch nur die Blütenköpfe verwendet werden.

△ 206 Gaillardia-Hybriden
▽ 207 Gerbera-Hybride, gefüllt

Gerbera-Hybriden ♃ ✂

Synonym: –.
Familie: Compositae.
Handelsname: Gerbera.
Heimat/Herkunft: Südafrika.
Persönlichkeit: Geltungsform.
Stofflichkeit: Samtig, wollig.
Ausstrahlung: Wärme, Frische.
Wuchsform: Grundständige Staude mit fiederteiligen Blättern. Auf langen Schäften stehen einfache, anemonblütige bis gefüllte grosse Blüten.
Pflanzenhöhe: 30 bis 50 cm.
Blütenfarbe: Weiss, Rosa, Rot, Gelb, Orange, z.T. mit dunkler Mitte.
Natürliche Blütezeit: Aus Gewächshauskultur durch das ganze Jahr.
Zeitraum des Angebotes: Januar bis Dezember.
Schnittreife: Bei einfachblühenden Sorten müssen 2 bis 3 äussere Blütenkränze in der Scheibe geöffnet sein. Bei gefüllten Sorten stehen die Blütenröhren in der Mitte flach. Zudem müssen die Blütenschäfte genügend fest sein.
Haltbarkeit: 8 bis 15 Tage.
Kühllagerung: Offen nein, verpackt möglich.
Besondere Pflege: In wenig Wasser einstellen. Mit Draht stützen. Wasser fleissig wechseln.
Verwendung: Allgemeine Bindereien.
Besonderheiten: Die Blütenschäfte strecken sich noch, wenn sie eingestellt sind.

△ 208
▽ 210 Gerbera gefüllt, blühend

△ 209 Gerbera im Gewächshaus

Helianthus annuus ⊙

Synonym: –.
Familie: Compositae.
Handelsname: Sonnenblume.
Heimat/Herkunft: Westliche und mittlere USA.
Persönlichkeit: Prunkform.
Stofflichkeit: Rustikal, rauh, samtige Blütenblätter.
Ausstrahlung: Kraft, Wärme.
Wuchsform: Kräftig aufrecht mit dickem Spross und herzförmigen Blättern, z. T. leicht verzweigt. Endständig grosse Blütenkörbe mit dunkler Mitte.
Pflanzenhöhe: Einfachblühende Sorten 2 bis 3 m, gefülltblühende 80 bis 100 cm.
Blütenfarbe: Gelb, Orange, Braunrot.
Natürliche Blütezeit: Juli bis September.
Zeitraum des Angebotes: Juli bis September.
Schnittreife: Wenn die Scheibenblüten über 50% aufgeblüht sind.
Haltbarkeit: 8 bis 10 Tage.
Kühllagerung: Nicht ideal.
Besondere Pflege: Möglichst viele Verdunstungsflächen (Blätter) entfernen, in zirka 25 °C warmes Wasser einstellen.
Verwendung: Grössere Dekorationen, spezielle Sommerbindereien.
Besonderheiten: Der Blütenboden eignet sich gut für die Basisgestaltung und die Trockenbinderei.

△ 211 Helianthus annuus
▽ 212 Helianthus debilis ssp. cucumerifolius

Helianthus debilis ssp. cucumerifolius ⊙ ✂

Synonym: H. debilis var. cucumerifolius, H. cucumerifolius.
Familie: Compositae.
Handelsname: Kleine Sonnenblume.
Heimat/Herkunft: USA: Florida bis Texas.
Persönlichkeit: Geltungsform.
Stofflichkeit: Rustikal, rauh.
Ausstrahlung: Wärme, Sonne.
Wuchsform: Einjährige hohe Pflanze mit aufrechtem Haupttrieb und zahlreichen ausladenden Seitentrieben. Das Blatt ist herzförmig mit etwas gewelltem Rand. Endständig bilden sich mittelgrosse, etwas geneigte, flache Blütenscheiben.
Pflanzenhöhe: 150 cm.
Blütenfarbe: Gelb, Orange bis Braunrot.
Natürliche Blütezeit: Juli bis Oktober.
Zeitraum des Angebotes: Juni bis Oktober.
Schnittreife: Die Blütenblätter im Kranz müssen über 50% voll entwickelt sein.
Haltbarkeit: 6 bis 8 Tage.
Kühllagerung: Nicht zu empfehlen.
Besondere Pflege: Kurz in heisses Wasser stellen; sie benötigen viel Wasser.
Verwendung: Sommerliche Floristik.
Besonderheiten: Die Verdunstungsfläche erheblich reduzieren, untere Blätter entfernen.

△ 213 Heliopsis helianthoides var. scabra

△▽ 214 + 215 Leontopodium alpinum ssp. alpinum

Heliopsis helianthoides var. scabra ♃ ✂

Synonym: H. scabra.
Familie: Compositae.
Handelsname: Sonnenauge.
Heimat/Herkunft: Nordamerika.
Persönlichkeit: Geltungsform.
Stofflichkeit: Rustikal, rauh.
Ausstrahlung: Wärme, Lebensfreude.
Wuchsform: Staude mit aufrechtem Wuchs und mässiger Horstbildung. Die grünen Blätter sind länglich eiförmig bis lanzettlich und borstig behaart. Endständig auf straffen Stielen stehen einzelne, flache Blütenscheiben.
Pflanzenhöhe: 130 cm.
Blütenfarbe: Goldgelb.
Natürliche Blütezeit: Juli bis September.
Zeitraum des Angebotes: Juli bis September.
Schnittreife: Die Blütenscheiben müssen gut ausgereift sein.
Haltbarkeit: 6 bis 8 Tage.
Kühllagerung: Nicht zu empfehlen.
Besondere Pflege: Kurz in heisses Wasser stellen. Sie benötigen viel Wasser.
Verwendung: Lockere Sommersträusse.
Besonderheiten: Unten etwas Laub entfernen.

Leontopodium alpinum ssp. alpinum ♃

Synonym: –.
Familie: Compositae.
Handelsname: Edelweiss.
Heimat/Herkunft: Pyrenäen, Alpen und Jura bis Karpaten, Nordbalkan.
Persönlichkeit: Geltungsform.
Stofflichkeit: Samtig.
Ausstrahlung: Wärme.
Wuchsform: Bildet kompakte Horste mit graufilzigen, langen und schmalen Blättern. Endständig auf den schlanken Stielen sind im Zentrum kugelige Blütenköpfchen und weissfilzige Hochblätter zu einem Stern zusammengefasst.
Pflanzenhöhe: 15 bis 20 cm.
Blütenfarbe: Silbrigweiss bis grauweiss, je nach Höhe und Herkunft.
Natürliche Blütezeit: Juni bis August.
Zeitraum des Angebotes: Ab Mai bis August.
Schnittreife: Die Blütenstände müssen gut ausgereift und ausgefärbt sein.
Haltbarkeit: 5 bis 8 Tage.
Kühllagerung: Nicht zu empfehlen.
Besondere Pflege: Genügend Wasser geben!
Verwendung: Feine Binderei, themabezogen.
Besonderheiten: –.

Leucanthemum-Maximum-Hybriden ♃ ✂

Synonym: Chrysanthemum x superbum, C. maximum, L. superbum.
Familie: Compositae.
Handelsname: Wucherblume, Weisse Margerite.
Heimat/Herkunft: Wildform aus den Pyrenäen, nunmehr Zuchtformen.
Persönlichkeit: Geltungsform.
Stofflichkeit: Duftig, matt, samtig.
Ausstrahlung: Frische.
Wuchsform: Staude, aufrechte Blütentriebe, leicht verästelt. Die Blätter sind lanzettlich, am Rande gesägt. Einfache bis anemonblütige, flache Blütenkörbe bis 8 cm Durchmesser.
Pflanzenhöhe: 50 bis 80 cm.
Blütenfarbe: Weiss mit gelber Blütenscheibe.
Natürliche Blütezeit: Juni bis Juli.
Zeitraum des Angebotes: Mai bis Juli.
Schnittreife: Wenn die zentralen Scheibenblüten grösstenteils geöffnet sind.
Haltbarkeit: 14 bis 20 Tage.
Kühllagerung: Möglich.
Besondere Pflege: Verholzte Stengel besonders gut anschneiden.
Verwendung: Allgemeine Bindereien.
Besonderheiten: Knospen eignen sich für kleine Bindereien.

△ 216 Leucanthemum-Maximum-Hybride
▽ 217 Liatris spicata

Liatris spicata ♃

Synonym: –.
Familie: Compositae.
Handelsname: Prachtscharte.
Heimat/Herkunft: Nordamerika.
Persönlichkeit: Geltungsform.
Stofflichkeit: Rustikal, rauh.
Ausstrahlung: Härte, abgeschlossen.
Wuchsform: Staude mit straff aufrechtem Wuchs, unverzweigt und mit schmallanzettlichen Blättern versehen. Die kleinen Blütenkörbchen sitzen dicht am Spross und bilden eine lange Ähre.
Pflanzenhöhe: 50 bis 100 cm.
Blütenfarbe: Cremeweiss, Violett.
Natürliche Blütezeit: Juli bis September.
Zeitraum des Angebotes: Durch Anbau im Gewächshaus durch das ganze Jahr.
Schnittreife: Wenn die obersten Blütenkörbchen der Ähre geöffnet sind.
Haltbarkeit: 12 bis 15 Tage.
Kühllagerung: Möglich.
Besondere Pflege: –.
Verwendung: Allgemeine Bindereien.
Besonderheiten: Die Ähren blühen von oben nach unten.

△ 218 Parthenium integrifolium
▽ 219 Rudbeckia fulgida var. sullivantii

Parthenium integrifolium ♃

Synonym: –.
Familie: Compositae.
Handelsname: Kugelkamille.
Heimat/Herkunft: USA, mittlere bis südliche Staaten.
Persönlichkeit: Geltungsform.
Stofflichkeit: Rustikal, wollig.
Ausstrahlung: Ruhe, Wärme.
Wuchsform: Staude mit straff aufrechtem, verzweigtem Wuchs und fiederschnittigen Blättern. Endständig kugelige Blütenkörbchen.
Pflanzenhöhe: 30 bis 70 cm.
Blütenfarbe: Weiss, Cremegelb.
Natürliche Blütezeit: Juni bis September.
Zeitraum des Angebotes: Februar bis Dezember.
Schnittreife: Wenn die Blütenköpfe zu mehr als 50 % gut ausgebildet sind.
Haltbarkeit: 5 bis 10 Tage.
Kühllagerung: Möglich.
Besondere Pflege: Möglichst viele Verdunstungsflächen entfernen.
Verwendung: Allgemeine Bindereien, vor allem für kurze und kompakte floristische Arbeiten.
Besonderheiten: Die Stengel von getriebenen Parthenium sind oft schwach.

Rudbeckia fulgida var. sullivantii ♃

Synonym: R. sullivantii, R. speciosa, var. sullivantii, R. palustris.
Familie: Compositae.
Handelsname: Staudensonnenhut.
Heimat/Herkunft: USA, verbreitet.
Persönlichkeit: Geltungsform.
Stofflichkeit: Rustikal, samtig.
Ausstrahlung: Wärme, stumpf, matt.
Wuchsform: Staude mit aufrechtem Wuchs und herzförmigen bis lanzettlichen Blättern, verzweigt mit endständigen Blütenköpfen.
Pflanzenhöhe: 60 bis 100 cm.
Blütenfarbe: Randblüte: Goldgelb. Röhrenblüten am stark hochgewölbten Kissen: Braunschwarz.
Natürliche Blütezeit: August bis Oktober.
Zeitraum des Angebotes: August bis Oktober.
Schnittreife: Der Blütenstand muss geöffnet sein.
Haltbarkeit: 5 bis 8 Tage.
Kühllagerung: Nicht ideal.
Besondere Pflege: Viele Verdunstungsflächen (Blätter) entfernen.
Verwendung: Allgemeine Binderei. Blütenköpfe ohne Randblütenblätter eignen sich gut für die Basisbildung.
Besonderheiten: Die Blütenköpfe eignen sich auch zum Trocknen.

Rudbeckia hirta var. hirta ☉

Synonym: –.
Familie: Compositae.
Handelsname: Einjähriger Sonnenhut.
Heimat/Herkunft: USA.
Persönlichkeit: Geltungsform.
Stofflichkeit: Rustikal, samtig.
Ausstrahlung: Wärme, stumpf, matt.
Wuchsform: Krautig aufrecht, locker verzweigt, lanzettliche Blätter. Endständig grosse flache Blütenkörbe mit hochgewölbter Blütenscheibe.
Pflanzenhöhe: 50 bis 100 cm.
Blütenfarbe: Goldgelb, Orange bis braunrote Farbtöne.
Natürliche Blütezeit: Juli bis Oktober.
Zeitraum des Angebotes: Juli bis Oktober.
Schnittreife: Wenn die Blütenkörbe gut geöffnet und die Stiele gut gefestigt sind.
Haltbarkeit: 5 bis 8 Tage.
Kühllagerung: Nicht zu empfehlen.
Besondere Pflege: Möglichst viele Verdunstungsflächen (Blätter) und schwache Seitentriebe) entfernen.
Verwendung: Allgemeine Bindereien. Die dunkle Blütenscheibe ist sehr gut geeignet für die Basisbildung.
Besonderheiten: –.

△ 220 Rudbeckia hirta var. hirta
▽ 221 Sanvitalia procumbens

Sanvitalia procumbens ☉

Synonym: –.
Familie: Compositae.
Handelsname: Husarenknopf.
Heimat/Herkunft: Mexiko, Guatemala.
Persönlichkeit: Gesellschaftsform.
Stofflichkeit: Samtig, rustikal.
Ausstrahlung: Wärme.
Wuchsform: Krautig mit kriechendem, stark verzweigtem Wuchs. Breitlanzettliche Blätter, Blütentriebe aufrecht. Endständig ausdrucksvolle kleine Blütenkörbe.
Pflanzenhöhe: 15 bis 20 cm.
Blütenfarbe: Die Randblütenblätter sind orange bis gelb mit braunschwarzer Blütenscheibe. Einfache und halbgefüllte Sorten.
Natürliche Blütezeit: Juni bis Oktober.
Zeitraum des Angebotes: Juni bis Oktober.
Schnittreife: Wenn die Blütenkörbchen gut ausgebildet und die Stiele darunter fest sind.
Haltbarkeit: 8 bis 12 Tage.
Kühllagerung: Nicht nötig.
Besondere Pflege: Verdunstungsflächen stark reduzieren.
Verwendung: Feine Bindereien, Strukturarbeiten, spezielle Gestaltungen.
Besonderheiten: Kriechend bis hängend, deshalb gut geeignet als verbindendes Element.

△ 222 Solidago-Hybriden
▽ 223 × Solidaster luteus

Solidago-Hybriden ♃ ✂

Synonym: –.
Familie: Compositae.
Handelsname: Goldrute.
Heimat/Herkunft: USA/Kanada.
Persönlichkeit: Geltungsform.
Stofflichkeit: Rustikal.
Ausstrahlung: Wärme.
Wuchsform: Staude mit straff aufrechtem Wuchs und schmallanzettlichen Blättern. Die Triebe sind im oberen Teil stark verzweigt und bilden meist seitlich flachliegende Blütenrispen.
Pflanzenhöhe: 60 bis 80 cm.
Blütenfarbe: Gelb.
Natürliche Blütezeit: Juli bis Oktober.
Zeitraum des Angebotes: Mai bis Oktober.
Schnittreife: Wenn etwa 30 % der Blütenköpfchen geöffnet sind.
Haltbarkeit: 8 bis 10 Tage.
Kühllagerung: Möglich.
Besondere Pflege: Verholzte Stengel schräg anschneiden bzw. aufritzen. Möglichst viele Verdunstungsflächen (Blätter) entfernen, vor allem bei angetriebenem Solidago.
Verwendung: Allgemeine Binderei.
Besonderheiten: Gut zum Trocknen geeignet.

x Solidaster luteus ♃

Synonym: x S. hybridus, x Asterago lutea, Solidago x luteus.
Familie: Compositae.
Handelsname: Solidaster.
Heimat/Herkunft: Kreuzung aus Aster ptarmicoides x Solidago species.
Persönlichkeit: Geltungsform.
Stofflichkeit: Samtig, wollig, rustikal.
Ausstrahlung: Wärme, Weichheit.
Wuchsform: Staude mit straff aufrechtem Wuchs und lanzettlichen Blättern. Die Triebe sind im oberen Teil stark verästelt und bilden eine kompakte breite Rispe.
Pflanzenhöhe: 60 cm.
Blütenfarbe: Gelb.
Natürliche Blütezeit: Juli bis September.
Zeitraum des Angebotes: Durch das ganze Jahr bei Anbau im Gewächshaus.
Schnittreife: Wenn etwa 30 % der Blütenkörbchen einer Rispe aufgeblüht sind.
Haltbarkeit: 8 bis 14 Tage.
Kühllagerung: Möglich.
Besondere Pflege: Verholzte Stengel gut schräg anschneiden. Vor allem bei angetriebenen Solidaster möglichst viele Verdunstungsflächen (Blätter) entfernen.
Verwendung: Allgemeine Bindereien.
Besonderheiten: Zum Trocknen gut geeignet.

Tagetes-Erecta-Hybriden ⊙ D ✂

Synonym: T. erecta.
Familie: Compositae.
Handelsname: Grossblumige Studentenblume.
Heimat/Herkunft: Mexiko.
Persönlichkeit: Geltungsform, Prunkform.
Stofflichkeit: Rustikal, rauh, samtig.
Ausstrahlung: Wärme, Kraft.
Wuchsform: Krautig aufrecht mit breiter Verzweigung und gegenständigen, einfach gefiederten Blättern. Die endständigen Blütenkörbe sind dicht gefüllt und zu Bällen ausgebildet.
Pflanzenhöhe: Schnittsorten 60 bis 100 cm.
Blütenfarbe: Gelb, Orange.
Natürliche Blütezeit: Juli bis Oktober.
Zeitraum des Angebotes: Juli bis Oktober.
Schnittreife: Wenn der endständige Blütenkorb gut ausgebildet und der Stiel gut gefestigt ist.
Haltbarkeit: 8 bis 14 Tage.
Kühllagerung: Möglich.
Besondere Pflege: Wegen Welkegefahr Verdunstungsflächen weitgehend entfernen.
Verwendung: Dekorationen und allgemeine Bindereien.
Besonderheiten: Starker Duft.

△ 224 Tagetes-Erecta-Hybriden
▽ 225 Tagetes-Patula-Hybriden

Tagetes-Patula-Hybriden ⊙ D

Synonym: T. patula.
Familie: Compositae.
Handelsname: Niedrige Studentenblume.
Heimat/Herkunft: Mexiko.
Persönlichkeit: Geltungsform.
Stofflichkeit: Rustikal, samtig.
Ausstrahlung: Wärme.
Wuchsform: Krautig aufrecht, breitverzweigt mit gegenständigen, einfach gefiederten Blättern. Endständig einfache bis gefüllte Blütenkörbe.
Pflanzenhöhe: 25 bis 40 cm.
Blütenfarbe: Gelb, Orange, Rotbraun, ein- bis zweifarbig.
Natürliche Blütezeit: Mai bis Oktober.
Zeitraum des Angebotes: Mai bis Oktober.
Schnittreife: Wenn der oberste Blütenkorb gut ausgebildet ist.
Haltbarkeit: 8 bis 12 Tage.
Kühllagerung: Möglich.
Besondere Pflege: Unbedingt jeden Tag das Wasser wechseln. Die Verdunstungsflächen weitgehend reduzieren.
Verwendung: Trauerbinderei.
Besonderheiten: Starker Duft.

△ 226 Tanacetum coccineum
▽ 227 Venidium fastuosum

Tanacetum coccineum Willd. ♃ ✂ Ⓝ

Synonym: C. roseum, Pyrethrum roseum, Chrysanthemum coccineum.
Familie: Compositae.
Handelsname: Bunte Margerite.
Heimat/Herkunft: Kaukasus, Armenien, Iran.
Persönlichkeit: Geltungsform.
Stofflichkeit: Samtig.
Ausstrahlung: Wärme, lieblich.
Wuchsform: Staude mit schlanken, wenig verzweigten Trieben. Die unteren Blätter sind einfach gefiedert, die oberen lanzettlich. Die Blütenkörbe sind einfach, anemonblütig oder gefüllt.
Pflanzenhöhe: 40 bis 70 cm.
Blütenfarbe: Weiss, Rosa, Rot.
Natürliche Blütezeit: Mai bis Juni und September bis Oktober.
Zeitraum des Angebotes: Mai bis Juni, September bis Oktober und Dezember.
Schnittreife: Wenn von den Scheibenblüten 2 bis 3 äussere Ringe aufgeblüht sind.
Haltbarkeit: 10 bis 14 Tage.
Kühllagerung: Möglich.
Besondere Pflege: Auf glatten Anschnitt achten.
Verwendung: Allgemeine Sommerbindereien.
Besonderheiten: –.

Venidium fastuosum ⊙

Synonym: –.
Familie: Compositae.
Handelsname: Prächtige Venidie.
Heimat/Herkunft: Südafrika.
Persönlichkeit: Geltungsform.
Stofflichkeit: Rustikal.
Ausstrahlung: Behaglichkeit, weich, warm.
Wuchsform: Einjährige Pflanze mit aufrechtem und verästertem Wuchs. Die 7 bis 10 cm langen Grundblätter sind leierförmig-fiederspältig, die oberen länglich und nur teilweise gebuchtet. Die ganze Pflanze ist spinnwebartig mit weissen Haaren besetzt. Endständig stehen Blütenscheiben mit 25 cm grosser Scheibe und zahlreichen Scheibenblüten.
Pflanzenhöhe: 20 bis 30 cm.
Blütenfarbe: Goldgelb bis Orange und Braunrot.
Natürliche Blütezeit: Juni bis September.
Zeitraum des Angebotes: Juni bis September.
Schnittreife: Die Blütenscheiben müssen gut entwickelt sein und eine gewisse Festigkeit aufweisen.
Haltbarkeit: 4 bis 6 Tage.
Kühllagerung: –.
Besondere Pflege: Kaltes Wasser verwenden.
Verwendung: Sommersträusse.
Besonderheiten: Die Stiele sind z. T. etwas schwach.

Zinnia elegans ☉

Synonym: –.
Familie: Compositae.
Handelsname: Gartenzinnie.
Heimat/Herkunft: Mexiko.
Persönlichkeit: Geltungsform.
Stofflichkeit: Samtig, wollig.
Ausstrahlung: Wärme.
Wuchsform: Krautig aufrecht, verzweigt. Gegenständige herzförmige Blätter. Endständig kleinere bis grosse Blütenkörbe in reinen Farben.
Pflanzenhöhe: Schnittsorten 50 bis 90 cm.
Blütenfarbe: Weiss, Gelb, Orange, Rosa, Rot, Grün.
Natürliche Blütezeit: Juli bis September.
Zeitraum des Angebotes: Aus Gewächshaus ab Juni bis Oktober.
Schnittreife: Wenn die Staubgefässe im Blütenzentrum gut ausgebildet sind und die röhrenförmigen Stiele eine gute Festigkeit aufweisen.
Haltbarkeit: 6 bis 10 Tage.
Kühllagerung: Nicht zu empfehlen.
Besondere Pflege: Möglichst viele Verdunstungsflächen (Blätter und Seitentriebe) entfernen.
Verwendung: Allgemeine Bindereien, Zinnien eignen sich sehr gut zum Stecken in Steckmasse bei guter Wasserversorgung.
Besonderheiten: Gute Schnittreife beachten!

△ 228 Zinnia elegans
▽ 229 Zinnia haageana

Zinnia haageana ☉

Synonym: Z. angustifolia, Z. mexicana.
Familie: Compositae.
Handelsname: Kleinblumige Zinnie.
Heimat/Herkunft: Arizona, Neu Mexiko (USA).
Persönlichkeit: Gesellschaftsform, Geltungsform.
Stofflichkeit: Rustikal, samtig, wollig.
Ausstrahlung: Wärme.
Wuchsform: Krautig aufrecht, breitverzweigt mit gegenständigen lanzettlichen Blättern. Endständig 4 bis 5 cm grosse Blütenkörbchen.
Pflanzenhöhe: 30 cm.
Blütenfarben: Cremegelb, Gelb, Orange, Rotbraun, Mahagonirot, ein- bis zweifarbig.
Natürliche Blütezeit: Juni bis Oktober.
Zeitraum des Angebotes: Juni bis Oktober.
Schnittreife: Wenn die Blütenkörbchen eine genügende Reife aufweisen und die Stiele gut gefestigt sind.
Haltbarkeit: 8 bis 14 Tage.
Kühllagerung: Nicht zu empfehlen, die Blüten fallen in der Folge gerne in sich zusammen.
Besondere Pflege: Möglichst viele Verdunstungsflächen (Blätter und Seitentriebe) entfernen.
Verwendung: Allgemeine feine Bindereien, vor allem Sträusse. Nicht ideal zum Stecken in Steckmasse.
Besonderheiten: Schnittreife gut beachten!

△ 230 Cornus mas
▽ 231 Sedum spectabile

Cornus mas ♄ ⚘ Ⓝ

Synonym: –.
Familie: Cornaceae.
Handelsname: Kornelkirsche.
Heimat/Herkunft: Mittel- bis Südeuropa, Kleinasien, Kaukasus.
Persönlichkeit: Geltungsform, Herrschaftsform, je nach der Verwendung.
Stofflichkeit: Filzig, wollig, samtig.
Ausstrahlung: Wärme.
Wuchsform: Strauch mit sparrig verzweigtem, aufwärtsstrebendem Wuchs und elliptischen Blättern. Die Blüten erscheinen sehr früh in Dolden.
Pflanzenhöhe: 3 bis 6 m.
Blütenfarbe: Grünlichgelb.
Natürliche Blütezeit: März bis April.
Zeitraum des Angebotes: Februar bis April.
Schnittreife: Wenn die Blütenknospen Farbe zeigen, aber noch nicht geöffnet sind.
Haltbarkeit: 5 bis 12 Tage.
Kühllagerung: Nicht zu empfehlen, die Blüten vertrocknen.
Besondere Pflege: Die verholzten Triebe müssen gut angeschnitten und in warmes Wasser gestellt werden.
Verwendung: Dekorationen.
Besonderheiten: Zum Antreiben gut geeignet.

Sedum spectabile ♃

Synonym: –.
Familie: Crassulaceae.
Handelsname: Fetthenne, Sedum.
Heimat/Herkunft: Korea, Mandschurei.
Persönlichkeit: Geltungsform, Prunkform.
Stofflichkeit: Porzellanähnlich, je nach Blütenreife, rustikal.
Ausstrahlung: Wärme, Kühle.
Wuchsform: Staude mit aufrechten, dicken fleischigen Trieben und breitlanzettlichen, leicht gezähnten Blättern. Endständig breite Scheindolden (Doldenrispen).
Pflanzenhöhe: 50 cm.
Blütenfarbe: Rosa, Rot.
Natürliche Blütezeit: August bis Oktober.
Zeitraum des Angebotes: Juli bis Oktober.
Schnittreife: Wenn die ersten Einzelblüten eines Blütenstandes geöffnet sind.
Haltbarkeit: 20 bis 25 Tage.
Kühllagerung: Möglich.
Besondere Pflege: –.
Verwendung: Sehr gut geeignet für die Basisgestaltung von floristischen Werkstücken.
Besonderheiten: Sehr gute Haltbarkeit. Diese Art kann sowohl am Aufblühen wie auch voll aufgeblüht verwendet werden.

Sedum telephium ssp. telephium ♃

Synonym: S. purpurascens, S. purpureum.
Familie: Crassulaceae.
Handelsname: Fetthenne.
Heimat/Herkunft: Europa bis Sibirien.
Persönlichkeit: Gesellschaftsform, Geltungsform.
Stofflichkeit: Rustikal.
Ausstrahlung: Wärme, Rauheit, Stumpfheit.
Wuchsform: Staude mit aufrechten Trieben und fleischigen, blaugrünen Blättern. Endständig dichte, breite Scheindolden.
Pflanzenhöhe: 40 bis 50 cm.
Blütenfarbe: Gelbgrün, Purpurrosa.
Natürliche Blütezeit: Juli bis September.
Zeitraum des Angebotes: Juli bis September.
Schnittreife: Wenn die ersten Blüten einer Scheindolde aufgeblüht sind.
Haltbarkeit: 18 bis 25 Tage.
Kühllagerung: Möglich.
Besondere Pflege: –.
Verwendung: Allgemeine bis spezielle Bindereien.
Besonderheiten: Diese Sedumart kann sowohl in geschlossenem Zustand wie auch aufgeblüht verwendet werden.

Matthiola incana ⊙ ♄ D ✂

Synonym: –.
Familie: Cruciferae.
Handelsname: Levkoje.
Heimat/Herkunft: Südwesteuropa, Kleinasien, Nordafrika, Kanarische Inseln.
Persönlichkeit: Geltungsform.
Stofflichkeit: Wollig, samtig, je nach Farbe.
Ausstrahlung: Wärme, Frische.
Wuchsform: Auf starker Pfahlwurzel straff aufsteigender Spross mit grauweiss behaarten Blättern, z. T. verästelt. Gefüllte Blüten an ährigem bis traubigem Blütenstand.
Pflanzenhöhe: 25 bis 80 cm, je nach Sorte.
Blütenfarbe: Weiss, Hellgelb, Rosa, Rot, Blau.
Natürliche Blütezeit: Hauptblüte im Gewächshaus März bis Juni.
Zeitraum des Angebotes: Das ganze Jahr.
Schnittreife: Wenn pro Blütenstand die ersten 3 bis 4 Blüten geöffnet sind. Die Pflanzen mit den Wurzeln ernten und ins Wasser stellen.
Haltbarkeit: 8 bis 14 Tage.
Kühllagerung: Wegen Fäulnisgefahr nicht zu empfehlen.
Besondere Pflege: Möglichst viele Verdunstungsflächen entfernen. Bei verholzten Trieben unbedingt gut anschneiden!
Verwendung: Allgemeine Bindereien.
Besonderheiten: Duftet nach Kohlarten. Im Anbau nur die hellblättrigen Sämlinge verwenden.

△ 232 Sedum telephium ssp. telephium
▽ 233 Matthiola incana

△ 234 Scabiosa atropurpurea
▽ 235 Scabiosa caucasica

Scabiosa atropurpurea ⊙ – ⊙ d ✂

Synonym: –.
Familie: Dipsacaceae.
Handelsname: Purpurskabiose.
Heimat/Herkunft: Südeuropa.
Persönlichkeit: Geltungsform.
Stofflichkeit: Rustikal, samtig.
Ausstrahlung: Wärme, weich, filzig, Rauheit.
Wuchsform: Krautig aufrecht, teilweise verästelt mit an der Basis unregelmässig fiederspaltigen, gezähnten bis eingeschnittenen Blättern. Halbkugelige Blütenköpfe auf schlanken Blütenstielen.
Pflanzenhöhe: 50 bis 90 cm.
Blütenfarbe: Purpurrot, Weiss, Gelb, Rosa, Lila, Blau.
Natürliche Blütezeit: Juli bis Oktober.
Zeitraum des Angebotes: Durch Importe bereits ab Juni bis Oktober.
Schnittreife: Die Blütenköpfe müssen halb geöffnet und gut ausgefärbt sein.
Haltbarkeit: 10 bis 14 Tage.
Kühllagerung: Nicht zu empfehlen.
Besondere Pflege: –.
Verwendung: Allgemeine bis spezielle Bindereien.
Besonderheiten: Sehr schöne Farbtöne.

Scabiosa caucasica ♃ ✂

Synonym: –.
Familie: Dipsacaceae.
Handelsname: Kaukasische Skabiose.
Heimat/Herkunft: Kaukasus.
Persönlichkeit: Geltungsform.
Stofflichkeit: Seidig.
Ausstrahlung: Zart, duftig.
Wuchsform: Staude mit aufrechtem Wuchs, die Triebe sind nicht oder wenig verästelt. Die Blätter sind in Bodennähe länglich-lanzettlich, an den langen Blütenstielen fiederspaltig mit linealen Seitenlappen.
Pflanzenhöhe: 60 bis 70 cm.
Blütenfarbe: Blau, Zartlila, Weiss.
Natürliche Blütezeit: Juni bis September.
Zeitraum des Angebotes: Mai bis November.
Schnittreife: Wenn die Blütenköpfe halb geöffnet und gut ausgefärbt sind.
Haltbarkeit: Bis 10 Tage.
Kühllagerung: Nicht zu empfehlen.
Besondere Pflege: Gutes Anschneiden, lauwarmes Wasser verabreichen.
Verwendung: Feine Bindereien, Sommerfloristik.
Besonderheiten: Die Blütenböden ohne Randblütenblätter sind ideal für die Basisbildung.

Scabiosa stellata ☉

Synonym: Trochocephalus stellatus.
Familie: Dipsacaceae.
Handelsname: Sternskabiose.
Heimat/Herkunft: Südwesteuropa.
Persönlichkeit: Geltungsform.
Stofflichkeit: Rustikal, samtig.
Ausstrahlung: Wärme, Ruhe.
Wuchsform: Krautig aufrecht, leicht verzweigt mit langlanzettlichen Blättern. Die Blütenköpfe sind kugelig ausgebildet. Die nach aussen gerichteten Blütenblättchen sind deutlich verlängert.
Pflanzenhöhe: 50 bis 80 cm.
Blütenfarbe: Weiss, Hellblau, Hellrot.
Natürliche Blütezeit: Juni bis Oktober.
Zeitraum des Angebotes: Juni bis Oktober.
Schnittreife: Der Blütenkopf muss zur Hälfte aufgeblüht sein und gut Farbe zeigen.
Haltbarkeit: 10 bis 14 Tage.
Kühllagerung: Nicht zu empfehlen.
Besondere Pflege: –.
Verwendung: Allgemeine Binderei, auch als Basiswerkstoff geeignet.
Besonderheiten: Attraktive Trockenblume.

△ 236 Scabiosa stellata
▽ 237 Euphorbia fulgens

Euphorbia fulgens ♄ ✂ (W)

Synonym: E. jacquniiflora.
Familie: Euphorbiaceae.
Handelsname: Korallenranke, Leuchtende Wolfsmilch.
Heimat/Herkunft: Mexiko.
Persönlichkeit: Geltungsform.
Stofflichkeit: Porzellanähnlich, ledrig.
Ausstrahlung: Wärme.
Wuchsform: Strauchig aufrecht bis überhängend mit dichtstehenden, schmallanzettlichen Blättern. Die farbigen Scheinblüten erscheinen zahlreich aus den Blattachseln.
Pflanzenhöhe: 40 bis 100 cm.
Blütenfarbe: Weiss, Gelb, Orange, Rot, Rosa.
Natürliche Blütezeit: Dezember bis Januar.
Zeitraum des Angebotes: August bis Januar durch gesteuerte Kultur (Kurztagespflanze).
Schnittreife: Wenn zirka 30 % der Scheinblüten ausgefärbt sind. Sofort nach dem Schneiden zirka 1 cm des unteren Stengelstückes in kochendheisses Wasser eintauchen, um ein Gerinnen des Saftes zu verhindern.
Haltbarkeit: 8 bis 12 Tage.
Kühllagerung: –.
Besondere Pflege: Beim Nachschneiden muss der Milchsaft durch Hitze (Wasser oder Flamme) gestoppt werden. Eventuell sind überschüssige Blätter zu entfernen.
Verwendung: Allgemeine bis spezielle Binderei.
Besonderheiten: Oft werden nur die Blütenstände (ohne Blattwerk) verarbeitet.

△ 238 Euphorbia marginata
▽ 239 Euphorbia polychroma

Euphorbia marginata ☉

Synonym: E. variegata.
Familie: Euphorbiaceae.
Handelsname: Schnee auf dem Berge.
Heimat/Herkunft: Südliche USA.
Persönlichkeit: Geltungsform.
Stofflichkeit: Samtig.
Ausstrahlung: Frische.
Wuchsform: Krautig aufrecht, verzweigt mit ovalen, glattrandigen Blättern. Im oberen Bereich bilden sich panaschierte bis reinweisse Hochblätter aus. Die Blüten sind unscheinbar.
Pflanzenhöhe: 60 bis 80 cm.
Blütenfarbe: Hochblätter sind grünweiss bis reinweiss gefärbt.
Natürliche Blütezeit: Juli bis Oktober.
Zeitraum des Angebotes: April bis Mai und August bis Dezember.
Schnittreife: Wenn die gefärbten Hochblätter gut ausgereift sind, sonst welken sie. Heisswasserbehandlung wie bei E. fulgens.
Haltbarkeit: 12 bis 18 Tage.
Kühllagerung: Möglich.
Besondere Pflege: Milchsaft beim Nachschneiden mit Wärme stoppen.
Verwendung: Allgemeine bis spezielle Bindereien.
Besonderheiten: Der Milchsaft ist giftig.

Euphorbia polychroma ♃

Synonym: E. epithymoides.
Familie: Euphorbiaceae.
Handelsname: Blassgelbe Wolfsmilch.
Heimat/Herkunft: Mittel- bis Südosteuropa, Mittelukraine, Bulgarien.
Persönlichkeit: Geltungsform.
Stofflichkeit: Wollig, lederig.
Ausstrahlung: Wärme.
Wuchsform: Horstbildende Staude mit halbkugeligem Wuchs. Die langlanzettlichen, grünen Blätter sind leicht behaart. Endständig an den Trieben bilden sich breite Hochblattbrakteen.
Pflanzenhöhe: 30 bis 40 cm.
Blütenfarbe: Blassgelbe Hochblätter und unscheinbare Blüten im Zentrum.
Natürliche Blütezeit: Mai bis Juni.
Zeitraum des Angebotes: Ab Januar bis Juni.
Schnittreife: Die Stiele und Brakteen müssen gut ausgereift sein.
Haltbarkeit: 5 bis 8 Tage.
Kühllagerung: Ja.
Besondere Pflege: Milchsaft stoppen!
Verwendung: Allgemeine Bindereien.
Besonderheiten: Die Triebe scheiden Milchsaft aus.

Eustoma grandiflorum ☺ ✂ ⌂K

Synonym: E. russelianum, Lisianthus russelianus.
Familie: Gentianaceae.
Handelsname: Prärieenzian.
Heimat/Herkunft: Mittlere bis südliche USA.
Persönlichkeit: Geltungsform, Edelform.
Stofflichkeit: Seidig.
Ausstrahlung: Frische.
Wuchsform: Die zweijährige Pflanze weist einen straff aufrechten, z. T. verzweigten Wuchs auf. Die eirunden Blätter sind gegenständig angeordnet. Die grossen Einzelblüten überragen das Triebende. Einfache und gefüllte Sorten.
Pflanzenhöhe: 70 bis 80 cm.
Blütenfarbe: Weiss, Rosa, Dunkelviolett und zweifarbig.
Natürliche Blütezeit: Mai bis Oktober.
Zeitraum des Angebotes: April bis November.
Schnittreife: Wenn die erste Blüte pro Trieb geöffnet ist.
Haltbarkeit: 20 bis 30 Tage.
Kühllagerung: Nicht zu empfehlen.
Besondere Pflege: Gut anschneiden. Die Seitentriebe sind z. T. zu entfernen.
Verwendung: Allgemeine bis spezielle Binderei.
Besonderheiten: Unbedingt auf eine gute Qualität beim Einkauf achten.

△ 240 Eustoma grandiflorum

Gentiana acaulis ♃

Synonym: G. exista, G. kochiana, Ericoila kochiana, Ciminalis acaulis.
Familie: Gentianaceae.
Handelsname: Stengelloser Enzian.
Heimat/Herkunft: Gebirge Mittel- bis Südeuropa.
Persönlichkeit: Gesellschaftsform.
Stofflichkeit: Samtig.
Ausstrahlung: Kühle, Wärme.
Wuchsform: Alpenpflanze mit polsterartig kriechendem Wuchs. Die Blätter stehen gegenständig und sind elliptisch. Die intensiv gefärbten Blütenglocken stehen auf kurzen Stielen meist aufrecht.
Pflanzenhöhe: 10 cm.
Blütenfarbe: Tiefblau.
Natürliche Blütezeit: Mai bis Juni.
Zeitraum des Angebotes: Mai bis Juli.
Schnittreife: Wenn sich die Blüten kurz zuvor geöffnet haben.
Haltbarkeit: 8 bis 10 Tage.
Kühllagerung: Möglich.
Besondere Pflege: –.
Verwendung: Spezielle kleine Binderei, ideal für die Basis, nicht aber als Schwerpunkt.
Besonderheiten: Die Blüten können sich schliessen.

△▽ 241 + 242 Gentiana acaulis

△ 243 Gentiana asclepiadea
▽ 244 Gentiana triflora

Gentiana asclepiadea ♃ ♄

Synonym: –.
Familie: Gentianaceae.
Handelsname: Schwalbenwurzenzian.
Heimat/Herkunft: Gebirge Mitteleuropa bis Italien, Griechenland.
Persönlichkeit: Geltungsform, Edelform.
Stofflichkeit: Metallisch.
Ausstrahlung: Frische.
Wuchsform: Staude mit aufrechtem Wuchs und eirunden bis breitlanzettlichen, gegenständigen Blättern. Die Triebe sind unverzweigt. Aus den oberen Blattachseln erscheinen Blütenkronen.
Pflanzenhöhe: 30 bis 70 cm.
Blütenfarbe: Blau, Weiss.
Natürliche Blütezeit: Juli bis September.
Zeitraum des Angebotes: Ab Februar durch Importe.
Schnittreife: Wenn zirka 70 % der Blüten geöffnet sind.
Haltbarkeit: 20 bis 30 Tage.
Kühllagerung: Möglich, Vorsicht wegen Fäulnis!
Besondere Pflege: Viele Verdunstungsflächen entfernen. Die Blätter welken relativ rasch.
Verwendung: Spezielle Binderei.
Besonderheiten: Kräftige Farbe.

Gentiana triflora ♃

Synonym: –.
Familie: Gentianaceae.
Handelsname: Dreiblütiger Enzian.
Heimat/Herkunft: Ostsibirien, Korea, Japan.
Persönlichkeit: Geltungsform, Edelform.
Stofflichkeit: Porzellanähnlich, glasig.
Ausstrahlung: Frische.
Wuchsform: Staude mit straff aufrechtem Wuchs. Die lanzettlichen Blätter stehen kreuzweise gegenständig am Spross. Die Blüten sitzen je zu zweit in den seitlichen Blattachseln und zu dritt in den endständigen Büscheln.
Pflanzenhöhe: 30 bis 80 cm.
Blütenfarbe: Tiefblau, Weiss.
Natürliche Blütezeit: Juli bis September.
Zeitraum des Angebotes: Aus Importen (Neuseeland) fast durch das ganze Jahr.
Schnittreife: Wenn die Knospen gut ausgefärbt, aber noch nicht aufgeblüht sind.
Haltbarkeit: 20 bis 25 Tage.
Kühllagerung: Nicht zu empfehlen, da die Blüten fleckig werden.
Besondere Pflege: Ein guter Anschnitt ist notwendig, ebenso ein Einstellen in warmes Wasser, sonst blühen die Knospen nicht auf.
Verwendung: Spezielle Bindereien, nicht geeignet für Rundsträusse.
Besonderheiten: Einzelne Blüten können auch separat verwendet werden.

Cortaderia selloana ♃ Ⓝ

Synonym: Gynerium argenteum, C. argentea.
Familie: Graminae.
Handelsname: Pampasgras.
Heimat/Herkunft: Argentinien, Uruguay.
Persönlichkeit: Herrschaftsform, Geltungsform, Prunkform.
Stofflichkeit: Wollig.
Ausstrahlung: Weich, aktiv.
Wuchsform: Staude, straff aufrecht mit bis 1 m langen, linealischen bis langlanzettlichen, überhängenden schmalen Blättern. Die Blüten bilden eine Rispe, die hoch über die Blätter ragt.
Pflanzenhöhe: 80 bis 200 cm.
Blütenfarbe: Silbrigweiss.
Natürliche Blütezeit: September bis Oktober.
Zeitraum des Angebotes: September bis Oktober.
Schnittreife: Wenn die Blütenrispen fast vollständig aufgeblüht sind.
Haltbarkeit: Bis 20 Tage, trocken noch länger.
Kühllagerung: Nicht nötig.
Besondere Pflege: Tief ins Wasser einstellen.
Verwendung: Als Herbstelement.
Besonderes: Auch für Trockenbinderei geeignet.

△▽ 245 Cortaderia selloana

△ 246 Anigozanthos flavidus
▽ 247 Anigozanthos-Hybriden

Anigozanthos flavidus ♃ ⌂

Synoym: A. coccineus.
Familie: Haemodoraceae.
Handelsname: Känguruhblume.
Heimat/Herkunft: Westaustralien.
Persönlichkeit: Geltungsform.
Stofflichkeit: Samtig.
Ausstrahlung: Wärme, Stumpfheit.
Wuchsform: Blütenstaude mit aufrechtem Wuchs und an der Basis schmallanzettlichen Blättern. Die Blütentriebe sind praktisch blattlos. Die behaarten Blüten bilden eine lange, oben geöffnete Röhre.
Pflanzenhöhe: 100 bis 170 cm.
Blütenfarbe: Gelbgrün bis Rot.
Natürliche Blütezeit: Durch das ganze Jahr.
Zeitraum des Angebotes: Durch das ganze Jahr.
Schnittreife: Wenn die ersten Blüten geöffnet sind.
Haltbarkeit: 20 bis 30 Tage.
Kühllagerung: Nicht nötig.
Besondere Pflege: –.
Verwendung: Spezielle Bindereien.
Besonderheiten: Wird auch in der Trockenbinderei verwendet.

Anigozanthos-Hybriden ♃ ⌂

Synoym: –.
Familie: Haemodoraceae.
Handelsname: Känguruhblume.
Heimat/Herkunft: Westaustralien.
Persönlichkeit: Geltungsform.
Stofflichkeit: Samtig.
Ausstrahlung: Wärme.
Wuchsform: Staude mit aufrechtem Wuchs und langlanzettlich bis schwertförmigen, schmalen, grünen Blättern. Die aufstrebenden Blütentriebe sind unverzweigt und tragen am Ende lange und behaarte, röhrige Blüten. Die Lippe ist gezähnt.
Pflanzenhöhe: 80 bis 100 cm.
Blütenfarbe: Gelb, an der Röhrenbasis dicht rot behaart, mit grüner Lippe.
Natürliche Blütezeit: Durch das ganze Jahr.
Zeitraum des Angebotes: Januar bis Dezember.
Schnittreife: Wenn die ersten 2 bis 3 Blüten geöffnet sind.
Haltbarkeit: 20 bis 30 Tage.
Kühllagerung: Nicht nötig und nicht zu empfehlen.
Besondere Pflege: –.
Verwendung: Spezielle Bindereien.
Besonderheiten: Die Blütentriebe können auch getrocknet werden.

Anigozanthos manglesii ♃ ⌂

Synonym: –.
Familie: Haemodoraceae.
Handelsname: Grosse Känguruhblume.
Heimat/Herkunft: Westaustralien.
Persönlichkeit: Herrschaftsform, Geltungsform.
Stofflichkeit: Samtig.
Ausstrahlung: Wärme, stumpf, matt.
Wuchsform: Staude mit grasartigen, lanzettlichen Blättern und aufrechten Trieben, die wenig belaubt sind. Die behaarten Blütenröhren weisen einen grünen gefransten Rand auf. Die Blüten sind grösser als bei A. flavidus.
Pflanzenhöhe: 100 bis 170 cm.
Blütenfarbe: Tiefrot mit grünem Rand.
Natürliche Blütezeit: Durch das ganze Jahr.
Zeitraum des Angebotes: Durch das ganze Jahr.
Schnittreife: Wenn die ersten Blütenröhren geöffnet sind.
Haltbarkeit: 20 bis 30 Tage.
Kühllagerung: Nicht nötig.
Besondere Pflege: –.
Verwendung: Spezielle Binderei.
Besonderheiten: Auch zum Trocknen geeignet.

△ 248 Anigozanthos manglesii
▽ 249 Hamamelis mollis

Hamamelis mollis ♄

Synonym: –.
Familie: Hamamelidaceae.
Handelsname: Chinesische Zaubernuss.
Heimat/Herkunft: China.
Persönlichkeit: Geltungsform, Herrschaftsform, je nach Verwendung.
Stofflichkeit: Wollig, samtig.
Ausstrahlung: Wärme.
Wuchsform: Grossstrauch mit lockerer Verzweigung und eirunden Blättern, die sich im Herbst goldgelb verfärben. Die Blüten erscheinen einzeln an den Zweigen verstreut schon sehr früh.
Pflanzenhöhe: 3 bis 5 m.
Blütenfarbe: Goldgelb, auch rote Hybriden im Handel.
Natürliche Blütezeit: Januar bis März.
Zeitraum des Angebotes: Dezember bis März.
Schnittreife: Wenn die Blütenknospen geöffnet sind und die Blüten knapp Farbe zeigen.
Haltbarkeit: 5 bis 12 Tage.
Kühllagerung: Nicht zu empfehlen, da die Blüten «sitzen»-bleiben.
Besondere Pflege: Der verholzte Trieb muss angeschnitten und ins warme Wasser gestellt werden.
Verwendung: Dekorationen.
Besonderheiten: Gut geeignet zum Antreiben.

△ 250 Acidanthera bicolor var. murielae
▽ 251 Crocosmia × crocosmiiflora

Acidanthera bicolor var. murielae ♃ ⌂

Synonym: A. murielae, Gladiolus callianthus.
Familie: Iridaceae.
Handelsname: Sterngladiole.
Heimat/Herkunft: Abessinien.
Persönlichkeit: Geltungsform.
Stofflichkeit: Porzellanänlich, glasig.
Ausstrahlung: Eleganz.
Wuchsform: Aus zwiebelartigen Knollen mit je nur einem Schaft entspriessen steife und lineale grüne Blätter. Am Schaft sitzen die bis 10 kelchigen Blüten relativ locker mit dunklen Flecken im Schlund.
Pflanzenhöhe: 50 bis 100 cm.
Blütenfarbe: Weiss, Gelb und Rot.
Natürliche Blütezeit: Juli bis August.
Zeitraum des Angebotes: Juni bis Oktober.
Schnittreife: Bei den zwei unteren Blüten sollte die Farbe gut entwickelt sein.
Haltbarkeit: Die einzelne Blüte 2 bis 3 Tage.
Kühllagerung: Möglich.
Besondere Pflege: –.
Verwendung: Lockere Sommerfloristik.
Besonderheiten: –.

Crocosmia × crocosmiiflora ♃ ✂

Synonym: Montbretia crocosmiiflora.
Familie: Iridaceae.
Handelsname: Montbretie.
Heimat/Herkunft: Kreuzung aus C. aurea x C. pottsii, die Wildarten stammen aus Südafrika.
Persönlichkeit: Geltungsform.
Stofflichkeit: Samtig.
Ausstrahlung: Wärme.
Wuchsform: Knollenpflanze mit schwertförmigen Blättern. Die weit geöffneten Blüten sitzen wechselständig an einer gekrümmten Ähre.
Pflanzenhöhe: 60 bis 80 cm.
Blütenfarbe: Gelb, Orange, Orangerot.
Natürliche Blütezeit: Juli bis Oktober.
Zeitraum des Angebotes: Durch das ganze Jahr.
Schnittreife: Wenn die unterste Knospe gut ausgefärbt, aber noch nicht geöffnet ist.
Haltbarkeit: 7 bis 10 Tage.
Kühllagerung: Nicht zu empfehlen.
Besondere Pflege: Gut anschneiden, z. T. die unteren Blätter entfernen.
Verwendung: Allgemeine Sommerbinderei.
Besonderheiten: Unbedingt die Schnittreife beachten. Die Blütenstengel ohne Blüten eignen sich sehr gut zum Gestalten.

Freesia-Hybriden ♃ D ✂ ⌂

Synonym: –.
Familie: Iridaceae.
Handelsname: Freesie.
Heimat/Herkunft: Südafrika.
Persönlichkeit: Geltungsform.
Stofflichkeit: Porzellanähnlich, glasig.
Ausstrahlung: Frische, Kühle oder Wärme, je nach Farbe.
Wuchsform: Knollenpflanze mit aufrechtem Wuchs und langen, schwertförmigen Blättern. Endständig sitzen 8 bis 15 Blüten auf einem «Kamm» aufrecht. Einfache und gefüllte Sorten.
Pflanzenhöhe: 40 bis 50 cm.
Blütenfarbe: Weiss, Gelb, Orange, Rot, Blau, Violett.
Natürliche Blütezeit: Juni bis Oktober.
Zeitraum des Angebotes: Januar bis Dezember.
Schnittreife: Wenn die erste Blüte einer Traube voll ausgefärbt, aber noch nicht geöffnet ist.
Haltbarkeit: 12 bis 18 Tage.
Kühllagerung: Möglich.
Besondere Pflege: Seitentriebe nicht wegwerfen, starke Knospen können sich noch öffnen.
Verwendung: Allgemeine feine Binderei.
Besonderheiten: Angenehmer Duft.

△ 252 Freesia-Hybride
▽ 253 Gladiolus-Hybride

Gladiolus-Hybriden ♃

Synonym: –.
Familie: Iridaceae.
Handelsname: Gladiole.
Heimat/Herkunft: Südafrika.
Persönlichkeit: Herrschaftsform.
Stofflichkeit: Samtig.
Ausstrahlung: Kraft, aktiv.
Wuchsform: Knollenpflanze mit straff aufrechtem Wuchs und langem Blütentrieb. Die Blätter sind schwertförmig. Der lange Blütenschaft trägt einseitig gewendete Trichterblüten als Traube.
Pflanzenhöhe: 80 bis 120 cm.
Blütenfarbe: Weiss, Gelb, Orange, Rosa, Rot, Violett, oft auch mit andersfarbigem Schlund.
Natürliche Blütezeit: Juli bis September.
Zeitraum des Angebotes: Durch Treiberei und Import durch das ganze Jahr.
Schnittreife: Wenn die unterste Blütenknospe gut ausgefärbt, aber noch nicht geöffnet ist.
Haltbarkeit: 12 bis 15 Tage.
Kühllagerung: Möglich, auch 1 bis 3 Tage ohne Wasser.
Besondere Pflege: –.
Verwendung: Dekorationen, grosse Sträusse.
Besonderheiten: Einzelne Blütenblätter können auch für die Brautbinderei verwendet werden.

△ 254 Iris germanica var. germanica
▽ 255 Iris-Hollandica-Hybriden

Iris germanica var. germanica ♃ ✂ Ⓝ

Synonym: –.
Familie: Iridaceae.
Handelsname: Deutsche Schwertlilie.
Heimat/Herkunft: Südeuropa bis Südwestasien.
Persönlichkeit: Geltungsform.
Stofflichkeit: Samtig.
Ausstrahlung: Wärme, Frische, je nach Farbe.
Wuchsform: Dicke kriechende Grundsprosse (Rhizome), breite schwertförmige Blätter, grundständig und aufrecht. Die Blütentriebe sind endständig mit je 3 bis 6 grossen Blüten besetzt.
Pflanzenhöhe: 40 bis 80 cm.
Blütenfarbe: Weiss, Gelb, Rosa, Braun, Bronze, Blau, Violett, ein- bis mehrfarbig.
Natürliche Blütezeit: Mai bis Juli.
Zeitraum des Angebotes: Mai bis Juli.
Schnittreife: Die am meisten entwickelte Blüte soll kurz vor dem Aufblühen sein.
Haltbarkeit: 5 bis 12 Tage, die seitlichen Knospen blühen nach, die verblühten sind zu entfernen.
Kühllagerung: Möglich, 1 bis 2 Tage auch ohne Wasser.
Besondere Pflege: Wenig Wasser verabreichen.
Verwendung: Allgemeine Binderei.
Besonderheiten: Der Samenstand kann auch in der Trockenbinderei verwendet werden.

Iris-Hollandica-Hybriden ♃ ✂

Synonym: I. x hollandica.
Familie: Iridaceae.
Handelsname: Holländische Iris.
Heimat/Herkunft: Durch Kreuzungen aus I. xiphium, I. tingitana und I. lusitanica entstanden.
Persönlichkeit: Geltungsform.
Stofflichkeit: Samtig.
Ausstrahlung: Wärme, Frische, je nach Farbe.
Wuchsform: Zwiebelpflanze mit straff aufrechtem Wuchs, unverzweigt mit schmalen, zugespitzten Blättern und endständig je einer Blüte.
Pflanzenhöhe: 50 bis 70 cm.
Blütenfarbe: Weiss, Gelb, Rosa, Hellblau, Dunkelblau, ein- bis zweifarbig.
Natürliche Blütezeit: Mai bis Juli.
Zeitraum des Angebotes: Januar bis Dezember.
Schnittreife: Je nach Sorte unterschiedlich. Meist müssen die Blütenknospen gut ausgefärbt sein.
Haltbarkeit: Je nach Reifestadium 4 bis 12 Tage.
Kühllagerung: Möglich, 1 bis 2 Tage auch ohne Wasser.
Besondere Pflege: Wenig Wasser verabreichen.
Verwendung: Allgemeine Binderei. Die Blätter können als Schnittgrün eingesetzt werden.
Besonderheiten: Der getrocknete Samenstand ist auch in der Trockenbinderei verwendbar.

Ixia-Hybriden ♃ ✂

Synonym: –.
Familie: Iridaceae.
Handelsname: Ixie, Klebschwertel.
Heimat/Herkunft: Kreuzung aus I. speciosa, I. maculata und I. viridiflora.
Persönlichkeit: Gesellschaftsform, Geltungsform.
Stofflichkeit: Seidig, porzellanähnlich, je nach Farbe.
Ausstrahlung: Klarheit, Frische.
Wuchsform: Knollenpflanze, schlank aufrecht mit linealischen bis schwertförmigen Blättern. Die dünnen Blütenschäfte sind drahtig fest. Endständig sitzen die 8 bis 12 graziösen Blüten an schlanken Trauben.
Pflanzenhöhe: 30 bis 40 cm.
Blütenfarbe: Weiss, Cremegelb, Gelb, Rosa, Rot.
Natürliche Blütezeit: April bis Juni.
Zeitraum des Angebotes: Ab Februar bis Juni.
Schnittreife: Wenn die unteren 2 bis 3 Knospen gut entwickelt und ausgefärbt sind.
Haltbarkeit: 10 bis 12 Tage.
Kühllagerung: Möglich.
Besondere Pflege: –.
Verwendung: Allgemeine feine Binderei.
Besonderheiten: Alle Knospen öffnen sich bei genügend Wasservorrat.

△ 256 Ixia-Hybriden
▽ 257 Leonotis leonurus

Leonotis leonurus ♄ (K)

Synonym: –.
Familie: Labiatae.
Handelsname: Löwenohr.
Heimat/Herkunft: Südafrika, Nordafrika.
Persönlichkeit: Geltungsform.
Stofflichkeit: Samtig, rustikal.
Ausstrahlung: Wärme, stumpf.
Wuchsform: Halbstrauch, aufrechter Wuchs, verzweigt, gegenständige lanzettliche Blätter. Die röhrenförmigen Blüten sitzen dicht in achselständigen Scheinquirlen.
Pflanzenhöhe: 100 bis 120 cm.
Blütenfarbe: Orangerot.
Natürliche Blütezeit: September bis November.
Zeitraum des Angebotes: Juni bis November.
Schnittreife: Wenn der untere Blütenkranz gut entwickelt und am Aufblühen ist.
Haltbarkeit: 5 bis 8 Tage.
Kühllagerung: Nicht zu empfehlen.
Besondere Pflege: Möglichst viele Verdunstungsflächen entfernen, sonst fallen die Blüten rasch zusammen.
Verwendung: Spezielle Herbstbindereien.
Besonderheiten: Der Fruchtstand kann auch in der Trockenbinderei verwendet werden.

△ 258 Monarda-Hybriden
▽ 259 Phlomis russeliana

Monarda-Hybriden ♃

Synonym: –.
Familie: Labiatae.
Handelsname: Goldmelisse, Indianernessel, Monarde.
Heimat/Herkunft: Aus Kreuzungen entstanden, an denen M. didyma und M. fistulosa beteiligt waren.
Persönlichkeit: Geltungsform.
Stofflichkeit: Rustikal, wollig.
Ausstrahlung: Wärme.
Wuchsform: Blütenstaude mit aufrechtem Wuchs, horstbildend. An den vierkantigen Trieben stehen die ovalen, behaarten grünen Blätter gegenständig angeordnet. Die grossen Lippenblüten stehen endständig in dichten Quirlen. Angenehmer Duft.
Pflanzenhöhe: 70–100 cm.
Blütenfarbe: Rot, Rosa, Violett.
Natürliche Blütezeit: Juni bis September.
Zeitraum des Angebotes: Ab Ende April bis September.
Schnittreife: Die Blütenstände müssen gut ausgebildet sein, also vollblühend.
Haltbarkeit: 5 bis 8 Tage.
Kühllagerung: Nein.
Besondere Pflege: Die Verdunstungsflächen sind stark zu reduzieren.
Verwendung: Sommerbinderei allgemein.
Besonderheiten: Angenehmer Duft, zugleich Heilpflanze.

Phlomis russeliana ♃

Synonym: –.
Familie: Labiatae.
Handelsname: Brandkraut.
Heimat/Herkunft: Griechenland, Kleinasien.
Persönlichkeit: Geltungsform.
Stofflichkeit: Wollig.
Ausstrahlung: Stumpf, matt.
Wuchsform: Staude mit breitbuschiger Ausbreitung. Die grossen, grünen, herz- bis pfeilförmigen Blätter sind behaart und weich. An den straff aufrechten Trieben stehen die Blüten an den Knoten quirlig angeordnet.
Pflanzenhöhe: –.
Blütenfarbe: Blassgelb.
Natürliche Blütezeit: Juni bis Juli.
Zeitraum des Angebotes: Juni bis Juli.
Schnittreife: Auf allen Etagen sollten Blüten geöffnet sein.
Haltbarkeit: 8 bis 10 Tage.
Kühllagerung: Möglich.
Besondere Pflege: Kurz in heisses Wasser stellen. Sie benötigen viel Wasser.
Verwendung: Interessante Sommerfloristik.
Besonderheiten: Die getrockneten Fruchtstände finden auch Verwendung in der Trockenbinderei.

Physostegia virginiana ♃ ✂

Synonym: –.
Familie: Labiatae.
Handelsname: Gelenkblume.
Heimat/Herkunft: USA.
Persönlichkeit: Geltungsform.
Stofflichkeit: Wollig, samtig.
Ausstrahlung: Weich, aktiv.
Wuchsform: Staude mit schlank aufrechtem Wuchs, verzweigt mit vierkantigem Spross. Die Blätter sind im unteren Bereich eirund, oben mehr lanzettlich. Die röhrenförmigen Blüten sitzen dicht in pyramidalen Ähren zusammengefasst.
Pflanzenhöhe: 60 bis 120 cm.
Blütenfarbe: Hellrosa, Weiss, Rot.
Natürliche Blütezeit: Juli bis September.
Zeitraum des Angebotes: Januar bis März und Juni bis Oktober.
Schnittreife: Wenn die ersten Blüten einer Ähre gut entwickelt sind.
Haltbarkeit: 15 bis 20 Tage.
Kühllagerung: Möglich.
Besondere Pflege: Möglichst viele Verdunstungsflächen entfernen.
Verwendung: Allgemeine Sommerbindereien.
Besonderheiten: –.

△ 260 Physiostegia virginiana
▽ 261 Salvia farinacea

Salvia farinacea ☉ – ♃ – ♄ ⌂

Synonym: –.
Familie: Labiatae.
Handelsname: Mehlige Salbei.
Heimat/Herkunft: Südliche USA, Texas.
Persönlichkeit: Gesellschaftsform, Geltungsform.
Stofflichkeit: Samtig.
Ausstrahlung: Wärme, weich.
Wuchsform: Krautig bis halbstrauchig, aufrechter Wuchs mit dichter Verzweigung und gegenständigen, lanzettlichen Blättern. Die kleinen Blüten sitzen zahlreich an schlanken Ähren.
Pflanzenhöhe: 60 bis 80 cm.
Blütenfarbe: Tiefblau, Weiss.
Natürliche Blütezeit: Juni bis Oktober.
Zeitraum des Angebotes: Juni bis Oktober.
Schnittreife: Wenn etwa 30 % der unteren Blüten geöffnet und die Blütenstiele gut stabil sind.
Haltbarkeit: 10 bis 14 Tage.
Kühllagerung: Nicht zu empfehlen.
Besondere Pflege: Möglichst viele Verdunstungsflächen entfernen.
Verwendung: Allgemeine Sommerbindereien.
Besonderheiten: Nicht ideal zum Stecken in die Steckmasse. Für eine gute Haltbarkeit ist ein genügender Wasservorrat erforderlich.

△ 262 Salvia viridis
▽ 263 Acacia dealbata

Salvia viridis ☉ – ⚇ ♃

Synonym: S. horminum.
Familie: Labiatae.
Handelsname: Buntschopfsalbei.
Heimat/Herkunft: Südosteuropa.
Persönlichkeit: Gesellschaftsform, Geltungsform.
Stofflichkeit: Samtig bis seidig.
Ausstrahlung: Wärme.
Wuchsform: Krautig aufrecht, ästig verzweigt mit gegenständigen, unten länglich-ovalen, oben herzförmigen Blättern. Die eigentlichen Blüten sind unscheinbar, um so mehr sind die farbigen, dichtstehenden Hochblätter am Sprossende sehr dekorativ.
Pflanzenhöhe: 60 bis 80 cm.
Blütenfarbe: Hochblätter Weiss, Rosa und Blau.
Natürliche Blütezeit: Juli bis Oktober.
Zeitraum des Angebotes: Juli bis Oktober.
Schnittreife: Wenn die Blütentriebe eine genügende Farbe erreicht haben und gut ausgereift sind.
Haltbarkeit: 12 bis 15 Tage.
Kühllagerung: Möglich.
Besondere Pflege: –.
Verwendung: Allgemeine feine Bindereien.
Besonderheiten: Die Blätter sauber entfernen im unteren Bereich, sonst kommt es zu Stengelfäulnis.

Acacia dealbata ♄

Synonym: A. decurrens var. dealbata.
Familie: Leguminosae.
Handelsname: Mimose, Echte Akazie.
Heimat/Herkunft: Südostaustralien, Tasmanien.
Persönlichkeit: Geltungsform.
Stofflichkeit: Wollig.
Ausstrahlung: Wärme, Licht.
Wuchsform: Strauch mit aufrechtem breitverzweigtem Wuchs. Die Blätter sind doppelt gefiedert. Aus den endständigen Blattachseln entwickeln sich dichte, runde Blütenköpfchen.
Pflanzenhöhe: 3 bis 5 m, im Alter bis 30 m hoch.
Blütenfarbe: Gelb.
Natürliche Blütezeit: Februar bis März.
Zeitraum des Angebotes: Durch Importe aus Italien ab Januar bis März.
Schnittreife: Wenn sich die einzelnen Blüten gut ausfärben.
Haltbarkeit: 12 bis 15 Tage.
Kühllagerung: Möglich.
Besondere Pflege: Verholzte Stiele gut durchschneiden und in lauwarmes Waser seinstellen.
Verwendung: Frühlingsbinderei.
Besonderheiten: Nie in Metalleimer einstellen!

Acacia saligna ♄ (K) (N)

Synonym: –.
Familie: Leguminosae.
Handelsname: Schmalblättrige Mimose.
Heimat/Herkunft: Ostaustralien, an der Riviera eingeführt.
Persönlichkeit: Geltungsform.
Stofflichkeit: Wollig.
Ausstrahlung: Wärme, Licht.
Wuchsform: Baum bis Strauch mit schlanken Ästen und aufrechtem bis breitverzweigtem Wuchs. Die Zweige sind grün und relativ dünn. Die Blätter sind matt, dunkel- bis graugrün, lineal und 3 bis 5 cm lang. Aus den Blattachseln erscheinen die lockeren, kugeligen Blüten an relativ kurzen Trauben bis Rispen.
Pflanzenhöhe: Als Baum bis 20 Meter.
Blütenfarbe: Gelb.
Natürliche Blütezeit: Februar bis April.
Zeitraum des Angebotes: Januar bis März.
Schnittreife: Wenn die Blütenknospen gut ausgefärbt, aber noch nicht geöffnet sind.
Haltbarkeit: 12 bis 15 Tage.
Kühllagerung: Möglich.
Besondere Pflege: Verholzte Stiele gut durchschneiden und in lauwarmes Wasser einstellen.
Verwendung: Lockere Frühlingsbinderei.
Besonderheiten: Nie in Metalleimer stellen!

△ 264 Acacia saligna
▽ 265 Lathyrus latifolius

Lathyrus latifolius ♃ ⚘ D

Synonim: Lispica.
Familie: Leguminosae.
Handelsname: Staudenwicke.
Heimat/Herkunft: Mittel-/Südeuropa, Frankreich.
Persönlichkeit: Geltungsform, Edelform.
Stofflichkeit: Porzellan, glasig.
Ausstrahlung: Glatt, hart.
Wuchsform: Staude, Kletterpflanze mit geflügelten Trieben und Blattstielen. Blätter eirund, meist 2, seltener 4 pro Blattstiel mit endständigen Klettergeisseln. Aus den Nodien entwickeln sich lange Blütenschäfte mit je 4 bis 8 Blüten.
Pflanzenhöhe: 150 bis 300 cm.
Blütenfarbe: Weiss, Rosa, Dunkelrot.
Natürliche Blütezeit: Juni bis August.
Zeitraum des Angebotes: Juni bis August.
Schnittreife: Wenn die untersten 1 bis 2 Blüten aufgeblüht sind.
Haltbarkeit: 8 bis 12 Tage.
Kühllagerung: Nicht zu empfehlen.
Besondere Pflege: Nur in relativ wenig Wasser einstellen.
Verwendung: Brautbinderei, Tischdekorationen und andere feine Floristik.
Besonderheiten: Die Blüten wirken sehr leicht und lieblich. Es können auch ganze Triebranken eingesetzt werden.

△ 266 Lathyrus odoratus
▽ 267 Lupinus-Polyphyllus-Hybriden

Lathyrus odoratus ⊙ ⸾ D ✂

Synonym: –.
Familie: Leguminosae.
Handelsname: Edelwicke, Duftwicke.
Heimat/Herkunft: Süditalien, Sizilien.
Persönlichkeit: Edelform, Geltungsform.
Stofflichkeit: Seidig, glasig.
Ausstrahlung: Duftig, leicht, zart.
Wuchsform: Einjährige krautige Kletterpflanze mit geflügelten Sprossen und Blattstielen. Die Blätter bilden am Ende geisselartige Kletterorgane aus. Aus den Blattachseln (Nodien) entwickeln sich 25 bis 40 cm lange Blütenschäfte.
Pflanzenhöhe: Mit je 3 bis 5 duftenden Blüten.
Blütenfarbe: Weiss, Cremegelb, Rosa, Orange, Rot, Lila, Blau.
Natürliche Blütezeit: Juni–September.
Zeitraum des Angebotes: März bis September.
Schnittreife: Wenn die unterste Blüte ganz geöffnet ist. Nach der Ernte einige Stunden ins Wasser mit Vorbehandlungsmittel stellen.
Haltbarkeit: 7 bis 10 Tage.
Kühllagerung: Nicht zu empfehlen.
Besondere Pflege: Nur in wenig Wasser stellen.
Verwendung: Brautbinderei, Tischdekorationen und andere feine Romantikbinderei.
Besonderheiten: Die Blüten öffnen sich nur bei Sonne und genügender Wärme.

Lupinus-Polyphyllus-Hybriden ♃ ✂

Synonym: L. polyphyllus.
Familie: Leguminosae.
Handelsname: Staudenlupine.
Heimat/Herkunft: USA.
Persönlichkeit: Geltungsform.
Stofflichkeit: Samtig, wollig.
Ausstrahlung: Wärme.
Wuchsform: Staude mit kräftiger Pfahlwurzel und aufrechtem Wuchs. Die Blätter sind handförmig geteilt. Die Blüten stehen dichtgedrängt an 30 bis 50 cm langen Trauben.
Pflanzenhöhe: 80 bis 100 cm.
Blütenfarbe: Weiss, Gelb, Orange, Rot, Rosa, Violett, Blau, ein- und zweifarbig.
Natürliche Blütezeit: Juni bis August.
Zeitraum des Angebotes: Juni bis August.
Schnittreife: Wenn die untersten 20% der Blüten aufgeblüht sind und die Triebe eine gewisse Reife aufweisen.
Haltbarkeit: 10 bis 15 Tage.
Kühllagerung: Nicht zu empfehlen.
Besondere Pflege: Möglichst viele Verdunstungsflächen entfernen.
Verwendung: Allgemeine Sommerbindereien.
Besonderheiten: Auf viel Wasservorrat achten!

Agapanthus praecox ssp. praecox ♃ ✂ ⌂

Synonym: A. umbellatus.
Familie: Liliaceae.
Handelsname: Schmucklilie, Liebesblume.
Heimat/Herkunft: Südafrika.
Persönlichkeit: Herrschaftsform, Edelform.
Stofflichkeit: Porzellanähnlich.
Ausstrahlung: Kühle, Klarheit.
Wuchsform: Knolliger Erdstamm, grundständige linealische Blätter. 40 bis 80 cm lange Schäfte mit einfachen Dolden zu je 10 bis 30 Einzelblüten. A. praecox ist etwas früher in der Blüte als A. africanus und weist auch mehr Einzelblüten pro Dolde auf.
Pflanzenhöhe: 50 bis 80 cm.
Blütenfarbe: Blau, Weiss.
Natürliche Blütezeit: Juli bis September.
Zeitraum des Angebotes: Juni bis Dezember.
Schnittreife: Wenn etwa 30% der Blüten einer Dolde geöffnet sind.
Haltbarkeit: 20 bis 25 Tage.
Kühllagerung: Möglich.
Besondere Pflege: –.
Verwendung: Spezielle Binderei.
Besonderheiten: Schnittblumen aus Importen lassen gerne einzelne Blüten fallen.

△ 268 Agapanthus praecox ssp. praecox
▽ 269 Allium aflatunense

Allium aflatunense ♃

Synonym: –.
Familie: Liliaceae.
Handelsname: Iranischer Blumenlauch.
Heimat/Herkunft: Mittelasien.
Persönlichkeit: Herrschaftsform.
Stofflichkeit: Rustikal.
Ausstrahlung: Strenge, Einheit.
Wuchsform: Zwiebelpflanze mit 30 cm langen, linealischen Blättern. Auf einem langen Schaft blühen sehr viele Blüten in einer dichten, kugeligen Dolde.
Pflanzenhöhe: 100 bis 150 cm.
Blütenfarbe: Dunkellila.
Natürliche Blütezeit: Mai.
Zeitraum des Angebotes: April bis August.
Schnittreife: Wenn pro Dolde 25 bis 30% der Blüten geöffnet sind.
Haltbarkeit: 14 bis 20 Tage.
Kühllagerung: Möglich.
Besondere Pflege: –.
Verwendung: Spezielle Bindereien, geeignet für Schwerpunktbildungen.
Besonderheiten: Durch Ausscheidung des Saftes aus den Schnittstellen können Kleider beschmutzt werden, die nicht mehr gereinigt werden können.

△ 270 Allium christophii
▽ 271 Allium giganteum

Allium christophii ♃

Synonym: A. albopilosum.
Familie: Liliaceae.
Handelsname: Sternkugellauch.
Heimat/Herkunft: Kleinasien.
Persönlichkeit: Herrschaftsform.
Stofflichkeit: Rustikal.
Ausstrahlung: Kühle, Grosszügigkeit.
Wuchsform: Zwiebelpflanze mit relativ kurzen, blaugrünen Blättern und grossen Kugeldolden von 15 cm ∅.
Pflanzenhöhe: 40 bis 50 cm.
Blütenfarbe: Silbrig-Violett.
Natürliche Blütezeit: Juni bis Juli.
Zeitraum des Angebotes: April bis August.
Schnittreife: Wenn sich 30 bis 40% der Einzelblüten geöffnet haben.
Haltbarkeit: 14 bis 20 Tage.
Kühllagerung: Möglich.
Besondere Pflege: –.
Verwendung: Spezielle Bindereien.
Besonderheiten: Wird vor allem auch in der Trockenbinderei eingesetzt.

Allium giganteum ♃ ✂

Synonym: –.
Familie: Liliaceae.
Handelsname: Riesenlauch.
Heimat/Herkunft: Himalaja.
Persönlichkeit: Herrschaftsform.
Stofflichkeit: Rustikal, wollig.
Ausstrahlung: Wärme, Klarheit.
Wuchsform: Zwiebelpflanze mit linealischen bis lanzettlichen grundständigen Blättern. Auf einem starken und langen Schaft bildet sich eine dichte Doldenkugel mit zahlreichen Einzelblüten.
Pflanzenhöhe: 120 bis 150 cm.
Blütenfarbe: Dunkles Lilarosa.
Natürliche Blütezeit: Juli bis August.
Zeitraum des Angebotes: April bis August.
Schnittreife: Wenn 35 bis 40% der zahlreichen Einzelblüten aufgeblüht sind.
Haltbarkeit: 14 bis 20 Tage.
Kühllagerung: Möglich.
Besondere Pflege: –.
Verwendung: Spezielle Binderei, geeignet für Schwerpunktbildungen.
Besonderheiten: Der Saft von den Schnittstellen kann die Kleider stark verschmutzen.

Allium neapolitanum ♃ (K)

Synonym: A. candidissimum, A. cowanii.
Familie: Liliaceae.
Handelsname: Zierlauch, Blumenlauch.
Heimat/Herkunft: Mittelmeerregion, Südeuropa, Portugal.
Persönlichkeit: Gesellschaftsform, Geltungsform.
Stofflichkeit: Porzellanähnlich.
Ausstrahlung: Kühle, Klarheit.
Wuchsform: Aus kleinen, runden Zwiebeln entwickeln sich wenige grau- bis blassgrüne, schmale, gedrehte rinnige Blätter, welche schräg aufsteigen. Pro Zwiebel erscheinen mehrere Schäfte mit lockeren Dolden mit je 15 bis 30 breitglockigen Einzelblüten.
Pflanzenhöhe: 20 bis 30 cm.
Blütenfarbe: Weiss.
Natürliche Blütezeit: Mai bis Juni.
Zeitraum des Angebotes: Februar und Juni.
Schnittreife: Zwei Drittel der Blüten müssen geöffnet sein.
Haltbarkeit: 8 bis 10 Tage.
Kühllagerung: Ja.
Besondere Pflege: Keine.
Verwendung: Frühlingsbinderei.
Besonderheiten: Starker Duft.

△ 272 Allium neapolitanum
▽ 273 Allium sphaerocephalon

Allium sphaerocephalon ♃ ✂

Synonym: –.
Familie: Liliaceae.
Handelsname: Kugelköpfiger Lauch.
Heimat/Herkunft: Mittel- bis Südeuropa.
Persönlichkeit: Geltungsform.
Stofflichkeit: Rustikal.
Ausstrahlung: Härte.
Wuchsform: Zwiebelpflanze mit kreisrunden Blättern, die schon früh absterben. Die kleinen Blüten bilden auf einem schlanken Schaft einen kugeligen bis kegelförmigen doldigen Blütenstand.
Pflanzenhöhe: 70 bis 90 cm.
Blütenfarbe: Dunkelpurpurrot.
Natürliche Blütezeit: Juni bis Juli.
Zeitraum des Angebotes: Juni bis September.
Schnittreife: Wenn 30 bis 40% der Blüten pro Dolde geöffnet sind.
Haltbarkeit: 14 bis 20 Tage.
Kühllagerung: Möglich.
Besondere Pflege: –.
Verwendung: Allgemeine bis spezielle Bindereien.
Besonderheiten: Auch für die Trockenbinderei geeignet.

△ 274 Brodiaea elegans
▽ 275 Convallaria majalis

Brodiaea elegans ♃ ⌂

Synonym: B. coronaria, B. grandiflora.
Familie: Liliaceae.
Handelsname: Brodiae.
Heimat/Herkunft: USA.
Persönlichkeit: Geltungsform.
Stofflichkeit: Glasig, metallisch, porzellanähnlich.
Ausstrahlung: Klarheit, Glanz, Kühle.
Wuchsform: Zwiebelpflanze mit meist nur 2 schmallinealischen Blättern. Auf einem 20 bis 30 cm langen Schaft sind die eleganten glockigen Blüten zu einer unregelmässigen Dolde ausgebildet.
Pflanzenhöhe: 20 bis 30 cm.
Blütenfarbe: Blau.
Natürliche Blütezeit: Juni bis Oktober.
Zeitraum des Angebotes: März bis Oktober.
Schnittreife: 50 bis 70% der Blüten sollten geöffnet sein.
Haltbarkeit: 10 bis 21 Tage.
Kühllagerung: Möglich.
Besondere Pflege: –.
Verwertung: Allgemeine feine Bindereien.
Besonderheiten: –.

Convallaria majalis ♃ D ✂ ☠

Synonym: –.
Familie: Liliaceae.
Handelsname: Maiglöckchen.
Heimat/Herkunft: Europa bis Asien verbreitet.
Persönlichkeit: Gesellschaftsform, Geltungsform.
Stofflichkeit: Porzellanähnlich.
Ausstrahlung: Frische, Fröhlichkeit.
Wuchsform: Staude mit kriechenden Rhizomen und pro Sprossende 2 bis 3 breitlanzettlichen Blättern. An einem traubigen Blütenstand bilden sich 6 bis 10 glockige, nach unten neigende Blütenkronen.
Pflanzenhöhe: 15 bis 20 cm.
Blütenfarbe: Weiss.
Natürliche Blütezeit: Mai.
Zeitraum des Angebotes: Durch Eiskeime und Treibkeime mit Vorbehandlung durch das ganze Jahr möglich.
Schnittreife: Wenn die erste Blüte einer Traube geöffnet ist.
Haltbarkeit: 4 bis 6 Tage.
Kühllagerung: Nicht sehr ideal.
Besondere Pflege: In lauwarmes Wasser einstellen.
Verwendung: Braut-, Tisch- und andere feine floristische Arbeiten.
Besonderheiten: Die roten Beeren sind stark giftig. Die Blüten duften angenehm.

Eremurus robustus ♃

Synonym: –.
Familie: Liliaceae.
Handelsname: Riesenlilienschweif.
Heimat/Herkunft: Turkestan, Buchara.
Persönlichkeit: Herrschaftsform.
Stofflichkeit: Rustikal.
Ausstrahlung: Wärme, Stolzheit, kraftvoll.
Wuchsform: Staude mit verdickten, sternförmig ausgebreiteten Wurzeln. Die linealischen bis lanzettlichen Blätter sind grundständig und werden bis 60 cm lang. Auf einem starken Blütenschaft bildet sich eine 40 bis 60 cm lange, dichte Blütentraube.
Pflanzenhöhe: 80 bis 200 cm.
Blütenfarbe: Helles Rosa, Weiss.
Natürliche Blütezeit: Juni bis Juli.
Zeitraum des Angebotes: Ab Mai bis September.
Schnittreife: Wenn von unten her 20 bis 30 % der Blüten geöffnet sind.
Haltbarkeit: 12 bis 20 Tage.
Kühllagerung: Möglich.
Besondere Pflege: Viel Wasser verabreichen.
Verwendung: Spezielle Bindereien, Dekorationen u. a.
Besonderheiten: Die Blüten öffnen sich von unten nach oben. Bei gegügend Wasser öffnen sich alle Blüten in der Vase.

△ 276 Eremurus robustus
▽ 277 Eremurus stenophyllus ssp. stenophyllus

Eremurus stenophyllus ssp. stenophyllus ♃

Synonym: E. bungei, E. stenophyllus var. bungei.
Familie: Liliaceae.
Handelsname: Steppenkerze, Lilienschweif.
Heimat/Herkunft: Mittelasien.
Persönlichkeit: Herrschaftsform.
Stofflichkeit: Rustikal.
Ausstrahlung: Kraft, Stolzheit.
Wuchsform: Staude mit sternförmigem, fleischigem Wurzelstock. Grundständige linealische Blätter. Auf einem langen Schaft bildet sich ein dichter, 40 cm langer, traubiger Blütenstand.
Pflanzenhöhe: 80 bis 100 cm.
Blütenfarbe: Gelbe bis bronze Farbtöne, Orange, Rotbraun.
Natürliche Blütezeit: Juni bis Juli.
Zeitraum des Angebotes: April bis August.
Schnittreife: Wenn etwa 25 % der unteren Blüten geöffnet sind.
Haltbarkeit: 12 bis 18 Tage.
Kühllagerung: Möglich.
Besondere Pflege: Eremurus verlangen viel Wasser.
Besonderheiten: Vorsicht beim Transport, die Blüten brechen leicht ab.
Verwendung: Geeignet für Dekorationen.

△ 278 Eucomis comosa

△
▽ 279 + 280 Fritillaria imperialis

Eucomis comosa ♃

Synonym: E. punctata.
Familie: Liliaceae.
Handelsname: Schopflilie.
Heimat/Herkunft: Südafrika.
Persönlichkeit: Herrschaftsform.
Stofflichkeit: Ledriges Blatt.
Ausstrahlung: Eigenwilligkeit.
Wuchsform: Zwiebelpflanze mit flach ausgebreiteten linealischen bis lanzettlichen Blättern und langem Schaft mit lockertraubigem Blütenstand. Endständig finden wir grüne zugespitzte Blätter zu einem Schopf vereinigt.
Pflanzenhöhe: 60 bis 90 cm.
Blütenfarbe: Grünlich, Purpur bis Braun.
Natürliche Blütezeit: Juni bis Juli.
Zeitraum des Angebotes: Mai bis Juli.
Schnittreife: Wenn praktisch alle Blüten geöffnet sind.
Haltbarkeit: 10 bis 14 Tage.
Kühllagerung: Möglich.
Besondere Pflege: Viel Wasser verabreichen.
Verwendung: Spezielle floristische Arbeiten.
Besonderheiten: Die aparten Farben bringen eigenwillige Möglichkeiten zum Einsatz.

Fritillaria imperialis L. ♃

Synonym: –.
Familie: Liliaceae.
Handelsname: Kaiserkrone.
Heimat/Herkunft: Mittelasien bis Himalaja.
Persönlichkeit: Herrschaftsform, Geltungsform.
Stofflichkeit: Samtig, ledrig.
Ausstrahlung: Wärme.
Wuchsform: Schuppenzwiebelpflanze, straff aufrechter Spross mit unten zahlreichen lanzettlichen, leicht überhängenden Blättern. Über einem blattlosen Schaft ist ein grüner Blattschopf ausgebildet, aus dem sich hängende Glockenblüten entwickeln.
Pflanzenhöhe: Bis 100 cm.
Blütenfarbe: Rot, Gelb.
Natürliche Blütezeit: Ende März bis Mai.
Zeitraum des Angebotes: Durch Importe ab Anfang März bis Mai.
Schnittreife: Wenn die Blüten zu 60 bis 70 % geöffnet sind.
Haltbarkeit: 10 bis 12 Tage.
Kühllagerung: Möglich, mit Risiko von Fäulnisherden.
Besondere Pflege: Viel Wasser verabreichen.
Verwendung: Eigenwillige floristische Arbeiten.
Besonderheiten: Unbedingt die Schnittreife beachten!

Fritillaria meleagris ♃ ☠

Synonym: –.
Familie: Liliaceae.
Handelsname: Schachbrettblume, Kiebitzblume.
Heimat/Herkunft: Mittel-, Ost- und Südeuropa, Kaukasus.
Persönlichkeit: Gemeinschaftsform.
Stofflichkeit: Samtig, ledrig.
Ausstrahlung: Matt.
Wuchsform: Zwiebelpflanze mit schmallinealen, rinnigen Blättern und einem aufstrebendem Schaft, der meist nur von 1 bis 2 hängenden, glockigen Blüten besetzt ist. Die Blüten weisen würfelförmige Schattierungen auf.
Pflanzenhöhe: 30 cm.
Blütenfarbe: Weiss, Rosa, Violett bis Purpur.
Natürliche Blütezeit: April bis Mai.
Zeitraum des Angebotes: April bis Mai.
Schnittreife: Die Blüten müssen gut Farbe zeigen.
Haltbarkeit: Bis 8 Tage.
Kühllagerung: Möglich, aber nicht ideal.
Besondere Pflege: Ein guter Anschnitt ist wichtig.
Verwendung: Kleine, feine Bindereien.
Besonderheiten: Eher selten auf dem Markt.

△ 281 Fritillaria meleagris
▽ 282 Fritillaria persica

Fritillaria persica ♃

Synonym: –.
Familie: Liliaceae.
Handelsname: Persische Kaiserkrone.
Heimat/Herkunft: Mittelasien.
Persönlichkeit: Geltungsform.
Stofflichkeit: Samtig, ledrig.
Ausstrahlung: Matt, dumpf.
Wuchsform: Schuppenzwiebel. Staude mit aufrechtem Spross, der im unteren Bereich mit graugrünen, länglich-lanzettlichen Blättern besetzt ist. Die Blüten sind glockig überhängend und bilden eine lockere Traube.
Pflanzenhöhe: 60 bis 100 cm.
Blütenfarbe: Blauviolett.
Natürliche Blütezeit: Ende April bis Anfang Mai.
Zeitraum des Angebotes: April bis Mitte Mai.
Schnittreife: Wenn 60 bis 70 % der Blüten geöffnet sind.
Haltbarkeit: Bis 10 Tage.
Kühllagerung: Möglich, wegen Fäulnisgefahr aber nicht ideal.
Besondere Pflege: Guter Anschnitt, handwarmes Wasser verwenden.
Verwendung: Spezielle Binderei.
Besonderheiten: Der Spross ist oft etwas schwach.

△ 283 Gloriosa superba
▽ 284 Hyacinthoides hispanica

Gloriosa superba ♃

Synonym: G. simplex, G. virescens, G. plantii, G. carsonii, G. rothschildiana.
Familie: Liliaceae.
Handelsname: Ruhmeskrone.
Heimat/Herkunft: Tropisches Afrika.
Persönlichkeit: Edelform.
Stofflichkeit: Metallisch.
Ausstrahlung: Exklusivität, kostbar.
Wuchsform: Kletterpflanze mit dickem, fleischigem Wurzelstock. Die wechselständigen lanzettlichen Blätter weisen an den Enden eine Kletterranke auf. Aus den Blattachsen spriessen 12 bis 15 cm lange Stiele, die am Ende je eine edel geformte Blüte tragen.
Pflanzenhöhe: 200 bis 250 cm.
Blütenfarbe: Leuchtend Orangerot mit gelbem Grund, auch gelbe und weinrote Sorten sind im Handel.
Natürliche Blütezeit: Juni bis August.
Zeitraum des Angebotes: März bis Dezember.
Schnittreife: Wenn die Blütenblätter nach oben gebogen und die Staubgefässe frei sind.
Haltbarkeit: 12 bis 15 Tage.
Kühllagerung: Nicht zu empfehlen.
Verwendung: Für spezielle Binderei, auch ganze Ranken können eingesetzt werden. Ideale spielende Form.
Besonderheiten: Empfindlich im Transport.

Hyacinthoides hispanica ♃

Synonym: Scilla hispanica, S. campanulata, Hyacinthus campanulatus, Endymion campanulatus, E. hispanicus.
Familie: Liliaceae.
Handelsname: Glockenhyazinthe, Spanischer Blaustern.
Heimat/Herkunft: Portugal, westliches Spanien.
Persönlichkeit: Geltungsform.
Stofflichkeit: Glasig, porzellanähnlich.
Ausstrahlung: Kühle, Frische.
Wuchsform: Zwiebelpflanze mit linealischen Blättern in dichten Büscheln. Aus dem Zentrum entwickelt sich ein langer Schaft, an dem sich eine dichte Blütentraube entwickelt. Die Glokkenblütchen sind hängend.
Pflanzenhöhe: 30 bis 40 cm.
Blütenfarbe: Weiss, Rosa, Blau.
Natürliche Blütezeit: Mai bis Juni.
Zeitraum des Angebotes: März bis Juni.
Schnittreife: Wenn Blütenknospen gut ausgefärbt sind und sich die ersten unteren Blüten öffnen.
Haltbarkeit: 10 bis 15 Tage.
Kühllagerung: Möglich.
Verwendung: Begleitelement.
Besonderheiten: Die neueren Zuchtformen sind wesentlich reichblühender als die Wildformen.

Hyacinthus orientalis ♃ D Ⓝ

Synonym: –.
Familie: Liliaceae.
Handelsname: Hyazinthe.
Heimat/Herkunft: Östliche Mittelmeerländer, Südwestalpen.
Persönlichkeit: Geltungsform.
Stofflichkeit: Porzellanähnlich.
Ausstrahlung: Je nach Farbe Kühle oder Wärme.
Wuchsform: Zwiebelpflanze. Grundständige länglich-lanzettliche Blätter. Der runde Blütenschaft trägt 10 bis 20 trichterförmige Blüten an einem traubigen Blütenstand.
Pflanzenhöhe: 20 bis 25 cm.
Blütenfarbe: Weiss, Cremegelb, Rosa, Rot, Blau, Violett und viele Zwischentöne.
Natürliche Blütezeit: April bis Mai.
Zeitraum des Angebotes: Durch Präparieren der Zwiebeln und Treiberei im Gewächshaus ab November bis April.
Schnittreife: Wenn 5 bis 8 Blüten geöffnet sind.
Haltbarkeit: 12 bis 15 Tage.
Kühllagerung: Bis 4 Tage ohne Wasser möglich.
Besondere Pflege: In wenig Wasser stellen.
Verwendung: Die Einzelblüten können für Haarkränzli und andere montierte floristische Arbeiten eingesetzt werden.
Besonderheiten: Sehr starker Duft.

△ 285 Hyacinthus orientalis
▽ 286 Kniphofia-Hybriden

Kniphofia-Hybriden ♃ ✂

Synonym: K. alooides, Tritoma uvaria.
Familie: Liliaceae.
Handelsname: Fackellilie, Kniphofie.
Heimat/Herkunft: Südafrika.
Persönlichkeit: Geltungsform.
Stofflichkeit: Rustikal.
Ausstrahlung: Wärme.
Wuchsform: Staude mit grundständigen, schwertförmigen Blättern, die nach aussen überhängen. An langen Schäften sind dichte Blütenähren bis -trauben ausgebildet. Die Einzelblüten hängen.
Pflanzenhöhe: 80 bis 120 cm.
Blütenfarbe: Gelb, Orange und Rot.
Natürliche Blütezeit: August bis September.
Zeitraum des Angebotes: Mai bis Oktober.
Schnittreife: Wenn die erste Blüte einer Ähre aufgeblüht ist.
Haltbarkeit: 10 bis 15 Tage.
Kühllagerung: Nicht zu empfehlen.
Besondere Pflege: Die unteren Blüten müssen laufend entfernt werden.
Verwendung: Sommerbindereien.
Besonderheiten: Die aussergewöhnliche Wuchsform bringt einen eigenwilligen Einsatz des Werkstoffes.

△ 287 Lachenalia-Aloides-Hybriden
▽ 288 Lilium-Auratum-Hybride

Lachenalia-Aloides-Hybriden ♃ ✂ ⌂

Synonym: –.
Familie: Liliaceae.
Handelsname: Kaphyazinthe.
Heimat/Herkunft: Kapland, Natal.
Persönlichkeit: Geltungsform.
Stofflichkeit: Ledrig.
Ausstrahlung: Wärme.
Wuchsform: Aus einer eiförmigen Zwiebel entwickeln sich zwei riemenförmige, fleischige, grüne Blätter. Aus dem Zentrum entsteigt ein 20 cm hoher Schaft, der eine 8 bis 12 cm lange Blütentraube trägt. Die röhrigen Blüten sind hängend.
Pflanzenhöhe: 30 bis 35 cm.
Blütenfarbe: Orangegelb, Grüngelb, Rotgelb.
Natürliche Blütezeit: Januar bis März.
Zeitraum des Angebotes: Januar bis März.
Schnittreife: Die Triebe müssen ausgereift und die ersten Blüten geöffnet sein.
Haltbarkeit: 5 bis 7 Tage.
Kühllagerung: Ja.
Besondere Pflege: Guter Anschnitt ist erforderlich.
Verwendung: Spezielle Frühlingsfloristik.
Besonderheiten: –.

Lilium-Auratum-Hybriden ♃ D

Synonym: –.
Familie: Liliaceae.
Handelsname: Goldbandlilie.
Heimat/Herkunft: Japan.
Persönlichkeit: Edelform, Herrschaftsform.
Stofflichkeit: Samtig, porzellanähnlich.
Ausstrahlung: Edel, kostbar.
Wuchsform: Schuppenzwiebelpflanze. Schlank aufrechter Wuchs, Spross mit schmallanzettlichen Blättern. Endständig 1 bis 10 grosse, flach ausgebreitete Blüten mit etwas zurückgebogener Blütenblattspitze.
Pflanzenhöhe: 80 bis 180 cm.
Blütenfarbe: Weiss mit je einem goldgelben Mittelband pro Blütenblatt sowie zahlreiche rote bis purpurrote Punkte. Neu auch Rosa-Sorten.
Natürliche Blütezeit: Juni bis August.
Zeitraum des Angebotes: Januar bis Dezember.
Schnittreife: Wenn sich die erste Blütenknospe gerade öffnet.
Haltbarkeit: 10 bis 15 Tage.
Kühllagerung: Möglich.
Besondere Pflege: –.
Verwendung: Spezielle Binderei, grosszügige edle Binderei.
Besonderheiten: Die Staubgefässe sollten je nach Verwendung entfernt werden. Verschmutzung.

Lilium candidum ♃ D ✂

Synonym: –.
Familie: Liliaceae.
Handelsname: Madonnenlilie.
Heimat/Herkunft: Östliche Mittelmeerländer bis Südwestasien.
Persönlichkeit: Edelform, Herrschaftsform.
Stofflichkeit: Porzellanähnlich.
Ausstrahlung: Wachsig, edel.
Wuchsform: Schuppenzwiebelpflanze. Straff aufrechtstrebende Triebe, die im mittleren Bereich dicht belaubt sind. Die Blätter sind unten linealisch, oben lanzettlich. An lockeren Blütentrauben sitzen 6 bis 20 Blüten, die unteren nicken, die oberen stehen waagrecht.
Pflanzenhöhe: 90 bis 150 cm.
Blütenfarbe: Reinweiss.
Natürliche Blütezeit: Juni bis Juli.
Zeitraum des Angebotes: Ab Mai bis Juli.
Schnittreife: Wenn sich die erste Blüte geöffnet hat.
Haltbarkeit: 10 bis 14 Tage.
Kühllagerung: Möglich.
Besondere Pflege: –.
Verwendung: Spezielle floristische Arbeiten.
Besonderheiten: Je nach Verwendung des Werkstoffes sollten die Staubgefässe entfernt werden. Verschmutzung.

△ 289 Lilium candidum
▽ 290 Lilium longiflorum

Lilium longiflorum ♃ D ✂ ⌂

Synonym: –.
Familie: Liliaceae.
Handelsname: Langblütige Lilie, Osterlilie.
Heimat/Herkunft: Japan, China.
Persönlichkeit: Edelform, Herrschaftsform.
Stofflichkeit: Porzellanähnlich.
Ausstrahlung: Kühle, Frische.
Wuchsform: Schuppenzwiebelpflanze. Aufrechte Sprosse mit zerstreuten lanzettlichen Blättern. Die relativ wenigen Blüten stehen waagrecht nach aussen und bilden einen langen Trichter von bis 20 cm Länge.
Pflanzenhöhe: 50 bis 120 cm.
Blütenfarbe: Weiss mit grünlichem Einschlag.
Natürliche Blütezeit: Juli bis September.
Zeitraum des Angebotes: Durch das ganze Jahr.
Schnittreife: Die Blütenknospen müssen gut ausgefärbt, aber noch geschlossen sein.
Haltbarkeit: 8 bis 10 Tage.
Kühllagerung: Möglich, jedoch mit Vorsicht, die Blütenknospen können «sitzenbleiben».
Besondere Pflege: –.
Verwendung: Allgemeine bis spezielle Binderei.
Besonderheiten: Eventuell Staubgefässe entfernen. Mit Einzelblüten können ebenfalls interessante Gestaltungen angefertigt werden.

△ 291 Lilium-Maculatum-Hybride
▽ 292 Lilium regale

Lilium-Maculatum-Hybriden ♃ D ✂

Synonym: –.
Familie: Liliaceae.
Handelsname: Lilie.
Heimat/Herkunft: Zuchtform aus L. bulbiferum x L. croceum.
Persönlichkeit: Geltungsform, Edelform (je nach Sorte), Herrschaftsform.
Stofflichkeit: Rustikal, samtig, porzellanähnlich.
Ausstrahlung: Wärme, edel.
Wuchsform: Schuppenzwiebelpflanze. Straff aufrechte Sprosse mit schmallanzettlichen Blättern. Traubige Blütenstände mit aufrechten bis seitlich gestellten mittelgrossen Blüten.
Pflanzenhöhe: Je nach Sorte 80 bis 120 cm.
Blütenfarbe: Weiss, Cremegelb, Gelb, Orange, Rot.
Natürliche Blütezeit: Juni bis Juli.
Zeitraum des Angebotes: Januar bis Dezember.
Schnittreife: Wenn die untersten 3 Blütenknospen gut ausgefärbt, aber noch geschlossen sind.
Haltbarkeit: 10 bis 14 Tage.
Kühllagerung: 1 bis 2 Tage auch ohne Wasser möglich. Bei längerer Dauer können die Blütenknospen «sitzenbleiben».
Besondere Pflege: In lauwarmes Wasser stellen.
Verwendung: Allgemeine bis spezielle Bindereien.
Besonderheiten: Die vielen Farben und Formen dieser Gruppe bringen uns viele interessante Kombinationen. Vorsicht Staubbeutel!

Lilium regale ♃ D ✂

Synonym: –.
Familie: Liliaceae.
Handelsname: Königslilie.
Heimat/Herkunft: Westchina.
Persönlichkeit: Edelform, Herrschaftsform.
Stofflichkeit: Porzellanähnlich.
Ausstrahlung: Stolzheit, edel.
Wuchsform: Schuppenzwiebelpflanze. Aufrechte Sprosse, im unteren Bereich blattlos, im mittleren Bereich linealische Blätter. Oben 3 bis 20 Blüten zu einer doldigen Traube vereinigt. Die Blüten stehen waagrecht nach aussen.
Pflanzenhöhe: 80 bis 150 cm.
Blütenfarbe: Aussen Lila, innen Mattweiss mit gelbem Schlund.
Natürliche Blütezeit: Juli bis August.
Zeitraum des Angebotes: Ab Juni bis August.
Schnittreife: Wenn die grössten Knospen gut ausgefärbt sind und sich bald öffnen.
Haltbarkeit: 10 bis 14 Tage.
Kühllagerung: Möglich.
Besondere Pflege: Viel Wasser verabreichen.
Verwendung: Spezielle floristische Arbeiten.
Besonderheiten: Eventuell Staubgefässe entfernen. Die Einzelblüten können dank der langen Blütenstiele auch separat eingesetzt werden.

Lilium-Speciosum-Hybriden ♃ D ✂

Synonym: L. speciosum.
Familie: Liliaceae.
Handelsname: Prachtlilie.
Heimat/Herkunft: Zuchtformen, besonders aus L. speciosum x L. auratum. Wildarten aus China, Korea, Japan.
Persönlichkeit: Edelform, Herrschaftsform.
Stofflichkeit: Rustikal, porzellanähnlich.
Ausstrahlung: Exklusivität.
Wuchsform: Schuppenzwiebelpflanze. Sprosse aufrecht bis überneigend, Blätter lanzettlich, grün glänzend. Die einzelnen grossen und oft hängenden Blüten sitzen als lockere Trauben bis Rispen. Die Blütenblätter sind nach aussen zurückgebogen.
Pflanzenhöhe: 80 bis 150 cm.
Blütenfarbe: Rosa, mit purpurfarbenen Flecken übersät.
Natürliche Blütezeit: August bis September.
Zeitraum des Angebotes: Mai bis März.
Schnittreife: Wenn die untersten 1 bis 2 Blüten geöffnet sind.
Haltbarkeit: 10 bis 14 Tage.
Kühllagerung: Möglich.
Besondere Pflege: –.
Verwendung: Allgemeine bis spezielle Binderei.
Besonderheiten: Die Staubgefässe unbedingt entfernen, sie verschmutzen die Blüten stark!

△ 293 Lilium-Speciosum-Hybride
▽ 294 Muscari armeniacum

Muscari armeniacum ♃

Synonym: M. polyanthum.
Familie: Liliaceae.
Handelsname: Traubenhyazinthe.
Heimat/Herkunft: Balkan, Kleinasien, Kaukasus.
Persönlichkeit: Gesellschaftsform.
Stofflichkeit: Porzellanähnlich.
Ausstrahlung: Kühle, Frische.
Wuchsform: Zwiebelpflanze mit grundständigen, schmalen, rinnenförmigen Blättern. Die Blütentraube ist pyramidal ausgebildet mit vielen eiförmigen hängenden Glockenblüten.
Pflanzenhöhe: 15 bis 20 cm.
Blütenfarbe: Tiefblau mit hellem Blütensaum.
Natürliche Blütezeit: April.
Zeitraum des Angebotes: März bis August.
Schnittreife: Wenn der unterste Blütenkranz aufgeblüht ist.
Haltbarkeit: 6 bis 10 Tage.
Kühllagerung: 1 bis 2 Tage auch ohne Wasser möglich.
Besondere Pflege: Wenig Wasser verabreichen.
Verwendung: Feine Frühlingsbindereien.
Besonderheiten: –.

△ 295 Ornithogalum arabicum
▽ 296 Ornithogalum thyrsoides

Ornithogalum arabicum ♃ ✂ ⌂

Synonym: O. corymborum.
Familie: Liliaceae.
Handelsname: Arabischer Milchstern.
Heimat/Herkunft: Mittelmeerländer, Portugal.
Persönlichkeit: Edelform, Herrschaftsform.
Stofflichkeit: Porzellanähnlich.
Ausstrahlung: Kraft, Stolzheit.
Wuchsform: Zwiebelpflanze mit relativ dicken, fleischigen, linealischen Blättern. Auf einem langen Schaft ist eine kompakte Traube ausgebildet, die leicht zur Seite neigt.
Pflanzenhöhe: 30 bis 60 cm.
Blütenfarbe: Weiss mit schwarzem Griffel.
Natürliche Blütezeit: Mai.
Zeitraum des Angebotes: Durch das ganze Jahr.
Schnittreife: Wenn der unterste Blütenkranz aufgeblüht ist.
Haltbarkeit: 15 bis 20 Tage.
Kühllagerung: Möglich, 1 bis 2 Tage auch ohne Wasser.
Besondere Pflege: Die Schuppenblätter in der Traube sind zu entfernen.
Verwendung: Spezielle Binderei.
Besonderheiten: Die Einzelblüten können in der «montierten» Floristik verwendet werden. Die Blüten öffnen sich auch ohne Wasser.

Ornithogalum thyrsoides ♃ ✂ ⌂

Synonym: –.
Familie: Liliaceae.
Handelsname: Milchstern, „Chincherinchee".
Heimat/Herkunft: Südafrika.
Persönlichkeit: Gesellschaftsform.
Stofflichkeit: Porzellanähnlich, glasig.
Ausstrahlung: Kahl, Frische.
Wuchsform: Zwiebelpflanze. Grundständige, lanzettliche, aufstrebende Blätter bis 35 cm lang. Der Schaft ist aufrecht mit dichter endständiger Blütentraube.
Pflanzenhöhe: 30 bis 50 cm.
Blütenfarbe: Weiss.
Natürliche Blütezeit: Juni bis August.
Zeitraum des Angebotes: Durch das ganze Jahr.
Schnittreife: Wenn die erste Blüte einer Traube aufgeblüht ist.
Haltbarkeit: 20 bis 30 Tage.
Kühllagerung: Möglich, 1 bis 2 Tage auch ohne Wasser.
Besondere Pflege: Die Blütenschuppenblätter sind zu entfernen.
Verwendung: Feine Bindereien.
Besonderheiten: Die Einzelblüten können ideal für montierte Floristik verwendet werden.

Ornithogalum umbellatum 'Stern von Bethlehem' ♃ ✂ ⌂(K)

Synonym: –.
Familie: Liliaceae.
Handelsname: Stern von Bethlehem, Dolden-Milchstern.
Heimat/Herkunft: Südafrika.
Persönlichkeit: Geltungsform.
Stofflichkeit: Porzellanähnlich.
Ausstrahlung: Frische, Klarheit.
Wuchsform: Zwiebelpflanze, grundständige, lanzettlich aufstrebende Blätter bis 40 cm lang. Der runde Schaft ist stärker ausgebildet als die Wildart. O. thyrsoides, die Blüten sind grösser und öffnen sich besser.
Pflanzenhöhe: 40 bis 60 cm.
Blütenfarbe: Weiss.
Natürliche Blütezeit: Juni bis August.
Zeitraum des Angebotes: Durch das ganze Jahr.
Schnittreife: wenn die ersten Blüten geöffnet sind.
Haltbarkeit: 20 bis 30 Tage.
Kühllagerung: Möglich, auch 1 bis 2 Tage ohne Wasser.
Besondere Pflege: Die Schuppenblätter unterhalb der Blüten sind zu entfernen.
Verwendung: Feine Bindereien.
Besonderheiten: Die Einzelblüten können als Begleitelement für montierte Floristik eingesetzt werden.

△ 297 Ornithogalum umbellatum 'Stern von Bethlehem'
▽ 298 Sandersonia aurantiaca

Sandersonia aurantiaca ♃ ⌂(W)

Synonym: –.
Familie: Liliaceae.
Handelsname: Sandersonie.
Heimat/Herkunft: Südafrika.
Persönlichkeit: Geltungsform.
Stofflichkeit: Glasig, seidig.
Ausstrahlung: Zerbrechlich, Frische.
Wuchsform: Wuchs aufrecht, Triebe unverzweigt mit wechselständigen, lanzettlichen Blättern. Die runden, hängenden Glockenblüten erscheinen an dünnen Stielen aus den Blattachseln.
Pflanzenhöhe: 50 bis 60 cm.
Blütenfarbe: Gelb, Orange.
Natürliche Blütezeit: Juli.
Zeitraum des Angebotes: Juni bis August.
Schnittreife: Wenn von unten her 4 bis 5 Blüten geöffnet sind.
Haltbarkeit: 12 bis 18 Tage.
Kühllagerung: Nicht nötig.
Besondere Pflege: Gute Schnittreife beachten!
Verwendung: Als Begleit- oder Hauptelement in der Sommerbinderei.
Besonderes: Sehr interessante Blüten mit kühler Ausstrahlung trotz der gelborangen Farbtöne.

△ 299 Tricyrtis hirta
▽ 300 Tulipa – Gartentulpen

Tricyrtis hirta ♃

Synonym: –.
Familie: Liliaceae.
Handelsname: Krötenlilie.
Heimat/Herkunft: Japan.
Persönlichkeit: Geltungsform.
Stofflichkeit: Wollig, ledrig, je nach Sorte.
Ausstrahlung: Neugierde, Frische.
Wuchsform: Aufrechter Wuchs mit einzelnen, kräftigen Trieben. Die wechselständigen, zugespitzt eiförmigen Blätter sind grün und hell genervt. Die Blüten erscheinen aus den oberen Blattachseln.
Pflanzenhöhe: 50 cm.
Blütenfarbe: Weiss-lila mit roten Flecken.
Natürliche Blütezeit: August bis September.
Zeitraum des Angebotes: Zum Teil Juni/Juli bis Oktober.
Schnittreife: 2 Blüten müssen geöffnet sein.
Haltbarkeit: 4 bis 6 Tage.
Kühllagerung: Nicht ideal.
Besondere Pflege: Kaltes Wasser verwenden.
Verwendung: Sommerfloristik, Sträusse und Gestecke in lockerer Anordnung.
Besonderheiten: –.

Tulipa – Gartentulpen ♃ ✂

Synonym: –.
Familie: Liliaceae.
Handelsname: Gartentulpen.
Heimat/Herkunft: Zuchtformen, Wildformen aus dem Orient.
Persönlichkeit: Geltungsform.
Stofflichkeit: Rustikal, samtig, wollig, glasig, je nach Sorte und Farbe.
Ausstrahlung: Wärme, Frische, je nach Farbe.
Wuchsform: Zwiebelpflanze, am Spross 3 bis 4 breitlanzettliche Blätter. Endständig einfache bis gefüllte Blüten in verschiedenen Formen.
Pflanzenhöhe: Je nach Sorte und Klasse 30 bis 60 cm.
Blütenfarbe: Weiss, Gelb, Orange, Rot, Rosa, Purpur, zum Teil auch zweifarbig.
Natürliche Blütezeit: Je nach Klasse April bis Anfang Juni.
Zeitraum des Angebotes: Dezember bis Mai.
Schnittreife: Je nach Klasse und Sorte verschieden. Der Stiel muss fest und die Farbe ausgeprägt, die Blüte jedoch noch geschlossen sein.
Haltbarkeit: 5 bis 8 Tage.
Kühllagerung: Möglich, bis 4 Tage ohne Wasser.
Besondere Pflege: Unterste Blätter entfernen, nur in wenig Wasser einstellen.
Verwendung: Frühlingsbinderei.
Besonderheiten: Nie mit Narzissen einstellen!

△ 302 Lilienblütige Tulpen
▽ 303 Mehrblütige Tulpen

△ 301 Gefüllte Tulpen
▽ 304 Darwin- oder lilienblütige Tulpen

△ 305 Lythrum salicaria
▽ 306 Lavatera trimestris

Lythrum salicaria ♃

Synonym: –.
Familie: Lythraceae.
Handelsname: Blutweiderich.
Heimat/Herkunft: Europa, Asien, Nordwestafrika.
Persönlichkeit: Geltungsform.
Stofflichkeit: Samtig.
Ausstrahlung: Frische.
Wuchsform: Staude mit straff aufrechten, z. T. verzweigten Trieben. Die grünen Blätter sind langlanzettlich. Endständig finden wir zahlreiche Blüten zu schmalen, langen Ähren zusammengefasst.
Pflanzenhöhe: 100 cm.
Blütenfarbe: Violettrot.
Natürliche Blütezeit: Juni bis August.
Zeitraum des Angebotes: Juni bis August.
Schnittreife: Über 50 % der Blüten sollten geöffnet sein.
Haltbarkeit: 5 bis 7 Tage.
Kühllagerung: Ungeeignet.
Besondere Pflege: Kurz in heisses Wasser stellen. Sie benötigen viel Wasser.
Verwendung: Sommersträusse.
Besonderheiten: Sie werden relativ wenig angeboten.

Lavatera trimestris ⊙

Synonym: –.
Familie: Malvaceae.
Handelsname: Bechermalve.
Heimat/Herkunft: Südeuropa.
Persönlichkeit: Geltungsform.
Stofflichkeit: Seidig.
Ausstrahlung: Zartheit, Feinheit, duftig.
Wuchsform: Krautig aufrecht, breitverzweigt. Die unteren Blätter sind herzförmig, die oberen z. T. dreilappig. Aus den Blattachseln entwikkeln sich breitgeöffnete Trichterblüten.
Pflanzenhöhe: 60 bis 100 cm.
Blütenfarbe: Rosa, Weiss.
Natürliche Blütezeit: Juni bis Oktober.
Zeitraum des Angebotes: Juni bis Oktober.
Schnittreife: Wenn pro Stiel 1 bis 2 Blüten geöffnet sind.
Haltbarkeit: 12 bis 15 Tage.
Kühllagerung: Wegen Flecken an den Blüten nicht zu empfehlen.
Besondere Pflege: Möglichst viele Verdunstungsflächen entfernen. Verblühte Blumen auskneifen.
Verwendung: Sommerbindereien.
Besonderheiten: Die farbezeigenden Knospen blühen in der Vase nach.

Sidalcea malviflora ♃

Synonym: –.
Familie: Malvaceae.
Handelsname: Präriemalve.
Heimat/Herkunft: Kalifornien.
Persönlichkeit: Geltungsform.
Stofflichkeit: Seidig.
Ausstrahlung: Feinheit, Lieblichkeit.
Wuchsform: Staude mit lockerem, aufrechtem Wuchs, horstbildend. Die grün glänzenden Blätter sind handförmig gelappt. Zahlreiche Blüten zieren die langen Ähren.
Pflanzenhöhe: 70 cm.
Blütenfarbe: Rosa bis Karminrot.
Natürliche Blütezeit: Juni bis August.
Zeitraum des Angebotes: Mai bis August.
Schnittreife: Die untersten Blüten müssen geöffnet sein.
Haltbarkeit: 5 bis 8 Tage.
Kühllagerung: Nicht zu empfehlen.
Besondere Pflege: Guter Anschnitt der Stiele. Verdunstungsflächen reduzieren.
Verwendung: Sommerliche Bindereien und Sträusse.
Besonderheiten: –.

Heliconia-Arten ♃ ✂ (W)

Synonym: –.
Familie: Musaceae.
Handelsname: Heliconia.
Heimat/Herkunft: Wildformen aus Brasilien.
Persönlichkeit: Herrschaftsform.
Stofflichkeit: Rustikal, ledrig.
Ausstrahlung: Kräftig, stolz, eigenwillig.
Wuchsform: Tropische krautige Pflanze mit kurzem, dickem Spross und aufstrebenden Blattstielen, die grosse lanzettliche Blätter tragen. Aus den Blattscheiden entwickeln sich interessante Blütenstände mit gefärbten Hochblättern.
Pflanzenhöhe: 2 bis 6 m, je nach Art und Alter.
Blütenfarbe: Hochblätter Leuchtendrot mit Gelb, die eigentlichen Blüten sind eher unscheinbar und in die Hochblätter eingebettet.
Natürliche Blütezeit: Januar bis April.
Zeitraum des Angebotes: Januar bis Mai, vereinzelt das ganze Jahr.
Schnittreife: Wenn mindestens 2 Hochblätter gut ausgefärbt sind.
Haltbarkeit: 10 bis 14 Tage.
Kühllagerung: Nicht nötig.
Besondere Pflege: Gut anschneiden.
Verwendung: Spezielle Binderei, Sträusse, Dekorationen.
Besonderheiten: Auch in der Trockenbinderei verwendbar.

△ 307 Sidalcea malviflora
▽ 308 Heliconia psittacorum

△ 310 Heliconia rostrata
▽ 312 Heliconia marginata

△ 311 Heliconia latispatha

Heliconia rostrata ♃ ✂ ⌂

Synonym: H. pendula.
Familie: Musaceae.
Handelsname: Geschnäbelte Heliconie.
Heimat/Herkunft: Peru.
Persönlichkeit: Herrschaftsform.
Stofflichkeit: Ledrig, rustikal.
Ausstrahlung: Hart, Wärme, kraftvoll.
Wuchsform: Aus einem verkürzten Spross entwickeln sich starke zweizellig gestellte Blätter von 2 bis 3 m Länge von lineallanzettlicher Form. Die prächtigen Blütenstände sind überhängend und tragen bis 12 Tragblätter, aus denen die eigentlichen Blüten herausragen.
Pflanzenhöhe: Bis 3 m.
Blütenfarbe: Tragblätter Leuchtendrot mit gelbem bis grünem «Schnabel». Die Blüten sind gelb.
Natürliche Blütezeit: Durch das ganze Jahr.
Zeitraum des Angebotes: Durch das ganze Jahr.
Schnittreife: Wenn der Blütenstand ausgewachsen ist und gut Farbe zeigt.
Haltbarkeit: 20 bis 25 Tage.
Kühllagerung: Nicht nötig.
Besondere Pflege: –.
Verwendung: Als Hauptelement.
Besonderheiten: Die Blüten mit der nötigen Vorsicht behandeln.

Ensete ventricosum ♃

Synonym: Musa ensete, M. ventricosa.
Familie: Musaceae.
Handelsname: Zierbanane.
Heimat/Herkunft: Afrika.
Persönlichkeit: Herrschaftsform.
Stofflichkeit: Ledrig, rustikal.
Ausstrahlung: Kraft, kostbar.
Wuchsform: Aus verdicktem Grundstamm entwickeln sich ausladende, breitlanzettliche Blätter. Aus der Triebspitze bilden sich die Blüten- und Fruchttriebe. Die gelben Blüten sind von grossen rosafarbenen Hüllblättern umgeben.
Pflanzenhöhe: Ausgewachsen bis 8 m hoch.
Blütenfarbe: Hochblätter rosa, Röhrenblüten gelb.
Natürliche Blütezeit: Januar bis Dezember.
Zeitraum des Angebotes: Januar bis Dezember.
Schnittreife: Wenn sich die ersten Bananenfrüchte entwickelt haben und sich an der Triebspitze noch Blüten entfalten.
Haltbarkeit: 10 bis 20 Tage.
Kühllagerung: Nicht zu empfehlen.
Besondere Pflege: Die farbigen Hüllblätter nach dem Verblühen der Blüten entfernen.
Verwendung: Spezielle Bindereien.
Besonderheiten: –.

△ 313 Ensete ventricosum
▽ 314 Strelitzia reginae var. reginae

Strelitzia reginae var. reginae ♃ ✂ (K)

Synonym: –.
Familie: Musaceae.
Handelsname: Paradiesvogelblume, Strelitzie.
Heimat/Herkunft: Südafrika.
Persönlichkeit: Herrschaftsform, Edelform.
Stofflichkeit: Samtig, ledrig, porzellanähnlich.
Ausstrahlung: Stolzheit, edel, kostbar.
Wuchsform: Grundständige Pflanze mit kurzem verholzendem Stamm mit aufrechtstehenden, breitlanzettlichen Blättern, die auf 1 m langen Stielen stehen. Aus den Blattachseln entwickeln sich runde Blütenschäfte, an deren Ende mehrere farbintensive Blüten aufstreben.
Pflanzenhöhe: 1 bis 2 m.
Blütenfarbe: Orange und Blau.
Natürliche Blütezeit: Januar bis März.
Zeitraum des Angebotes: Durch Gewächshauskultur Januar bis Dezember.
Schnittreife: Wenn sich pro Blütenstiel eine Blüte entfaltet hat.
Haltbarkeit: 10 bis 18 Tage.
Kühllagerung: Nicht nötig.
Besondere Pflege: Die Blüten müssen von Hand ganz geöffnet werden.
Verwendung: Spezielle Bindereien.
Besonderheiten: Blätter für Trockenbinderei.

△ 315 Chamelaucium uncinatum
▽ 316 Leptospermum scoparium

Chamelaucium uncinatum ♄ ⌂

Synonym: Chamaelaucium uncinatum.
Familie: Myrtaceae.
Handelsname: Wachspflanze.
Heimat/Herkunft: Westaustralien.
Persönlichkeit: Geltungsform.
Stofflichkeit: Porzellanähnlich, wachsig, ledrig.
Ausstrahlung: Stumpf, herb.
Wuchsform: Halbstrauch bis Strauch mit schlank aufrechtem, feinverzweigtem Wuchs. Nadelähnliche, ledrige Blättchen. Die 6 mm grossen Blüten sitzen zahlreich in den Blattachseln.
Pflanzenhöhe: 150 bis 200 cm.
Blütenfarbe: Weiss, Rosa, Lilarosa, Violett.
Natürliche Blütezeit: März bis Juni.
Zeitraum des Angebotes: Dezember bis Juni.
Schnittreife: Wenn 35 bis 50 % Prozent der Blüten geöffnet sind.
Haltbarkeit: 12 bis 18 Tage.
Kühllagerung: Möglich.
Besondere Pflege: Unbedingt neu anschneiden und in 40 °C warmes Wasser einstellen.
Verwendung: In der Regel als Begleitelement.
Besonderheiten: Oft stellen wir durch den langen Transport starken Blütenfall fest.

Leptospermum scoparium ♄ – ♄ ✂ ⌂

Synonym: –.
Familie: Myrtaceae.
Handelsname: Besen-/Südseemyrte.
Heimat/Herkunft: Neuseeland, Australien.
Persönlichkeit: Geltungsform.
Stofflichkeit: Rustikal (gesamt), porzellanähnlich (Blüten).
Ausstrahlung: Herb, rauh.
Wuchsform: Strauch bis Baum mit aufrechtem Wuchs, besenartig dicht verzweigt mit braunroten, dünnen Trieben. Die Blätter sind eirund bis lanzettlich, die äusseren Zweige hängend. Die bis zu 2 cm grossen Blüten erscheinen meist an dünnen Seitentrieben oder an den Triebenden.
Pflanzenhöhe: 4 bis 6 m.
Blütenfarbe: Weiss, Rosa, Rot.
Natürliche Blütezeit: Mai bis Juni.
Zeitraum des Angebotes: Februar bis Juni.
Schnittreife: Wenn mindestens 60 % der Blüten geöffnet sind.
Haltbarkeit: Gut, 10 bis 14 Tage.
Kühllagerung: Nicht nötig.
Besondere Pflege: Guter Anschnitt der holzigen Triebe, in warmes Wasser stellen.
Verwendung: Begleitelement in speziellen floristischen Arbeiten.
Besonderheiten: Bei unsachgemässer Pflege trocknen die Zweige rasch ein.

Nelumbo nucifera ≈ ♃ Ⓝ

Synonym: Nelumbium nelumbo, Nelumbo speciosum.
Familie: Nymphaeaceae.
Handelsname: Indische Lotosblume.
Heimat/Herkunft: Kaspisches Meer, Iran, Indien, Japan, Australien.
Persönlichkeit: Edelform.
Stofflichkeit: Seidig
Ausstrahlung: Edel, Exklusivität.
Wuchsform: Wasserpflanze mit dickem Grundspross und langen Blattstielen, die über die Wasserfläche hinausragenden Blätter sind kreisrund. Die 20 bis 30 cm grossen Einzelblüten stehen über dem Blattwerk.
Pflanzenhöhe: Ab Wurzelstock 150 bis 180 cm.
Blütenfarbe: Rosa.
Natürliche Blütezeit: April bis August.
Zeitraum des Angebotes: April bis August.
Schnittreife: Kurz vor dem Aufblühen.
Haltbarkeit: 2 bis 5 Tage, sie benötigen eine relativ hohe Luftfeuchtigkeit.
Kühllagerung: Nicht zu empfehlen.
Besondere Pflege: Die Blütenknospen von Hand öffnen. Warmes Wasser verwenden.
Verwendung: Spezielle Binderei.
Besonderheiten: Der Fruchtstand findet auch in der Basisarbeit und in der Trockenbinderei Verwendung.

△ 317 Nelumbo nucifera
▽ 318 Nymphaea-Hybride

Nymphaea-Hybriden ≈ ♃

Synonym: –.
Familie: Nymphaeaceae.
Handelsname: Seerosen.
Heimat/Herkunft: Auf der ganzen Erde verbreitet, nunmehr farbintensivere Zuchtformen.
Persönlichkeit: Edelform, Geltungsform.
Stofflichkeit: Seidig, porzellanähnlich, samtig.
Ausstrahlung: Frische, kostbar.
Wuchsform: Wasserpflanze. Kurzer grundständiger Spross mit 50 bis 100 cm langen aufstrebenden Blattstielen. Die auf dem Wasser aufliegenden Blätter sind kreisrund.
Pflanzenhöhe: 50 bis 100 cm.
Blütenfarbe: Weiss, Rosa, Rot, Blau.
Natürliche Blütezeit: Juni bis August.
Zeitraum des Angebotes: Durch Importe ab Februar bis August.
Schnittreife: Knospig, vor dem Aufblühen.
Haltbarkeit: 5 bis 8 Tage.
Kühllagerung: Nicht empfehlenswert.
Besondere Pflege: Möglichst lang und tief ins Wasser stellen. Unter fliessendem Wasser anschneiden. In warmes Wasser einstellen.
Verwendung: Spezielle Binderei.
Besonderheiten: Wenn zu früh geschnitten, öffnen sich die Blüten oft nicht.

△ 319 Forsythia × intermedia
▽ 320 Syringa-Vulgaris-Hybride

Forsythia x intermedia ♄ ✂

Synonym: –.
Familie: Oleaceae.
Handelsname: Forsythie, Goldglöckchen.
Heimat/Herkunft: Kreuzung aus F. suspensa x F. viridissima.
Persönlichkeit: Geltungsform, Herrschaftsform.
Stofflichkeit: Einzelne Blüten, porzellanähnlich, Zweige eher rustikal.
Ausstrahlung: Licht, Sonne.
Wuchsform: Strauch mit in der Jugend aufstrebenden Ruten. Später ausladender Wuchs. Die grünen Blätter sind gegenständig und lanzettlich. An den mehrjährigen Ruten zahlreiche Blüten.
Pflanzenhöhe: 2 bis 3 m.
Blütenfarbe: Goldgelb.
Natürliche Blütezeit: März bis April.
Zeitraum des Angebotes: November bis April.
Schnittreife: Sobald die gelben Blütenknospen sichtbar sind, sie müssen noch geschlossen sein.
Haltbarkeit: 10 bis 14 Tage.
Kühllagerung: Möglich.
Besondere Pflege: Guter, dem verholzten Spross entsprechender Anschnitt.
Verwendung: Oft für Dekorationen, für Bodenvasen und in der Frühlingsbinderei.
Besonderheiten: Guter Treibstrauch.

Syringa-Vulgaris-Hybriden ♄

Synonym: –.
Familie: Oleaceae.
Handelsname: Flieder.
Heimat/Herkunft: Wildarten aus Zentral- bis Südosteuropa.
Persönlichkeit: Herrschaftsform, Prunkform.
Stofflichkeit: Porzellanähnlich (einzelne Blüten).
Ausstrahlung: Duftig, lieblich.
Wuchsform: Grossstrauch mit aufstrebendem Wuchs und starker Verzweigung. Die herzförmigen Blätter sind gegenständig. Die endständigen, dichten Blütenstände bilden eine Rispe.
Pflanzenhöhe: 4 bis 6 m.
Blütenfarbe: Weiss, Rosa, Lila, Purpurrot, Blauviolett. Einfach und gefüllt blühend.
Natürliche Blütezeit: Mai bis Juni.
Zeitraum des Angebotes: Durch Treiberei von vorkultivierten Pflanzen ab November bis Mai.
Schnittreife: Wenn sich die Blütenrispen ausfärben.
Haltbarkeit: 8 bis 14 Tage.
Kühllagerung: Möglich.
Besondere Pflege: Sofort nach dem Schnitt tief ins warme Wasser stellen. Den Anschnitt der verholzten Triebe optimal ausführen.
Verwendung: Frühlingsbindereien, hauptsächlich für Sträusse.
Besonderheiten: Die gute Schnittreife muss unbedingt beachtet werden!

Calanthe-Vestita-Hybriden ♃ ⌂

Synonym: –.
Familie: Orchidaceae.
Handelsname: Calanthe, Schönorche.
Heimat/Herkunft: Hinterindien.
Persönlichkeit: Edelform.
Stofflichkeit: Samtig.
Ausstrahlung: Weich, flauschig.
Wuchsform: Grundständige Erdorchidee mit bis zu 12 cm hohen Pseudobulben und langen, lanzettlichen Blättern, die in der Ruhezeit abfallen. An langen behaarten Schäften sind je 6 bis 12 Blüten zu einer Traube angeordnet.
Pflanzenhöhe: 40 bis 60 cm.
Blütenfarbe: Weiss, Rosa.
Natürliche Blütezeit: Dezember bis Februar.
Zeitraum des Angebotes: Dezember bis Februar.
Schnittreife: Wenn rund 70 % der Blüten aufgeblüht sind.
Haltbarkeit: 10 bis 20 Tage.
Kühllagerung: Nicht geeignet.
Besondere Pflege: Unter fliessendem Wasser anschneiden.
Verwendung: Brautbinderei und andere spezielle floristische Arbeiten.
Besonderheiten: Kein Durchzug. In Steckmasse gesteckt nicht sehr haltbar, besser im Wasser.

△ 321 Calanthe-Vestita-Hybride
▽ 322 Cattleya-Labiata-Hybride

Cattleya-Labiata-Hybriden ♃ ⌂

Synonym: –.
Familie: Orchidaceae.
Handelsname: Cattleya-Orchidee.
Heimat/Herkunft: Wildarten aus den Tropen Südamerikas.
Persönlichkeit: Edelform.
Stofflichkeit: Samtig.
Ausstrahlung: Wärme, weich, mollig.
Wuchsform: Epiphytische Orchidee mit langen zylindrischen Pseudobulben, die an ihrer Spitze 2 bis 3 dicke, breitlanzettliche bis langovale Blätter tragen. Endständig brechen aus einer schützenden Scheide eine bis mehrere prächtige Blüten hervor.
Pflanzenhöhe: 20 bis 40 cm.
Blütenfarbe: Weiss, Gelb, Orange, Lilarosa, oft mit prächtig gefärbter Lippe.
Natürliche Blütezeit: Im Gewächshaus das ganze Jahr.
Zeitraum des Angebotes: Januar bis Dezember.
Schnittreife: Wenn die Blumen an der Pflanze 7 Tage aufgeblüht sind.
Haltbarkeit: 7 bis 10 Tage.
Kühllagerung: Nicht geeignet.
Besondere Pflege: Nie unter 15 °C halten.
Verwendung: Spezielle Bindereien.
Besonderheiten: Kein Durchzug.

△ 323 Cymbidium-Hybride
▽ 324 Dendrobium-Hybride

Cymbidium-Hybriden ♃

Synonym: –.
Familie: Orchidaceae.
Handelsname: Cymbidie, Kahnorchidee
Heimat/Herkunft: Subtropen Ostasiens.
Persönlichkeit: Edelform, Herrschaftsform.
Stofflichkeit: Porzellanähnlich, samtig.
Ausstrahlung: Stolz, kostbar, Klarheit.
Wuchsform: Erdorchidee mit sehr kurzem Grundstamm und dicken Pseudobulben. Die schmalen, langlanzettlichen Blätter sind gefaltet und aufwärtsstrebend, z. T. überhängend.
Pflanzenhöhe: Grossblumige Sorten 80 bis 150 cm, kleinblumige Sorten 50 bis 80 cm.
Blütenfarbe: Reiches Farbenspiel in Weiss, Creme, Gelb, Rosa, Rot, Purpur, Braunrot und Grün.
Natürliche Blütezeit: Januar bis Juni.
Zeitraum des Angebotes: Ganzes Jahr.
Schnittreife: Wenn mit Ausnahme der letzten Knospe alle Blüten geöffnet sind.
Haltbarkeit: Grossblumige Sorten 20 bis 40 Tage, kleinblumige Sorten 14 bis 25 Tage.
Kühllagerung: Nicht geeignet.
Besondere Pflege: Unter fliessendem Wasser anschneiden.
Verwendung: Spezielle und allgemeine Bindereien.
Besonderheiten: Die Einzelblüten eigenen sich ideal für kleinere floristische Arbeiten.

Dendrobium-Hybriden ♃

Synonym: –.
Familie: Orchidaceae.
Handelsname: Dendrobie-Orchidee.
Heimat/Herkunft: Wildarten aus Australien bis Indochina.
Persönlichkeit: Edelform, Geltungsform.
Stofflichkeit: Samtig, glasig, seidig.
Ausstrahlung: Frische.
Wuchsform: Epiphytische Orchidee mit 30 cm langen Pseudobulben mit langlanzettliche Blättern. Aus der Triebspitze entwickeln sich lange Blütentrauben.
Pflanzenhöhe: 30 bis 50 cm.
Blütenfarbe: Weiss, Dunkellila, Rosa.
Natürliche Blütezeit: Januar bis Dezember.
Zeitraum des Angebotes: Januar bis Dezember.
Schnittreife: Wenn 30 % der Blüten geöffnet sind.
Haltbarkeit: 8 bis 12 Tage.
Kühllagerung: Nicht zu empfehlen.
Besondere Pflege: Nicht unter 15 °C aufstellen und lagern. Unter fliessendem, lauwarmem Wasser anschneiden.
Verwendung: Brautbinderei und andere allgemeine bis spezielle Floristik.
Besonderheiten: Knospen, die noch nicht geöffnet sind, können oft welken und abfallen.

Odontoglossum-Hybriden

(Bild: Odontoglossum Bicross)

Synonym: –.
Familie: Orchidaceae.
Handelsname: Odontoglossum-Orchidee.
Heimat/Herkunft: Zentral- bis Südamerika.
Persönlichkeit: Edelform.
Stofflichkeit: Samtig, seidig.
Ausstrahlung: Kostbar, Edel, Wärme.
Wuchsform: Aus kurzen und dicken Pseudobulben von 5 bis 10 cm Höhe entwickeln sich je 1 bis 2 lanzettliche Blätter. Aus der Bulbenbasis entsteigen lange, aber drahtige Blütentriebe, die in traubiger bis rispiger Anordnung ihre eleganten Blüten von oft herrlichem Farbenspiel tragen.
Pflanzenhöhe: Je nach Art 20 bis 60 cm.
Blütenfarbe: Je nach Art Weiss, Rosa, Gelb, Braun, Violett.
Natürliche Blütezeit: Durch das ganze Jahr.
Zeitraum des Angebotes: Durch das ganze Jahr.
Schnittreife: Wenn die letzte Blüte eines Blütenstandes sich zu öffnen beginnt.
Haltbarkeit: 8 bis 12 Tage.
Kühllagerung: Erträgt Temperaturen unter 15°C schlecht.
Besondere Pflege: Sofort nach dem Schneiden ins Wasser stellen!
Verwendung: Hauptelement.
Besonderheiten: Durchzug vermeiden.

△ 325 Odontoglossum 'Bicross'
▽ 326 Oncidium-Hybride

Oncidium-Hybriden ♃ ⌂

Synonym: –.
Familie: Orchidaceae.
Handelsname: Oncidium, Schwielenorchidee.
Heimat/Herkunft: Tropen von Zentralamerika.
Persönlichkeit: Geltungsform, Edelform.
Stofflichkeit: Seidig.
Ausstrahlung: Fein, leicht.
Wuchsform: Aufstrebende lange Pseudobulben, die mit linealischen, langen Blättern besetzt sind. Aus der Bulbenbasis entwickeln sich lange und verzweigte, rispige Blütenschäfte, die die vielen Blüten locker verteilen.
Pflanzenhöhe: Je nach Art 60 bis 120 cm.
Blütenfarbe: Grundfarbe Gelb mit zum Teil braunen Flecken oder brauner Zeichnung.
Natürliche Blütezeit: Oktober bis Dezember.
Zeitraum des Angebotes: Januar bis Dezember.
Schnittreife: Wenn alle Einzelblüten einer Rispe geöffnet sind.
Haltbarkeit: 12 bis 15 Tage.
Kühllagerung: Nicht geeignet.
Besondere Pflege: Gut anschneiden.
Verwendung: Brautbinderei und andere spezielle Bindereien.
Besonderheiten: –.

△ 327 Paphiopedilum callosum
▽ 328 Paphiopedilum-Hybride

Paphiopedilum callosum ♃ ⌂

Synonym: –.
Familie: Orchidaceae.
Handelsname: Venusschuh.
Heimat/Herkunft: Thailand, Indochina.
Persönlichkeit: Edelform.
Stofflichkeit: Glasig, samtig.
Ausstrahlung: Edel, kostbar.
Wuchsform: Grundständige Pflanze mit linealen Blättern von grüner Farbe mit dunklen Flecken. Auf einem 25 bis 35 cm hohen Schaft steht die bis 10 cm grosse Blüte hoch über dem Laub.
Pflanzenhöhe: 30 bis 35 cm.
Blütenfarbe: Fahne grünlichweiss mit purpurfarbenen Streifen. Der Schuh ist bräunlichpurpur.
Natürliche Blütezeit: März bis Juni.
Zeitraum des Angebotes: Januar bis Dezember.
Schnittreife: Wenn die Blüte gut aufgerichtet ist.
Haltbarkeit: 25 bis 30 Tage.
Kühllagerung: Nein.
Besondere Pflege: Im Wasser anschneiden. Durchzug vermeiden.
Verwendung: Als Hauptelement.
Besonderheiten: Gute Schnittreife beachten!

Paphiopedilum-Hybriden ♃ ✂ ⌂

Synonym: –.
Familie: Orchidaceae.
Handelsname: Venusschuh.
Heimat/Herkunft: Tropisches Ostasien.
Persönlichkeit: Edelform.
Stofflichkeit: Glasig, porzellanähnlich.
Ausstrahlung: Edel, stolz, kostbar.
Wuchsform: Grundständige Erdorchidee mit langlinealen, gefalteten Blättern und teilweise marmorierter Zeichnung. Aus dem Sprosszentrum entsteigt ein behaarter Schaft, der endständig meist eine einzige Blüte von seltener Schönheit trägt.
Pflanzenhöhe: 20 bis 30 cm.
Blütenfarbe: Meist mehrfarbig gezeichnet in Weiss, Gelb, Rot, Rotbraun und Grün.
Natürliche Blütezeit: Januar bis Dezember.
Zeitraum des Angebotes: Januar bis Dezember.
Schnittreife: Wenn die Blüte sich gut geöffnet hat und aufrecht steht.
Haltbarkeit: 25 bis 40 Tage.
Kühllagerung: Nicht geeignet.
Besondere Pflege: Unter Wasser anschneiden. Stets genügend Wasservorrat verabreichen.
Verwendung: Spezielle Bindereien.
Besonderheiten: Durchzug vermeiden.

Paphiopedilum insigne ♃ ⌂

Synonym: –.
Familie: Orchidaceae.
Handelsname: Venusschuh.
Heimat/Herkunft: Himalajaregion.
Persönlichkeit: Edelform.
Stofflichkeit: Ledrig, samtig, glasig.
Ausstrahlung: Kostbar.
Wuchsform: Grundständige Pflanze mit linealischen Blättern, 20 bis 25 cm lang und etwa 2 cm breit, grün. Auf dem 20 cm langen Schaft steht je eine einzelne Blüte. Die Fahne ist grünlichweiss mit braunen Flecken. Der Schuh ist gelbgrün.
Pflanzenhöhe: 20 bis 25 cm.
Blütenfarbe: Grün-Weiss-Braun-Gelb.
Natürliche Blütezeit: Oktober bis Dezember.
Zeitraum des Angebotes: Januar bis Dezember.
Schnittreife: Wenn sich die Blüte gut aufgerichtet hat und der Schaft fest ist
Haltbarkeit: Bei frischen Blumen 25 bis 30 Tage.
Kühllagerung: Nein.
Besondere Pflege: Die Schnittstiele sind unter Wasser anzuschneiden. Durchzug vermeiden.
Verwendung: Leit- bis Hauptelement, z. T. auch als Begleitelement.
Besonderheiten: Auch als Topfpflanze im Handel.

△ 329 Paphiopedilum insigne
▽ 330 Paphiopedilum Mandiae

Paphiopedilum Mandiae ♃

Synonym: –.
Familie: Orchidaceae.
Handelsname: Venusschuh.
Heimat/Herkunft: Wildarten aus tropisch Ostasien.
Persönlichkeit: Edelform.
Stofflichkeit: Glasig.
Ausstrahlung: Edel, kostbar.
Wuchsform: Grundständige, krautige Pflanze mit zweiseitig aufstrebenden bis überhängenden, langlanzettlichen Blättern, die auf hellem Grund dunkelgrün gefleckt sind. Auf langen Schäften stehen elegante Blüten in Einzelstellung.
Pflanzenhöhe: 30 bis 40 cm.
Blütenfarbe: Weiss bis Hellgrün mit schmalen, grünen Streifen.
Natürliche Blütezeit: Durch das ganze Jahr.
Zeitraum des Angebotes: Januar bis Dezember.
Schnittreife: Wenn die Blätter geöffnet und voll entwickelt sind.
Haltbarkeit: 15 bis 20 Tage.
Kühllagerung: Nein.
Besondere Pflege: Durchzug sowie Radiatorennähe vermeiden.
Verwendung: Als Hauptelement in der Floristik.
Besonderheiten: Unbedingt Schnittreife beachten, sonst welken sie früh.

Phalaenopsis-Hybriden

Synonym: –.
Familie: Orchidaceae.
Handelsname: Phalaenopsis, Falterorchidee.
Heimat/Herkunft: Tropen Ostasiens.
Persönlichkeit: Edelform.
Stofflichkeit: Samtig.
Ausstrahlung: Exklusivität, edel, kostbar.
Wuchsform: Grundständig mit zweiseitig angeordneten, breiten langovalen, ledrigen Blättern. Auf einem langen Schaft entwickelt sich ein traubiger Blütenstand mit 5 bis 16 Blüten.
Pflanzenhöhe: Blühend 60 bis 80 cm.
Blütenfarbe: Weiss, Lilarosa, Orange, gelb, z. T. mit andersfarbiger Lippe.
Natürliche Blütezeit: Januar bis Dezember.
Zeitraum des Angebotes: Januar bis Dezember.
Schnittreife: Wenn die letzte Knospe pro Traube noch nicht geöffnet ist.
Haltbarkeit: 15 bis 20 Tage.
Kühllagerung: Nicht geeignet.
Besondere Pflege: Unter laufendem Wasser anschneiden, in warmes Wasser einstellen.
Verwendung: Brautbinderei und andere spezielle floristische Arbeiten.
Besonderheiten: Erträgt keinen Durchzug. Wenn die Blüten welken, den ganzen Blütenstand ins Wasser legen.

△▽ 331 + 332 Phalaenopsis-Hybriden

▽ 333

x Renantanda 'Bicross'

Synonym: × Aranda.
Familie: Orchidaceae.
Handelsname: Spinnenorchidee.
Heimat/Herkunft: Gattungsbastard aus Renanthera x Vanda x Renantheranda.
Persönlichkeit: Geltungsdrang.
Stofflichkeit: Samtig.
Ausstrahlung: Wärme, Verspieltheit.
Wuchsform: Epiphytische Orchidee mit aufrechtem Spross und ledrigen, langovalen bis breitlinealen Blättern und dicken Luftwurzeln. Aus den Blattachseln erscheinen aufstrebende Blütentrauben mit je 10 bis 16 Blüten.
Pflanzenhöhe: 60 bis 80 cm.
Blütenfarbe: Rosa, Rot und Zwischentöne.
Natürliche Blütezeit: Durch das ganze Jahr.
Zeitraum des Angebotes: Januar bis Dezember.
Schnittreife: 80 % der Knospen geöffnet.
Haltbarkeit: 15 bis 20 Tage.
Kühllagerung: Vermeiden.
Besondere Pflege: Warmes Wasser geben.
Verwendung: Begleit- bis Hauptelement.
Besonderheiten: Nie unter 15 °C halten. Diese Orchideen werden meist mit Wasserampullen angeliefert.

△ 334 x Renantanda 'Bicross'
▽ 335 Vanda coerulea

Vanda coerulea (W)

Synonym: –.
Familie: Orchidaceae.
Handelsname: Vanda-Orchidee.
Heimat/Herkunft: Tropisches Ostasien.
Persönlichkeit: Edelform.
Stofflichkeit: Rustikal.
Ausstrahlung: Herbe Edelheit.
Wuchsform: Epiphytische Orchidee mit aufrechtem Spross und zweiseitig angeordneten, langovalen und rinnigen Blättern sowie dicken Luftwurzeln. An seitlichen Trieben bilden sich gehämmerte bis gefleckte Blüten.
Pflanzenhöhe: 30 bis 80 cm.
Blütenfarbe: Blau, andere Vanda-Arten blühen auch in Weiss, Rosa, Orange, Bronze und Rot.
Natürliche Blütezeit: Durch das ganze Jahr.
Zeitraum des Angebotes: Durch das ganze Jahr.
Schnittreife: Die Blüten müssen voll entwickelt sein.
Haltbarkeit: 10 bis 14 Tage.
Kühllagerung: Nein.
Besondere Pflege: Unter dem Wasser anschneiden.
Verwendung: Feine Floristik.
Besonderheiten: Durchzug vermeiden. Die Stiele werden mit Wasserampullen gehandelt.

△ 336 Paeonia-Lactiflora-Hybride

△ ▽ 337 + 338 Paeonia-Suffruticosa-Hybriden

Paeonia-Lactiflora-Hybriden ♃ ✂

Synonym: –.
Familie: Paeoniaceae.
Handelsname: Chinesische Päonie, Edel-Pfingstrose.
Heimat/Herkunft: Ostsibirien, China, Korea, Tibet.
Persönlichkeit: Geltungsform bis Prunkform.
Stofflichkeit: Seidig, glasig, samtig, je nach Farbe.
Ausstrahlung: Kraftvoll.
Wuchsform: Staude mit aufrechtem, wenig verzweigtem Wuchs und dicken Wurzelknollen. Die grossen Blätter sind geschlitzt bis tief eingebuchtet. Endständig stehen die prächtigen einfachen, halbgefüllten bis gefüllten grossen Blüten.
Pflanzenhöhe: Je nach Sorte 60 bis 80 cm.
Blütenfarbe: Weiss, Rosa, Rot, z. T. zweifarbig.
Natürliche Blütezeit: Juni bis Juli.
Zeitraum des Angebotes: Mai bis Juli.
Schnittreife: Die grosse kugelige Knospe muss kurz vor dem Aufbrechen sein. Zu früh geschnittene Knospen blühen nicht auf.
Haltbarkeit: 10 bis 15 Tage.
Kühllagerung: Nicht zu empfehlen.
Besondere Pflege: Gut anschneiden, die Verdunstungsflächen nach Bedarf reduzieren.
Verwendung: Dekorative Arbeiten.
Besonderheiten: Die Blütenblätter sind für Blumenteppiche sehr gut geeignet.

Paeonia-Suffruticosa-Hybriden ♄

Synonym: –.
Familie: Paeoniaceae.
Handelsname: Strauchpaeonie, Strauchpfingstrose.
Heimat/Herkunft: China, Tibet, Bhutan.
Persönlichkeit: Geltungsform, Prunkform.
Stofflichkeit: Samtige Blüte.
Ausstrahlung: Lieblichkeit.
Wuchsform: Strauch mit dicken, wenig verzweigten Trieben. Die grossen grünen Blätter sind mehrfach geteilt. Endständig entwickeln sich grosse, einfache bis gefüllte Blüten.
Pflanzenhöhe: 60 bis 150 cm.
Blütenfarbe: Zartrosa, Rosa, Tiefrot.
Natürliche Blütezeit: Mai bis Juni.
Zeitraum des Angebotes: Mai bis Juni.
Schnittreife: Die grosse Blütenknospe muss gut ausgefärbt und vor dem Aufbrechen sein. Zu früh geschnittene Stiele blühen nicht mehr auf.
Haltbarkeit: 5 bis 8 Tage.
Kühllagerung: Möglich.
Besondere Pflege: Guter Anschnitt der Stiele. Verdunstungsfächen reduzieren.
Verwendung: Frühsommerbinderei, vorwiegend für Sträusse.
Besonderheiten: –.

Dicentra spectabilis ♃ ✂

Synonym: –.
Familie: Papaveraceae.
Handelsname: Tränendes Herz.
Heimat/Herkunft: Mandschurei, China, Japan.
Persönlichkeit: Geltungsform, Edelform.
Stofflichkeit: Glasig, samtig.
Ausstrahlung: Lieblich, Eleganz.
Wuchsform: Staude mit aufrechtem bis überhängendem Wuchs und doppelt bis mehrfach geteilten Blättern. An den Triebenden traubige Blütenstände mit herzförmigen, hängenden Blüten.
Pflanzenhöhe: 60 cm.
Blütenfarbe: Rosa.
Natürliche Blütezeit: April bis Mai.
Zeitraum des Angebotes: April bis Mai.
Schnittreife: 60 bis 70 % der Blüten sollten geöffnet sein.
Haltbarkeit: 3 bis 5 Tage.
Kühllagerung: Wegen möglicher Fleckenbildung an den Blüten nicht zu empfehlen.
Besondere Pflege: Gut anschneiden und in lauwarmes Wasser stellen.
Verwendung: Feine Binderei.
Besonderheiten: Relativ kurze Haltbarkeit, jedoch sehr beliebt. Beliebte Gartenpflanze.

△ 339 Dicentra spectabilis
▽ 340 Papaver nudicaule ssp. nudicaule

Papaver nudicaule ssp. nudicaule ♃

Synonym: –.
Familie: Papaveraceae.
Handelsname: Islandmohn.
Heimat/Herkunft: Arktische bis antarktische Gebiete Asiens und Amerikas.
Persönlichkeit: Geltungsform.
Stofflichkeit: Samtig, seidig.
Ausstrahlung: Wärme.
Wuchsform: Staude mit grundständigem Wuchs und schmalen, fiederschnittigen weichen Blättern. Die bis zu 50 cm langen Blütenschäfte sind behaart. Die seidigen Blüten stehen einzeln endständig.
Pflanzenhöhe: 50 cm.
Blütenfarbe: Weiss, Gelb, Orange, Lachsrosa.
Natürliche Blütezeit: Juni bis September.
Zeitraum des Angebotes: Januar bis September.
Schnittreife: Wenn die beiden grünen Kelchblätter geöffnet und die Blütenblätter gut ausgefärbt, aber noch geschlossen sind.
Haltbarkeit: 6 bis 10 Tage.
Kühllagerung: Nicht zu empfehlen.
Besondere Pflege: Die Schnittstellen anbrennen.
Verwendung: Feine Frühlingsbindereien.
Besonderheiten: Speziell vorbehandelte Schnittstellen sind nicht mehr nachzuschneiden. Die Blütenblätter können gut gepresst werden.

△ 341 Papaver orientale
▽ 342 Phytolacca americana

Papaver orientale ♃ ✂

Synonym: P. bracteatum.
Familie: Papaveraceae.
Handelsname: Türkischer Mohn.
Heimat/Herkunft: Nordiran, Armenien, Kaukasus.
Persönlichkeit: Geltungsform, Edelform.
Stofflichkeit: Samtig, seidig.
Ausstrahlung: Wärme.
Wuchsform: Staude mit aufrechtem Wuchs und länglichen Blättern, die seitlich tief eingeschnitten sind. Borstige Behaarung. Die grossen Blüten stehen auf hohen, schlanken Schäften.
Pflanzenhöhe: 80 cm.
Blütenfarbe: Lachsrosa, Zinnoberrot, Dunkelrot.
Natürliche Blütezeit: Mai bis Juni.
Zeitraum des Angebotes: Mai bis Juni.
Schnittreife: In knospigem Zustand, kurz vor dem Aufblühen.
Haltbarkeit: 5 bis 10 Tage.
Kühllagerung: Nicht zu empfehlen.
Besondere Pflege: Die Schnittstellen sind wegen des Milchsaftes anzubrennen.
Verwendung: Sommerbindereien.
Besonderheiten: Bereits vorbehandelte Schnittblumen sind nicht mehr anzuschneiden. Die Blütenblätter können gut gepresst werden.

Phytolacca americana ♃ ☠ ⚘ Ⓝ

Synonym: P. decandra.
Familie: Phytolacceae.
Handelsname: Kermesbeere.
Heimat/Herkunft: Nordamerika, in Südeuropa und Nordafrika eingebürgert.
Persönlichkeit: Geltungsform bis Herrschaftsform.
Stofflichkeit: Rustikal, die Beeren sind ledrig.
Ausstrahlung: Stolz.
Wuchsform: Staude mit breitverzweigtem Wuchs und rot angelaufenen Trieben und Blattstielen. Die Blätter sind grün und eirund bis lanzettlich. Aus den oberen Blattachseln steigen senkrecht stehende, dichte Blütenähren empor; später entwickeln sich purpurfarbene bis schwarze Beeren.
Pflanzenhöhe: 100 bis 200 cm.
Blütenfarbe: Weiss bis Zartrosa.
Natürliche Blütezeit: Juli bis Oktober.
Zeitraum des Angebotes: Juli bis Oktober.
Schnittreife: Die Triebe müssen gut ausgereift sein. Dabei finden wir verschiedene Stadien: Blütenstände, grüne bis schwarze Beeren in aufrechten Trauben.
Haltbarkeit: Gut, 8 bis 10 Tage.
Kühllagerung: Ja.
Besondere Pflege: Guter Anschnitt, evtl. etwas Laub entfernen.
Verwendung: Spezielle Sträusse, andere Bindereien.
Besonderheiten: Vorsicht: Überreife Beeren könne Verschmutzungen verursachen.

Armeria pseudarmeria ♃

Synonym: A. latifolia.
Familie: Plumbaginaceae.
Handelsname: Grasnelke.
Heimat/Herkunft: Portugal.
Persönlichkeit: Gesellschaftsform, Geltungsform.
Stofflichkeit: Rustikal.
Ausstrahlung: Wärme, Ruhe.
Wuchsform: Polsterbildende Staude mit schmalen, grasartigen Blättern. Auf schlanken, blattlosen Schäften bilden sich kugelige Blütenköpfe.
Pflanzenhöhe: 50 bis 70 cm.
Blütenfarbe: Lila- bis Purpurrosa.
Natürliche Blütezeit: Juni bis August.
Zeitraum des Angebotes: Juni bis August.
Schnittreife: –.
Haltbarkeit: 8 bis 10 Tage.
Kühllagerung: Möglich.
Besondere Pflege: –.
Verwendung: Für feine Bindereien.
Besonderheiten: –.

Limonium ferulaceum ♃

Synonym: –.
Familie: Plumbaginaceae.
Handelsname: Lilarosa Statize.
Heimat/Herkunft: Mittelmeerregion, Südportugal.
Persönlichkeit: Geltungsform.
Stofflichkeit: Rustikal.
Ausstrahlung: Herb, rauh.
Wuchsform: Staude mit grundständiger Blattrosette und aufrechten, verästelten Trieben, auf denen zahlreiche Blütchen nach oben gerichtet sitzen. Der Blütenstand ist eine rispige Ähre.
Pflanzenhöhe: 60 bis 70 cm.
Blütenfarbe: Lilarosa.
Natürliche Blütezeit: Juni bis Juli.
Zeitraum des Angebotes: April bis Dezember.
Schnittreife: Wenn die meisten Blütchen an den dünnen Zweigen geöffnet sind.
Haltbarkeit: 18 bis 21 Tage.
Kühllagerung: Nicht nötig.
Besondere Pflege: Verholzte Stengel sind entsprechend gut anzuschneiden.
Verwendung: Feine Bindereien.
Besonderheiten: Auch für die Trockenbinderei sehr gut geeignet.

△ 343 Armeria pseudarmeria
▽ 344 Limonium ferulaceum

△ 345 Limonium latifolium
▽ 346 Limonium perezii

Limonium latifolium ♃

Synonym: –.
Familie: Plumbaginaceae.
Handelsname: Schleierstatize.
Heimat/Herkunft: Rumänien, Bulgarien bis Südwestrussland.
Persönlichkeit: Geltungsform.
Stofflichkeit: Rustikal.
Ausstrahlung: Feinheit.
Wuchsform: Staude mit grosser, grundständiger Rosette. Die Blätter sind breit- bis länglich-oval. Die kleinen Blütchen sitzen auf nach oben gerichteten Ähren in feiner, rispiger Verzweigung.
Pflanzenhöhe: 40 bis 50 cm.
Blütenfarbe: Lavendelblau. Die Kelchblätter sind weiss.
Natürliche Blütezeit: Mai bis Juli.
Zeitraum des Angebotes: Durch das ganze Jahr.
Schnittreife: Für den Schnitt (grün), wenn die ersten Blütchen geöffnet sind. Für die Trockenbinderei, wenn alle Blütchen geöffnet sind.
Haltbarkeit: 18 bis 21 Tage, trocken unbegrenzt.
Kühllagerung: Möglich, aber nicht nötig.
Besondere Pflege: –.
Verwendung: Allgemeine bis spezielle Bindereien.
Besonderheiten: Als Trockenblume sehr gut geeignet.

Limonium perezii ♄ (K)

Synonym: Statice perezii.
Familie: Plumbaginaceae.
Handelsname: Violetter Widerstoss, Violette Statize.
Heimat/Herkunft: Kanarische Inseln.
Persönlichkeit: Geltungsform.
Stofflichkeit: Rustikal.
Ausstrahlung: Trockenheit, Rauhheit, stumpf.
Wuchsform: Zweijährige Pflanze mit einer gedrungenen Blattrosette. Die Triebe sind im oberen Bereich in lockere Doldenrispen aufgegliedert.
Pflanzenhöhe: 60 cm.
Blütenfarbe: Hell- bis Dunkelviolett.
Natürliche Blütezeit: Juli bis Oktober.
Zeitraum des Angebotes: Januar bis Dezember.
Schnittreife: Wenn 60 bis 70% der Blütchen eines Blütenstandes geöffnet sind.
Haltbarkeit: 20 Tage.
Kühllagerung: Nicht nötig.
Besondere Pflege: Diese Art ist auch ohne Wasser längere Zeit haltbar.
Verwendung: Allgemeine Bindereien, z. B. Strukturarbeiten.
Besonderheiten: Auch in der Trockenbinderei ideal. Mit der Zeit fallen einzelne Blütchen ab.

Limonium sinuatum ⊙–⊙ ♃ ✂

Synonym: Statice sinuata.
Familie: Plumbaginaceae.
Handelsname: Widerstoss, Meerlavendel, Bunte Statize.
Heimat/Herkunft: Mittelmeerregion, Südportugal, Sahara.
Persönlichkeit: Geltungsform.
Stofflichkeit: Rustikal.
Ausstrahlung: Trockenheit, Wärme, stumpf.
Wuchsform: Krautig mit grundständiger Blattrosette. Die Triebe wachsen straff aufrecht, verzweigt und sind geflügelt. Endständig sitzen auf verzweigten Ähren dichtstehende Blüten.
Pflanzenhöhe: 50 bis 60 cm.
Blütenfarbe: Weiss, Gelb, Rosa, Rot, Blau. Farbig sind die Kelch- oder Hochblätter, während die Blütenblätter unscheinbar cremeweiss gefärbt sind.
Natürliche Blütezeit: Juli bis September.
Zeitraum des Angebotes: Durch das ganze Jahr.
Schnittreife: Wenn die meisten Blüten geöffnet sind.
Haltbarkeit: 12 bis 18 Tage.
Kühllagerung: Nicht nötig.
Besondere Pflege: Alle Blätter im unteren Stengelbereich entfernen.
Verwertung: Allgemeine Bindereien.
Besonderheiten: Sehr gut zum Trocknen geeignet.

△ 347 Limonium sinuatum
▽ 348 Psylliostachys suworowii

Psylliostachys suworowii ⊙ ✂

Synonym: Limonium suworowii, Statice suworowii.
Familie: Plumbaginaceae.
Handelsname: Rosa-Statize, Rosa-Widerstoss.
Heimat/Herkunft: Westturkestan.
Persönlichkeit: Geltungsform.
Stofflichkeit: Rustikal.
Ausstrahlung: Trockenheit, verspielt, stumpf.
Wuchsform: Krautig, grundständige Rosette mit 15 bis 20 cm langen spatelförmigen Blättern. Die kantigen Stengel tragen endständig dichte Ähren, die locker verzweigt sind.
Pflanzenhöhe: 40 cm.
Blütenfarbe: Lilarosa.
Natürliche Blütezeit: Juli bis September.
Zeitraum des Angebotes: Mai bis September.
Schnittreife: Wenn die meisten der kleinen Blütchen geöffnet sind.
Haltbarkeit: 12 bis 14 Tage.
Kühllagerung: Nicht nötig.
Besondere Pflege: Im unteren Bereich die Blätter entfernen. Die oft verholzten Stengel gut anschneiden.
Verwendung: Allgemeine Binderei als aktive Form.
Besonderheiten: Auch sehr gut für die Trockenbinderei geeignet.

△ 349 Phlox-Paniculata-Hybride
▽ 350 Rumex crispus

Phlox-Paniculata-Hybriden ♃ D ✂

Synonym: P. reniculata, P. decussata, P. x hortorum.
Familie: Polemoniaceae.
Handelsname: Staudenphlox, Flammenblume.
Heimat/Herkunft: USA.
Persönlichkeit: Geltungsform.
Stofflichkeit: Porzellanähnlich, glasig.
Ausstrahlung: Wachsig, glatt, geschmeidig.
Wuchsform: Staude mit horstiger Ausbreitung. Die Triebe sind im Wuchs straff aufrecht und unverzweigt. Gegenständige lanzettliche Blätter. Endständig breiter rispiger Blütenstand.
Pflanzenhöhe: 60 bis 80 cm.
Blütenfarbe: Weiss, Rosa, Orange, Rot, Lila, Purpur, z. T. auch zweifarbig.
Natürliche Blütezeit: Juni bis August.
Zeitraum des Angebotes: Januar bis Dezember.
Schnittreife: Wenn pro Blütenstand die ersten Blüten geöffnet sind.
Haltbarkeit: 6 bis 12 Tage.
Kühllagerung: Möglich.
Besondere Pflege: Möglichst viele Verdunstungsflächen entfernen.
Verwendung: Allgemeine Sommerbindereien.
Besonderheiten: Starker süsslicher Duft. Ausserhalb der natürlichen Blütezeit fallen die Blätter oft früh ab.

Rumex crispus ♃ w→

Synonym: –.
Familie: Polygonaceae.
Handelsname: Ampfer, Sauerampfer.
Heimat/Herkunft: Europa, Mittelmeerländer, Asien, in Nordamerika eingebürgert.
Persönlichkeit: Geltungsform.
Stofflichkeit: Rustikal.
Ausstrahlung: Wärme.
Wuchsform: Staude mit starker Pfahlwurzel und grossen, grünen Blättern. Diese sind pfeilförmig bis breitlanzettlich. Die Blüten stehen dicht gebüschelt in traubigen bis rispigen Blütenständen.
Pflanzenhöhe: Bis 60 cm.
Blütenfarbe: Zuerst Grün, dann in Rot übergehend.
Natürliche Blütezeit: Juni bis August.
Zeitraum des Angebotes: Juni bis August.
Schnittreife: Die Blütenstände müssen gut ausgereift und auch ausgefärbt sein.
Haltbarkeit: 10 bis 12 Tage.
Kühllagerung: Möglich.
Besondere Pflege: Verdunstungsflächen weitgehend entfernen.
Verwendung: Sommer- bis Herbststräusse.
Besonderheiten: Die Schnittreife ist unbedingt zu beachten.

Lysimachia clethroides ♃

Synonym: –.
Familie: Primulaceae.
Handelsname: Felberich, Lysimachie.
Heimat/Herkunft: Japan, China, Mandschurei, Indochina.
Persönlichkeit: Geltungsform.
Stofflichkeit: Wollig, porzellanähnlich.
Ausstrahlung: Frische.
Wuchsform: Staude mit aufrechtem, kräftigem Wuchs, horstbildend, eiförmige Blätter und endständig dichtstehende Blütentrauben, die in der oberen Hälfte seitlich abgeknickt sind.
Pflanzenhöhe: 80 cm.
Blütenfarbe: Weiss.
Natürliche Blütezeit: Juni bis September.
Zeitraum des Angebotes: Juni bis Oktober.
Schnittreife: Wenn die unteren Blüten der langen Traube geöffnet sind.
Haltbarkeit: 8 bis 12 Tage.
Kühllagerung: Möglich.
Besondere Pflege: Möglichst viele Verdunstungsflächen entfernen.
Verwendung: Als ausschwingende Bewegung in der allgemeinen und speziellen Binderei möglich.
Besonderheiten: Die Trauben blühen von unten nach oben.

△ 351 Lysimachia clethroides
▽ 352 Lysimachia punctata

Lysimachia punctata ♃ ⇝

Synonym: –.
Familie: Primulaceae.
Handelsname: Gelber Felberich.
Heimat/Herkunft: Mittel- bis Südeuropa, Kleinasien.
Persönlichkeit: Geltungsform.
Stofflichkeit: Rustikal.
Ausstrahlung: Wärme.
Wuchsform: Bildet breitbuschige Horste. Die straff aufrechten Triebe tragen grüne, lanzettliche Blätter in Quirlen. Aus den oberen Blattachseln entwickeln sich zahlreiche breitglockige Blüten.
Pflanzenhöhe: 60 bis 80 cm.
Blütenfarbe: Goldgelb.
Natürliche Blütezeit: Juni bis August.
Zeitraum des Angebotes: Januar bis August.
Schnittreife: Die Triebe müssen eine gewisse Festigkeit erreicht haben, die ersten Blüten müssen offen sein.
Haltbarkeit: 5 bis 8 Tage.
Kühllagerung: Ja.
Besondere Pflege: –.
Verwendung: Allgemeine Floristik.
Besonderheiten: –.

△ 353 Primula vialii
▽ 354 Banksia coccinea

Primula vialii ♃

Synonym: P. littoniana.
Familie: Primulaceae.
Handelsname: Orchideenprimel.
Heimat/Herkunft: Südwestchina.
Persönlichkeit: Gemeinschaftsform.
Stofflichkeit: Edel.
Ausstrahlung: Prinzenhaft, apart.
Wuchsform: Krautige Staude, horstbildend, mit grundständigen, starken Blattrosetten. Die frischgrünen Blätter sind breitlanzettlich. Endständig auf kahlen Schäften stehen die Blüten zahlreich in pyramidalen Ähren.
Pflanzenhöhe: 40 cm.
Blütenfarbe: Hellviolett bis Violettrot.
Natürliche Blütezeit: Juni bis Juli.
Zeitraum des Angebotes: Juni bis Juli.
Schnittreife: Die untersten 4 bis 6 Blütenkränze sollten geöffnet sein.
Haltbarkeit: 5 bis 8 Tage.
Kühllagerung: Möglich.
Besondere Pflege: –.
Verwendung: Es sind interessante Farbkombinationen möglich. Kleinere Gestaltungen.
Besonderheiten: Die Pflanzen haben in der Regel keine lange Lebensdauer.

Banksia coccinea ♄ ✂ ⌂

Synonym: –.
Familie: Proteaceae.
Handelsname: Scharlachrote Banksie.
Heimat/Herkunft: Australien und Tasmanien.
Persönlichkeit: Geltungsform.
Stofflichkeit: Rustikal.
Ausstrahlung: Wärme, kraftvoll.
Wuchsform: Breitverzweigter Strauch mit fingerdicken Endzweigen und breitlinealen, am Rande gezähnten, ledrigen Blättern. Die aparten Blütenstände sitzen endständig.
Pflanzenhöhe: Bis 10 m.
Blütenfarben: Rot, Gelb, Orange.
Natürliche Blütezeit: August bis Februar.
Zeitraum des Angebotes: Mai bis Februar.
Schnittreife: Wenn die Blütenkugel mindestens zu 35 % aufgeblüht ist.
Haltbarkeit: Bei frischer Anlieferung bis 30 Tage.
Kühllagerung: Nicht nötig.
Besondere Pflege: Nach Erhalt unten neu anschneiden. In warmes Wasser stellen.
Verwendung: Spezielle Binderei als Hauptmotiv.
Besonderheiten: Für die Trockenbinderei geeignet.

Banksia hookeriana ♄ ✂ ⌂

Synonym: –.
Familie: Proteaceae.
Handelsname: Banksie.
Heimat/Herkunft: Australien.
Persönlichkeit: Herrschaftsform, Prunkform, Geltungsform.
Stofflichkeit: rustikal.
Ausstrahlung: Herb, rauh, stumpf.
Wuchsform: Baum bis Strauch mit etwas sparrigem Wuchs, breitverzweigt. Verholzte, dicke Triebe. Die Blätter sind langlineal mit starker Zähnung. Endständig konischer, bis 20 cm langer Blütenstand.
Pflanzenhöhe: 3 bis 5 m.
Blütenfarbe: Gelborange.
Natürliche Blütezeit: September bis Januar.
Zeitraum des Angebotes: Durch das ganze Jahr.
Schnittreife: Der Blütenstand muss zu 30 % aufgeblüht sein.
Haltbarkeit: –.
Kühllagerung: Nicht nötig.
Besondere Pflege: Den meist eingetrockneten unteren Triebteil abschneiden und ins warme Wasser stellen.
Verwendung: Als Haupt- oder Begleitmotiv in exotischen Gestaltungen.
Besonderes: Zum Trocknen geeignet.

△ 355 Banksia hookeriana

▽ 356 Banksia ashbyi

▽ 357 Banksia grandis

△ 358 Leucadendron argenteum
▽ 359 Leucadendron coniferum

Leucadendron argenteum ♄ ⌂

Synonym: –.
Familie: Proteaceae.
Handelsname: Echter Silberbaum.
Heimat/Herkunft: Südafrika.
Persönlichkeit: Geltungsform bis Edelform.
Stofflichkeit: Samtig.
Ausstrahlung: Wärme.
Wuchsform: Strauch bis Baum mit dicht beblätterten Zweigen. Die zugespitzten, sitzenden Blätter sind 7 bis 15 cm lang, 12 bis 15 mm breit und silbrig behaart. Die Blütenköpfe sind kugelig und sitzen in einer weissfarbenen Hochblattrosette.
Pflanzenhöhe: 3 bis 5 m und mehr.
Blütenfarbe: Zuerst Blaugrau, später gelb werdend.
Natürliche Blütezeit: Oktober bis Februar.
Zeitraum des Angebotes: Oktober bis Februar.
Schnittreife: Die oberen Blätter müssen nicht ausgereift sein.
Haltbarkeit: 14 bis 21 Tage.
Kühllagerung: Nicht nötig.
Besondere Pflege: –.
Verwendung: Besondere Bindereien.
Besonderheiten: Wird in der Floristik weniger wegen der Blüten, sondern wegen der silbrigen Blättern verwendet.

Leucadendron coniferum ♄–♄ ⌂

Synonym: –.
Familie: Proteaceae.
Handelsname: Zapfentragender Silberbaum.
Heimat/Herkunft: Südafrika.
Persönlichkeit: Herrschaftsform, Geltungsform.
Stofflichkeit: Rustikal, samtig.
Ausstrahlung: Stumpf, herb, matt.
Wuchsform: Strauch bis Baum mit schlanken, aufrechten Trieben, die endständig mit Blütenständen oder Zapfen abschliessen. In der Folge Triebverzweigung mit erneuten Blüten und Zapfen an den Enden. Die derben Blätter sind meist langoval, graugrün.
Pflanzenhöhe: 3 bis 5 m.
Blütenfarbe: Die Blüten und Zapfen sind weiss bis hellgrau und braun.
Natürliche Blütezeit: September bis Januar.
Zeitraum des Angebotes: Februar bis August.
Schnittreife: Wenn die Endtriebe ausgereift und die Hochblätter oder Zapfen ausgefärbt sind.
Haltbarkeit: 15 bis 20 Tage.
Kühllagerung: Nicht nötig.
Besondere Pflege: Verholzte Triebe anschneiden.
Verwendung: Als Begleitelement oder untergeordnet, z. B. für die Basisgestaltung.
Besonderheiten: Auch zum Trocknen geeignet.

△ 360 Leucadendron laureoleum

△ 361 Leucadendron discolor

▽ 362 Leucospermum cordifolium

Leucospermum cordifolium ♄ ✂ ⌂

Synonym: L. nutans.
Familie: Proteaceae.
Handelsname: Herzblättriger Silberbaum.
Heimat/Herkunft: Australien.
Persönlichkeit: Geltungsform.
Stofflichkeit: Porzellanähnlich, ledrig.
Ausstrahlung: Wachsig, glitschig, fleischig.
Wuchsform: Strauch mit sparrigem, breitem Wuchs. Die Blätter sind relativ klein, rundlich bis oval mit gezackten Enden. Endständig bilden sich breite Blütenköpfe mit langen, auffallenden Fruchtblättern.
Pflanzenhöhe: Bis 1 m.
Blütenfarbe: Orangerot, Gelb.
Normale Blütezeit: August bis Mai.
Zeitraum des Angebotes: August bis Mai, Importe aus Australien, Israel und Südafrika.
Schnittreife: Wenn die Blüten gut aufgeblüht sind.
Haltbarkeit: 30 bis 40 Tage.
Kühllagerung: Nicht nötig.
Besondere Pflege: Im warmen Wasser öffnen sich die Blüten besser, periodisch ergänzen.
Verwendung: Allgemeine Bindereien.
Besonderheiten: Sie eignen sich für die Schwerpunktbildung nicht sehr gut.

△ 363 Protea barbigera
▽ 364 Protea cynaroides

Protea barbigera ♄ ✂ ⌂

Synonym: –.
Familie: Proteaceae.
Handelsname: Barbigera-Protea.
Heimat/Herkunft: Südafrika.
Persönlichkeit: Geltungsform, Herrschaftsform.
Stofflichkeit: Samtig, rustikal.
Ausstrahlung: Kraft, Wärme.
Wuchsform: Strauch mit breitem Wuchs und verholzten Trieben. Die dicht stehenden Blätter sind derb und langoval. Endständig bilden sich breite Blütenköpfe mit schwarzem Flaum auf den Blütenblättern. Das Zentrum ist schwach pyramidal gegliedert.
Pflanzenhöhe: Einige Meter.
Blütenfarbe: Leuchtendrot, Weiss mit schwarzer Mitte.
Natürliche Blütezeit: Oktober bis Januar.
Zeitraum des Angebotes: Oktober bis Juni.
Schnittreife: 25 bis 35 % eines Blütenstandes müssen geöffnet sein.
Haltbarkeit: 10 bis 30 Tage.
Kühllagerung: Nicht nötig.
Besondere Pflege: In warmes Wasser stellen, damit sich die Blüten gut öffnen.
Verwendung: Spezielle Binderei als Hauptmotiv.
Besonderheiten: Gut für Trockenbinderei.

Protea cynaroides ♄ ⌂

Synonym: –.
Familie: Proteaceae.
Handelsname: Königs-Protea.
Heimat/Herkunft: Südafrika.
Persönlichkeit: Prunkform, Herrschaftsform.
Stofflichkeit: Samtig, rustikal.
Ausstrahlung: Stärke, filzig.
Wuchsform: Strauch mit breitem, sparrigem Wuchs. Die langovalen Blätter sind langgestielt. Endständig bilden sich prächtige breite Blüten. Die schönste und grösste Proteenart.
Pflanzenhöhe: 1 bis 2 m.
Blütenfarbe: Reinrosa, Zentrum Hellrosa bis Weiss.
Natürliche Blütezeit: Oktober bis Januar.
Zeitraum des Angebotes: Zum Teil das ganze Jahr.
Schnittreife: Wenn die Blüte sich öffnet und gut ausgebildet ist.
Haltbarkeit: 10 bis 40 Tage, je nach Frische und Standort.
Kühllagerung: Nicht nötig.
Besondere Pflege: In warmes Wasser einstellen, die Blüten öffnen sich dann besser.
Verwendung: Spezielle Binderei, exotisch als Hauptmotiv.
Besonderheiten: Auch in der Trockenbinderei verwendbar.

Protea grandiceps ♄ ✂ ⌂

Synonym: –.
Familie: Proteaceae.
Handelsname: Grandiceps-Protea.
Heimat/Herkunft: Südafrika.
Persönlichkeit: Geltungsform.
Stofflichkeit: Samtig, rustikal.
Ausstrahlung: Herb, stumpf.
Wuchsform: Strauch mit sparrigem Wuchs und ovalen, grausilbrigen Blättern. Die eiförmigen Blüten stehen endständig, z. T. noch mit Blättern umhüllt, sie werden 7 bis 10 cm lang.
Pflanzenhöhe: 3 bis 4 m.
Blütenfarbe: Leuchtendrot mit Behaarung.
Natürliche Blütezeit: September bis Dezember.
Zeitraum des Angebotes: September bis Dezember.
Schnittreife: Wenn die Blüten halb geöffnet sind.
Haltbarkeit: 10 bis 30 Tage.
Kühllagerung: Nicht nötig.
Besondere Pflege: In warmes Wasser gestellt öffnen sich die Blüten besser.
Verwendung: Allgemeine bis spezielle Bindereien.
Besonderheiten: Beschränkt auch in der Trockenbinderei verwendbar.

△ 365 Protea grandiceps
▽ 366 Protea longiflora

Protea longiflora ♄ ✂ ⌂

Synonym: –.
Familie: Proteaceae.
Handelsname: Langblütige Protea.
Heimat/Herkunft: Südafrika.
Persönlichkeit: Geltungsform.
Stofflichkeit: Samtig, ledrig, rustikal.
Ausstrahlung: Fest, rauh, stumpf.
Wuchsform: Strauch mit behaarten, verholzten Zweigen. Die eirunden, steifen Blätter sind ungestielt und in der Jugend seidig behaart. Die länglichen, röhrenförmigen Blüten sind deutlich geschuppt.
Pflanzenhöhe: Bis 2 m.
Blütenfarbe: Ockergelb bis Rosa.
Natürliche Blütezeit: März bis Mai.
Zeitraum des Angebotes: Zum Teil ab Januar bis August.
Schnittreife: Wenn die Blütenknospen gut entwikkelt und ausgefärbt, aber noch nicht aufgeblüht sind.
Haltbarkeit: 10 bis 30 Tage.
Kühllagerung: Nicht nötig.
Besondere Pflege: In warmes Wasser stellen, die Blüten öffnen sich dann besser.
Verwendung: Allgemeine bis spezielle Bindereien.
Besonderheiten: Auch in der Trockenbinderei verwendbar.

△ 367 Protea neriifolia
▽ 368 Protea obtusifolia

Protea neriifolia ♄ ✂ ⌂

Synonym: –.
Familie: Proteaceae.
Handelsname: Oleanderblättrige Protea.
Heimat/Herkunft: Südafrika.
Persönlichkeit: Geltungsform.
Stofflichkeit: Rustikal, samtig.
Ausstrahlung: Kraftvoll.
Wuchsform: Baumartiger Strauch mit aufrechtem, verzweigtem Wuchs und linealischen, oleanderähnlichen, oberseits filzigen Blättern. Endständig sitzen 6 bis 8 cm lange, kreiselförmige Blütenköpfe mit silbrigweiss oder schwarz behaarten Hüllblättern.
Pflanzenhöhe: 2 bis 4 m.
Blütenfarbe: Purpurrot mit silbrigweissen Hüllblättern.
Natürliche Blütezeit: Oktober bis Januar.
Zeitraum des Angebotes: Durch das ganze Jahr.
Schnittreife: Wenn der Blütenstand gut entwickelt ist, kurz vor dem Öffnen der Blütenblätter.
Haltbarkeit: 15 bis 20 Tage.
Kühllagerung: Nicht nötig.
Besondere Pflege: Guter Anschnitt der verholzten Triebe, evtl. ins warme Wasser einstellen.
Verwendung: Besondere Floristik mit exotischem Einschlag.
Besonderheiten: Auch für die Trockenbinderei geeignet.

Protea obtusifolia ♄ ⌂

Synonym: –.
Familie: Proteaceae.
Handelsname: Ansehnliche Protea, Schillerbaum.
Heimat/Herkunft: Südafrika.
Persönlichkeit: Geltungsform.
Stofflichkeit: Samtig, rustikal.
Ausstrahlung: Wärme.
Wuchsform: Strauch bis Baum mit aufrechtem, verzweigtem Wuchs. Die bläulich-grünen Blätter sind länglich verkehrt eiförmig und 8 bis 10 cm lang. Endständig sitzen behaarte längliche Blütenköpfe.
Pflanzenhöhe: 2 bis 3 m.
Blütenfarbe: Purpurrot mit dunklem Flaum sowie auch eine hellgelbe Abart.
Natürliche Blütezeit: Oktober bis Januar.
Zeitraum des Angebotes: Durch das ganze Jahr.
Schnittreife: Wenn die Blüten gut entwickelt sind, kurz vor dem Öffnen der Blütenblätter.
Haltbarkeit: 15 bis 20 Tage.
Kühllagerung: Nicht nötig.
Besondere Pflege: Guter Anschnitt der verholzten Triebe sowie evtl. ins warme Wasser stellen.
Verwendung: Allgemeine bis spezielle Bindereien.
Besonderheiten: Auch für die Trockenbinderei.

△ 369 Protea repens
▽ 371 Protea 'Lady Di'

△ 370 Protea compacta
▽ 372 Protea 'Sheila'

△ 373 Serruria florida
▽ 374 Telopea speciosissima

Serruria florida ♄

Synonym: –.
Familie: Proteaceae.
Handelsname: Serrurie.
Heimat/Herkunft: Südafrika.
Persönlichkeit: Geltungsform.
Stofflichkeit: Lederig.
Ausstrahlung: Kühle.
Wuchsform: Kleiner Strauch mit breitverzweigtem Wuchs. Die Blätter sind langlinal bis nadelig. Endständig bilden sich breite Blütenstände, die lockeren, in Spitzen auslaufenden Hochblätter bilden auffallende Rosetten.
Pflanzenhöhe: 80 bis 100 cm.
Blütenfarbe: Cremegelb bis Weiss.
Natürliche Blütezeit: Dezember bis März.
Zeitraum des Angebotes: Dezember bis März.
Schnittreife: Die Blüte sollte fast ganz geöffnet sein.
Haltbarkeit: Gut.
Kühllagerung: Ja, auch ohne Wasser.
Besondere Pflege: –.
Verwendung: Spezielle Binderei.
Besonderheiten: Die Blüten können auch getrocknet werden.

Telopea speciosissima ♄

Synonym: –.
Familie: Proteaceae.
Handelsname: Waratah.
Heimat/Herkunft: Australien, Neusüdwales.
Persönlichkeit: Prunkform.
Stofflichkeit: Lederig.
Ausstrahlung: Herrschaftlich.
Wuchsform: Immergrüner, aufrechter Strauch mit wechselständigen, länglich-ovalen, bis 20 cm langen, grünen Blättern. Endständig bilden sich, von roten Hochblättern umgeben, runde bis kegelförmige Blütenstände mit herausragenden Staubgefässen.
Pflanzenhöhe: 1,5 bis 3 Meter.
Blütenfarbe: Korallenrot.
Natürliche Blütezeit: November bis Februar.
Zeitraum des Angebotes: November bis Februar.
Schnittreife: Die Triebe müssen gut ausgereift und die Blüten geöffnet sein.
Haltbarkeit: Sehr gut.
Kühllagerung: Nein.
Besondere Pflege: Nach dem Anschnitt in warmes Wasser stellen.
Verwendung: Spezielle Floristik.
Besonderheiten: Sehr lange Haltbarkeit.

Aconitum napellus ssp. napellus ♃ ✂

Synonym: –.
Familie: Ranunculaceae.
Handelsname: Blauer Eisenhut.
Heimat/Herkunft: West- bis Mitteleuropa, im Norden bis Schweden.
Persönlichkeit: Herrschaftsform, Geltungsform.
Stofflichkeit: Samtig.
Ausstrahlung: Frische, aktiv.
Wuchsform: Staude mit straff aufrechten Trieben, horstbildend. Handförmig geteilte Blätter. Die helmförmigen Blüten stehen dicht übereinander und bilden eine Traube.
Pflanzenhöhe: 100 bis 110 cm.
Blütenfarbe: Tiefblau.
Natürliche Blütezeit: Juni bis August.
Zeitraum des Angebotes: April bis Oktober.
Schnittreife: Wenn pro Traube 3 bis 5 Blüten geöffnet sind.
Haltbarkeit: 12 bis 15 Tage.
Kühllagerung: Möglich.
Besondere Pflege: Nicht zu lange ohne Wasser halten, sonst fallen die Blüten gerne ab. Die Blätter sollten nicht im Wasser stehen.
Verwendung: Allgemeine Sommerbinderei. Dekorative und formallineare Gestaltungen.
Besonderheiten: Auch kurzstielige Aconitum sind im Handel.

△ 375 Aconitum napellus ssp. napellus
▽ 376 Anemone coronaria

Anemone coronaria ♃ ✂

Synonym: –.
Familie: Ranunculaceae.
Handelsname: Kronenanemone.
Heimat/Herkunft: Mittelmeerländer bis Westasien.
Persönlichkeit: Geltungsform.
Stofflichkeit: Samtig.
Ausstrahlung: Wärme, Ruhe, Weichheit, mollig.
Wuchsform: Aus einer dunkelbraunen, flachen Knolle entwickeln sich krautige aufrechte Triebe mit tief eingeschnittenen Blättern. Direkt unter der Blüte sitzen noch 2 Blätter.
Pflanzenhöhe: 25 bis 30 cm.
Blütenfarbe: Weiss, Rosa, Rot, Blau, Violett, z. T. mit weissem Ring im Zentrum.
Natürliche Blütezeit: März bis Mai.
Zeitraum des Angebotes: August bis Mai.
Schnittreife: Sobald die Blüte gut ausgefärbt und ausgebildet, aber noch etwas geschlossen ist.
Haltbarkeit: 8 bis 10 Tage.
Kühllagerung: Möglich, zugleich bei der Lagerung dunkel halten, die Blüten öffnen sich dann weniger schnell.
Besondere Pflege: In wenig Wasser einstellen.
Verwendung: Frühlingsbindereien.
Besonderheiten: Anemonen nicht mit Narzissen kombiniert einstellen.

△ 377 Anemone-Mona-Lisa-Hybride
▽ 378 Aquilegia-Hybriden

Anemone-Mona-Lisa-Hybriden ♃ ✂

Synonym: –.
Familie: Ranunculaceae.
Handelsname: Grossblumige Anemone.
Heimat/Herkunft: Wildarten aus der Mittelmeerregion bis Westasien.
Persönlichkeit: Geltungsform.
Stofflichkeit: Samtig.
Ausstrahlung: Ruhe, Weichheit.
Wuchsform: Aus braunen, klauenartigen Knollen spriessen bis bleistiftdicke Sprosse, die endständig je eine grosse Blüte in leuchtenden Farben tragen. Die Blätter sind grün, drei- bis mehrfach geteilt und zudem noch gespalten.
Pflanzenhöhe: 30 bis 40 cm.
Blütenfarbe: Weiss, Rosa, Rot, Blau bis Violett.
Natürliche Blütezeit: März bis Mai.
Zeitraum des Angebotes: März bis Mai, vereinzelt länger.
Schnittreife: Sobald die Blüten gut ausgefärbt und ausgebildet, aber noch etwas geschlossen sind.
Haltbarkeit: 8 bis 14 Tage.
Kühllagerung: Möglich.
Besondere Pflege: In relativ wenig Wasser stellen.
Verwendung: Verschiedene Verwendungsmöglichkeiten.
Besonderheiten: Anemone-Hybriden weisen grössere Blüten auf als A. coronaria, auch sind sie haltbarer!

Aquilegia-Hybriden ♃ ✂

Synonym: A. x cultorum.
Familie: Ranunculaceae.
Handelsname: Gartenakelei.
Heimat/Herkunft: Wildarten aus den USA.
Persönlichkeit: Geltungsform.
Stofflichkeit: Glasig, seidig.
Ausstrahlung: Buntheit, verspielt.
Wuchsform: Staude mit aufrechtem Wuchs, horstbildend. Das Blatt ist doppelt dreizählig geteilt. Die langgespornten Blüten sitzen in lockeren Rispen angeordnet.
Pflanzenhöhe: 70 bis 80 cm.
Blütenfarbe: Weiss, Gelb, Orange, Rot, Blau, oft auch zweifarbig.
Natürliche Blütezeit: Mai bis Juni.
Zeitraum des Angebotes: April bis Juli.
Schnittreife: Pro Trieb müssen 3 bis 4 Blüten geöffnet sein.
Haltbarkeit: 5 bis 10 Tage.
Kühllagerung: Nicht zu empfehlen.
Besondere Pflege: Ein guter Anschnitt ist erforderlich.
Verwendung: Duftige Sommerbindereien.
Besonderheiten: –.

Cimicifuga simplex ♃

Synonym: –.
Familie: Ranunculaceae.
Handelsname: Silberkerze.
Heimat/Herkunft: USA bis Kanada.
Persönlichkeit: Geltungsform.
Stofflichkeit: Flauschig.
Ausstrahlung: Weich.
Wuchsform: Hohe Staude mit dichter Horstbildung und straff aufrechtem Wuchs. Die grossen, grünen Blätter sind doppelt dreiteilig, an der Basis herzförmig. Endständig ragen die lokker verzweigten Blütenähren weit und locker über das Laub hinaus.
Pflanzenhöhe: 160 cm.
Blütenfarbe: Weiss.
Natürliche Blütezeit: August bis September.
Zeitraum des Angebotes: August bis September.
Schnittreife: Es müssen fast alle Blüten geöffnet sein.
Haltbarkeit: 2 bis 3 Tage.
Kühllagerung: –.
Besondere Pflege: Kurz in heisses Wasser stellen. Benötigt viel Wasser.
Verwendung: Dekorationen, kurzlebige Sträusse.
Besonderheiten: –.

△ 379 Cimicifuga simplex
▽ 380 Consolida ajacis

Consolida ajacis ⊙ ✂

Synonym: C. ambiqua, Delphinium ajacis.
Familie: Ranunculaceae.
Handelsname: Einjähriger Rittersporn.
Heimat/Herkunft: Mittelmeerregion.
Persönlichkeit: Geltungsform.
Stofflichkeit: Samtig, rustikal.
Ausstrahlung: Wärme, Aktivität.
Wuchsform: Krautig, straff aufrecht mit oben lockerer Verzweigung und sehr feingefiedertem Laub. Die Blüten sitzen traubig angeordnet an schlanken Trieben.
Pflanzenhöhe: 60 bis 80 cm.
Blütenfarbe: Weiss, Rosa, Hellblau, Dunkelblau.
Natürliche Blütezeit: Juni bis August.
Zeitraum des Angebotes: Aus Gewächshauskultur das ganze Jahr.
Schnittreife: Wenn pro Blütentraube 6 bis 8 Blüten geöffnet sind.
Haltbarkeit: 8 bis 12 Tage.
Kühllagerung: Möglich, jedoch gerne Fäulnisgefahr.
Besondere Pflege: Die Verdunstungsflächen und Seitentriebe bewusst reduzieren.
Verwendung: Allgemeine Bindereien. Die Einzelblüten lassen sich für Rankenbinderei sehr gut verwenden.
Besonderheiten: Auch zum Trocknen sehr gut geeignet, Trockenbinderei.

△ 381 Delphinium-Hybride

Delphinium-Hybriden ♃ ✂

Synonym: D. x cultorum.
Familie: Ranunculaceae.
Handelsname: Stauden-Rittersporn.
Heimat/Herkunft: Karpaten, Russland und Asien.
Persönlichkeit: Herrschaftsform, Persönlichkeit mit grossem Geltungsdrang.
Stofflichkeit: Samtig, wollig.
Ausstrahlung: Aktiv, herrschend.
Wuchsform: Staude mit kräftigem Wuchs, straff aufrechten, wenig verzweigten Trieben und spitzengelappten, weichen Blättern. Die langen Blütenstände sind traubig.
Pflanzenhöhe: Bis 1,8 m.
Blütenfarbe: Weiss, Hellblau, Mittelblau, Dunkelblau, Rosa, z. T. auch zweifarbig.
Natürliche Blütezeit: Juni bis September.
Zeitraum des Angebotes: Mai bis Oktober.
Schnittreife: Wenn pro Blütentraube 1 bis 3 Blüten geöffnet sind.
Haltbarkeit: 10 bis 12 Tage.
Kühllagerung: Nicht zu empfehlen.
Besondere Pflege: Möglichst viele Verdunstungsflächen entfernen.
Verwendung: Sommerbinderei, Dekorationen. Die Einzelblüten eignen sich auch für die montierte Binderei.
Besonderheiten: Gut aufgeblühte Blütenstände sind auch in der Trockenbinderei verwendbar.

△ 382 Helleborus niger ssp. niger
▽ 383 Helleborus-Hybride

Helleborus niger ssp. niger ♃ ☠ ✂

Synonym: –.
Familie: Ranunculaceae.
Handelsname: Christrose.
Heimat/Herkunft: Ostalpen, Karpaten, Jugoslawien, Appeninen.
Persönlichkeit: Geltungsform.
Stofflichkeit: Glasig, porzellanähnlich.
Ausstrahlung: Frische, Kühle.
Wuchsform: Staude mit verdicktem Wurzelstock. Die fingerförmig geteilten Blätter sind grundständig. Auf dicken Schäften sitzen 1 bis 3 einseitig gewendete Blüten resp. Knospen.
Pflanzenhöhe: 20 bis 30 cm.
Blütenfarbe: Weiss mit grüner Mitte. Neuere Hybridformen auch rosa und purpurrot.
Natürliche Blütezeit: Dezember bis März.
Zeitraum des Angebotes: November bis März.
Schnittreife: Wenn die erste Blüte sich geöffnet hat.
Haltbarkeit: 8 bis 12 Tage.
Kühllagerung: Möglich.
Besondere Pflege: Gut anschneiden.
Verwendung: Advents- und Weihnachtsbinderei.
Besonderheiten: Die Blüten ertragen auch Frosttemperaturen (Grabschmuck).

Nigella damascena ☉

Synonym: –.
Familie: Ranunculaceae.
Handelsname: Jungfer im Grünen, Braut in Haaren, Schwarzkümmel.
Heimat/Herkunft: Mittelmeerregion, Kleinasien, Kanarische Inseln.
Persönlichkeit: Geltungsform.
Stofflichkeit: Seidig.
Ausstrahlung: Duftig, lieblich, fein.
Wuchsform: Krautig, straff aufrecht mit lockerer, breiter Verzweigung. Die Blättchen sind fein gefiedert. Endständig sitzen die aparten Blüten und später aufgeblasene, grosse Samenkapseln.
Pflanzenhöhe: Bis 50 cm.
Blütenfarbe: Weiss bis Blau.
Natürliche Blütezeit: Juni bis September.
Zeitraum des Angebotes: Juni bis September.
Schnittreife: Wenn eine erste Blüte pro Trieb gut ausgebildet ist und die Stiele fest sind.
Haltbarkeit: 2 bis 6 Tage.
Kühllagerung: Möglich.
Besondere Pflege: Möglichst viele Verdunstungsflächen entfernen, auch weiche Seitentriebe.
Verwendung: Feine Bindereien.
Besonderheiten: Der Fruchtstand ist ein beliebtes Trockenbindereimaterial.

△ 384 Nigella damascena

Ranunculus asiaticus ♃ ✂ ⌂

Synonym: R. hortensis, R. africanus.
Familie: Ranunculaceae.
Handelsname: Ranunkel.
Heimat/Herkunft: Kreta, Südwestasien.
Persönlichkeit: Geltungsform.
Stofflichkeit: Seidig, samtig.
Ausstrahlung: Wärme, weich, Klarheit.
Persönlichkeit: Gesellschaftsform.
Wuchsform: Aus einer harten, flachen Knolle spriessen aufrechte Triebe mit endständigen, gefüllten Blüten. Die Blätter sind z. T. grundständig, z. T. sitzen sie an den Stengeln und weisen unterschiedliche Formen auf.
Pflanzenhöhe: 15 bis 20 cm.
Blütenfarbe: Leuchtendrot (kleinblumig) und Pastelltöne von Weiss, Rosa, Lachs bis Orange.
Natürliche Blütezeit: Mai bis Juni.
Zeitraum des Angebotes: Dezember bis Juni.
Schnittreife: Wenn die Hauptblüte eines Triebes gut ausgebildet ist und sich zu öffnen beginnt.
Haltbarkeit: 8 bis 15 Tage.
Kühllagerung: Möglich.
Besondere Pflege: Die weichen Seitentriebe und die Blätter bewusst grösstenteils entfernen.
Verwendung: Allgemeine bis spezielle Frühlingsbinderei.
Besonderheiten: Bei weichen Stielen Vorsicht beim Einführen in die Steckmasse.

△▽ 385 + 386 Ranunculus asiaticus

△ 387 Trollius chinensis
▽ 388 Trollius europaeus

Trollius chinensis ♃

Synonym: T. ledebourii.
Familie: Ranunculaceae.
Handelsname: Chinesische Trollblume.
Heimat/Herkunft: Nordostchina.
Persönlichkeit: Geltungsform.
Stofflichkeit: Rustikal.
Ausstrahlung: Wärme, Gemütlichkeit.
Wuchsform: Kräftige Staude mit dichter Horstbildung. Die grünen Blätter sind handförmig geteilt. Endständig auf wenig verzweigten Schäften stehen einzelne Blüten mit dunkleren Honigblättern.
Pflanzenhöhe: 80 bis 90 cm.
Blütenfarbe: Gelborange.
Natürliche Blütezeit: Juli bis August.
Zeitraum des Angebotes: Juli bis August.
Schnittreife: Die Blüten müssen geöffnet sein.
Haltbarkeit: 5 bis 8 Tage.
Kühllagerung: Nicht zu empfehlen.
Besondere Pflege: –.
Verwendung: Gemütliche, lockere Sommerfloristik.
Besonderheiten: –.

Trollius europaeus ♃ ☠

Synonym: –.
Familie: Ranunculaceae.
Handelsname: Trollblume.
Heimat/Herkunft: Europa, Kaukasus, arktisches Nordamerika.
Persönlichkeit: Geltungsform.
Stofflichkeit: Rustikal.
Ausstrahlung: Wärme, Gemütlichkeit.
Wuchsform: Staude, horstbildend mit anfänglich grundständigen, handförmig geteilten, grünen Blättern, später aufstrebend. An aufstrebenden, leicht verzweigten Blütentrieben stehen endständig kugelige Blüten.
Pflanzenhöhe: 60 cm.
Blütenfarbe: Hellzitronengelb.
Natürliche Blütezeit: Mai bis Juni.
Zeitraum des Angebotes: Mai bis Juni.
Schnittreife: Die Hauptblüten müssen geöffnet sein.
Haltbarkeit: 5 bis 8 Tage.
Kühllagerung: Nicht zu empfehlen.
Besondere Pflege: –.
Verwendung: Lockere Sommerfloristik, evtl. in Verbindung mit Alpenblumen.
Besonderheiten: –.

Reseda odorata ⊙ ♃ D

Synonym: –.
Familie: Resedaceae.
Handelsname: Gartenreseda.
Heimat/Herkunft: Mittelmeerregion.
Persönlichkeit: Gesellschaftsform.
Stofflichkeit: Rustikal.
Ausstrahlung: Wärme, Rauhheit.
Wuchsform: Krautiger Wuchs, verzweigt mit meist niederliegenden Trieben und länglichen Blättern. Die stark duftenden Blütchen sitzen an aufwärtsstrebenden, dichten, pyramidalen Trauben.
Pflanzenhöhe: 20 bis 30 cm.
Blütenfarbe: Gelbgrün bis Rot.
Natürliche Blütezeit: Juli bis September.
Zeitraum des Angebotes: Ab Februar bis September.
Schnittreife: Wenn die Triebe genügend stark sind und sich die ersten unteren Blütchen öffnen.
Haltbarkeit: 10 bis 12 Tage.
Kühllagerung: Infolge Fäulnisgefahr möglichst Vorsicht walten lassen, die Triebe dürfen nicht nass sein.
Besondere Pflege: Möglichst viele Verdunstungsflächen entfernen.
Verwendung: Kleine Bindereien. Auch geeignet für die Basisgestaltung.
Besonderheiten: Die relativ weichen Triebe vorsichtig in die Steckmasse einführen.

△ 389 Reseda odorata
▽ 390 Alchemilla mollis

Alchemilla mollis ♃

Synonym: A. acutiloba.
Familie: Rosaceae.
Handelsname: Frauenmantel.
Heimat/Herkunft: Ostkarpaten, Kaukasus, Westasien.
Persönlichkeit: Geltungsform.
Stofflichkeit: Wollig, rustikal.
Ausstrahlung: Wärme, Licht.
Wuchsform: Staude mit aufrechtem bis breitverzweigtem Wuchs und runden, gelappten bis gefiederten Blättern und schein- oder trugdoldigen Blütenständen mit kleinen Blütchen.
Pflanzenhöhe: 30 bis 40 cm.
Blütenfarbe: Gelbgrün.
Natürliche Blütezeit: Juni bis Juli.
Zeitraum des Angebotes: April bis Juli.
Schnittreife: Wenn 60 bis 70 % der Blütchen geöffnet sind.
Haltbarkeit: 10 bis 12 Tage.
Kühllagerung: Möglich.
Besondere Pflege: –.
Verwendung: Allgemeine bis spezielle Bindereien. Die Blätter sind ideal für die Basisgestaltung.
Besonderheiten: Auch für die Trockenbinderei geeignet.

△ 391 Aruncus dioicus var. dioicus
▽ 392 Prunus persica var. persica

Aruncus dioicus var. dioicus ♃ ✂ ✿

Synonym: A. sylvestris, A. vulgaris, Spiraea aruncus.
Familie: Rosaceae.
Handelsname: Geissbart.
Heimat/Herkunft: Europa, Asien, Amerika, nördliche Hemisphäre.
Persönlichkeit: Geltungsform.
Stofflichkeit: Wollig, rauh.
Ausstrahlung: Leichtigkeit, Luftigkeit.
Wuchsform: Horstbildend, bildet mit der Zeit grosse Büsche. Die straff aufrechten Triebe tragen grosse, dreifach gefiederte, grüne Blätter. Die endständigen, rispigen Blütenstände sind locker verzweigt.
Pflanzenhöhe: 150 cm.
Blütenfarbe: Gelblich Weiss.
Natürliche Blütezeit: Juni bis Juli.
Zeitraum des Angebotes: Juni bis Juli.
Schnittreife: Die rispigen Blütenstände müssen aufgeblüht sein.
Haltbarkeit: 2 bis 3 Tage.
Kühllagerung: Nicht zu empfehlen, die Blüten werden braun.
Besondere Pflege: Kurz in heisses Wasser stellen. Benötigt viel Wasser.
Verwendung: Grössere Dekorationen.
Besonderheiten: Möglichst viel Laub entfernen.

Prunus persica var. persica ♄–♄ Ⓝ

Synonym: Amygdalus persica, A. pumila, Persica vulgaris.
Familie: Rosaceae.
Handelsname: Pfirsichbaum.
Heimat/Herkunft: Nord- bis Mittelchina.
Persönlichkeit: Geltungsform.
Stofflichkeit: Seidig, samtig.
Ausstrahlung: Zartheit, Leichtigkeit.
Wuchsform: Baum bis Strauch, in Kultur auch als Spalier an Hauswänden, mit breitverzweigtem, etwas sperrigem Wuchs. Die einfachen Blüten erscheinen vor dem Laub, das langlanzettlich ist.
Pflanzenhöhe: Als Baum bis 7 Meter hoch.
Blütenfarbe: Zartrosa.
Natürliche Blütezeit: April.
Zeitraum des Angebotes: Dezember bis April.
Schnittreife: Wenn pro Trieb 3 bis 5 Knospen am Aufblühen sind.
Haltbarkeit: 7 bis 8 Tage.
Kühllagerung: Nicht nötig.
Besondere Pflege: Den verholzten Spross gut anschneiden oder aufspalten, in warmes Wasser einstellen, die Blüten öffnen sich dann gleichmässiger.
Verwendung: Grosser Wasserbedarf, daher zum Stecken in Steckmasse nicht gut geeignet.
Besonderheiten: –.

Prunus serrulata ħ–ħ Ⓝ

Synonym: Cerasus serrulata.
Familie: Rosaceae.
Handelsname: Japanische Blütenkirschen.
Heimat/Herkunft: Japan.
Persönlichkeit: Geltungsform, Herrschaftsform.
Stofflichkeit: Seidig, samtig, je nach Blütenöffnung.
Ausstrahlung: Duftigkeit, Leichtigkeit, Zartheit.
Wuchsform: Strauch bis Baum mit locker verzweigter Krone und wechselständigen, breitlanzettlichen Blättern. Die gefüllten Blüten stehen je zu 2 bis 5 in Büscheln an den Zweigen.
Pflanzenhöhe: 7 bis 10 m hoch werdend.
Blütenfarbe: Dunkelrosa.
Natürliche Blütezeit: April bis Mai.
Zeitraum des Angebotes: März bis Mai.
Schnittreife: Wenn die ersten Blüten eines Zweiges am Aufblühen sind.
Haltbarkeit: Zirka 10 Tage.
Kühllagerung: Nicht zu empfehlen.
Besondere Pflege: Verholzte Sprosse sind entsprechend zu behandeln.
Verwendung: Grosse Dekorationen mit Bodenvasen.
Besonderheiten: Die einzelnen Blütenblätter fallen gerne ab.

△ 393 Prunus serrulata
▽ 394 Prunus triloba

Prunus triloba ħ

Synonym: Amygdalus pedunculata.
Familie: Rosaceae.
Handelsname: Mandelbäumchen.
Heimat/Herkunft: China.
Persönlichkeit: Geltungsform.
Stofflichkeit: Seidig, samtig.
Ausstrahlung: Zartheit, Leichtheit.
Wuchsform: Strauch bis Miniaturbaum mit kurzem Stamm (veredelt) und langen, schlanken Zweigen und verkehrteiförmigen Blättern. Die gefüllten Blüten erscheinen je zu 2 aus den Blattachseln am ganzen Trieb verteilt.
Pflanzenhöhe: Bis 2,5 m.
Blütenfarbe: Rosa.
Natürliche Blütezeit: Ende April bis Mitte Mai.
Zeitraum des Angebotes: Dezember bis März/April.
Schnittreife: Wenn pro Trieb 1 bis 3 Knospen am Aufblühen sind.
Haltbarkeit: 7 bis 8 Tage.
Kühllagerung: Nicht nötig.
Besondere Pflege: Den verholzten Spross entsprechend anschneiden oder aufspalten. In warmes Wasser einstellen, die Blüten öffnen sich dann besser und gleichmässiger.
Verwendung: Feine Frühlingsbinderei.
Besonderheiten: Grosser Wasserbedarf, daher nicht gut geeignet zum Stecken in Steckmasse.

△ 395 Rosa-Floribunda-Grandiflora-Rosen
▽ 396 Edelrosen im Gewächshaus

Rosa-Floribunda-Grandiflora-Rosen

♄–♄ D

Synonym: R. floribunda, R. grandiflora.
Familie: Rosaceae.
Handelsname: Floribundarose.
Heimat/Herkunft: Zuchtformen.
Persönlichkeit: Edelform, Geltungsform, je nach Sorte.
Stofflichkeit: Seidig, samtig, glasig, je nach Sorte.
Ausstrahlung: Edel, duftig, speziell.
Wuchsform: Halbstrauch bis Strauch mit aufrechtem Wuchs, mässiger Verzweigung und unpaarig gefiederten Blättern. Die Triebe und Blattstiele sind mehr oder weniger mit Stacheln besetzt.
Pflanzenhöhe: Bis 2 m hoch im Gewächshaus.
Blütenfarbe: Weiss, Gelb, Orange, Rot, Rosa, Lila, Mauve, z. T. auch zweifarbig.
Natürliche Blütezeit: Juni bis Oktober (im Freien).
Zeitraum des Angebotes: Durch das ganze Jahr.
Schnittreife: Je nach Sorte etwas unterschiedlich, in Knospe vor dem Öffnen der Blütenblätter.
Haltbarkeit: Je nach Sorte und Standort 8 bis 18 Tage.
Kühllagerung: Möglich.
Besondere Pflege: Tief und gut ins Wasser einstellen, gut anschneiden.
Verwendung: Für alle floristischen Arbeiten.
Besonderheiten: Unbedingt nach dem Erhalt der Rosen eine Erholungsphase beachten.

△ 397 Rosa-Floribunda-Rosen (Edelrosen)

△ 398 Rosa-Floribunda-Rosen
▽ 399 Rosa-Polyantha-Hybriden

Rosa-Polyantha-Hybriden ♄ D

Synonym: R. x polyantha, R. x rehderiana.
Familie: Rosaceae.
Handelsname: Polyantharose, Vielblütige Rose.
Heimat/Herkunft: Zuchtformen.
Persönlichkeit: Geltungsform.
Stofflichkeit: Samtig, seidig, je nach Sorte.
Ausstrahlung: Edel, fein, lieblich.
Wuchsform: Halbstrauch bis Strauch mit aufrechtem Wuchs und z. T. breiter Verzweigung mit unpaarig gefiederten Blättern. Meist rispig verzweigte Blütenstände mit mehreren kleinen bis mittelgrossen Blüten.
Pflanzenhöhe: 40 bis 60 cm.
Blütenfarbe: Weiss, Gelb, Orange, Rot, Rosa, Lila.
Natürliche Blütezeit: Juni bis Oktober.
Zeitraum des Angebotes: Durch das ganze Jahr.
Schnittreife: Je nach Sorte etwas unterschiedlich. Als Regel gilt, wenn sich die Kelchblätter gelöst haben und die grössten Knospen aufspringen.
Haltbarkeit: 8 bis 18 Tage, je nach Sorte.
Kühllagerung: Möglich.
Besondere Pflege: –.
Verwendung: Allgemeine bis spezielle Bindereien, geeignet auch für feine Brautbindereien u. a.
Besonderheiten: Offene Blüten ausschneiden.

△ 400 Bouvardia-Hybride
▽ 401 Bouvardia longiflora

Bouvardia-Hybriden ♄

Synonym: B. x domestica, B. x hybrida.
Familie: Rubiaceae.
Handelsname: Bouvardie.
Heimat/Herkunft: Zuchtformen.
Persönlichkeit: Geltungsform.
Stofflichkeit: Samtig, wollig.
Ausstrahlung: Wärme.
Wuchsform: Halbstrauch bis Strauch mit aufrechtem verzweigtem Wuchs, gegenständigen breitlanzettlichen, weichen Blättern und endständigem, trugdoldigem Blütenstand. Blüten einfach, halbgefüllt bis gefüllt.
Pflanzenhöhe: 40 bis 100 cm.
Blütenfarbe: Weiss, Rot, Rosa.
Natürliche Blütezeit: Juli bis September.
Zeitraum des Angebotes: Aus Gewächshauskultur durch das ganze Jahr.
Schnittreife: Wenn aus einer Scheindolde 3 bis 5 Blüten aufgeblüht sind.
Haltbarkeit: 20 bis 22 Tage.
Kühllagerung: Nicht zu empfehlen.
Besondere Pflege: Möglichst viele Verdunstungsflächen entfernen. Guter Stielanschnitt, sonst fallen die Blüten zusammen.
Verwendung: Spezielle bis allgemeine Bindereien.
Besonderheiten: Die Blütenstände sind oft vom Transport beschädigt, daher unbedingt mit der nötigen Vorsicht behandeln.

Bouvardia longiflora ♄

Synonym: B. humboldtii.
Familie: Rubiaceae.
Handelsname: Langblütige Bouvardie.
Heimat/Herkunft: Mexiko.
Persönlichkeit: Geltungsform.
Stofflichkeit: Porzellanähnlich.
Ausstrahlung: Kühle, Frische.
Wuchsform: Halbstrauch bis Strauch mit aufrechtem, verzweigtem Wuchs und gegenständigen, lanzettlichen, glänzenden Blättern. Endständig an trugdoldigem Bütenstand je 5 bis 10 Blüten mit dünner, langer Röhre.
Pflanzenhöhe: 50 bis 80 cm.
Blütenfarbe: Reinweiss, stark duftend.
Natürliche Blütezeit: August bis November (Gewächshaus).
Zeitraum des Angebotes: Durch Spezialkulturen das ganze Jahr erhältlich.
Schnittreife: Die Blütenknospen müssen sehr gut entwickelt und teilweise aufgeblüht sein.
Haltbarkeit: 5 bis 8 Tage.
Kühllagerung: Nicht zu empfehlen.
Besondere Pflege: Guter Anschnitt ist wegen der verholzenden Stiele nötig.
Verwendung: Spezielle Bindereien.
Besonderheiten: Einzelblüten können abfallen.

Salix caprea ♄–♄ Ⓝ

Synonym: –.
Familie: Salicaceae.
Handelsname: Salweide, Kätzchenweide.
Heimat/Herkunft: Europa, Sibirien, Mittel- bis Kleinasien.
Persönlichkeit: Geltungsform.
Stofflichkeit: Samtig, wollig.
Ausstrahlung: Wärme, mollig, stumpf, flauschig.
Wuchsform: Strauch bis Baum mit breit-pyramidalem Wuchs und rotbraunen Trieben. Die Blätter sind zugespitzt eiförmig. Zweihäusige Pflanzenart, nur die männlichen Pflanzen tragen die schönen Kätzchen.
Pflanzenhöhe: Bis 8 m hoch.
Blütenfarbe: Grausilbrige Kätzchen.
Natürliche Blütezeit: März bis April.
Zeitraum des Angebotes: Dezember bis April.
Schnittreife: Wenn die Kätzchen aus den braunen Knospenhüllen hervortreten und noch rundlich und kurz sind.
Haltbarkeit: 10 bis 30 Tage.
Kühllagerung: Nicht nötig.
Besondere Pflege: Bei tiefen Temperaturen können sie auch ohne Wasser eingestellt werden.
Verwendung: Allgemeine Frühlingsbindereien.
Besonderheiten: Sie eignen sich ideal zum Antreiben.

△ 402 Salix caprea
▽ 403 Sarracenia-Hybride

Sarracenia-Hybriden ♃ 〰 Ⓚ

Synonym: –.
Familie: Sarraceniaceae.
Handelsname: Schlauchpflanze.
Heimat/Herkunft: Südliche USA.
Persönlichkeit: Geltungsform, Gesellschaftsform, Edelform.
Stofflichkeit: Seidig.
Ausstrahlung: Edel, speziell.
Wuchsform: Staude mit aufstrebenden, nach oben sich ausweitenden röhrigen Blattschläuchen, gelbgrün mit deutlich hervortretenden roten Blattnerven im Schlunde. Ein runder Deckel wölbt sich über die Öffnung.
Pflanzenhöhe: 30 bis 100 cm.
Blütenfarbe: Gelb. Verwendung finden die dekorativen schlauchartigen Blätter.
Natürliche Blütezeit: August bis Dezember.
Zeitraum des Angebotes: Juli bis Januar.
Schnittreife: Wenn die Blätter gut ausgereift sind.
Haltbarkeit: 5 bis 8 Tage.
Kühllagerung: Nicht zu empfehlen wegen Fäulnisgefahr.
Besondere Pflege: Nur in wenig Wasser einstellen.
Verwendung: Spezielle Bindereien.
Besonderheiten: Vorsicht im Umgang mit den Schlauchpflanzen, sie sind leicht verletzlich!

△ 404 Astilbe-Arendsii-Hybride
▽ 405 Heuchera-Hybriden

Astilbe-Arendsii-Hybriden ♃ ✂

Synonym: A. x arendsii.
Familie: Saxifragaceae.
Handelsname: Astilbe.
Heimat/Herkunft: Zuchtform.
Persönlichkeit: Geltungsform.
Stofflichkeit: Rauh, wollig, rustikal.
Ausstrahlung: Wärme, Leichtigkeit.
Wuchsform: Staude mit verdicktem Wurzelstock, horstbildend, straff aufrecht, leicht verzweigte Triebe mit dreifachdreiteiligen Blättern. Die kleinen Blütchen sitzen an kräftigen, rispigen Blütenständen.
Pflanzenhöhe: Je nach Sorte 50 bis 100 cm.
Blütenfarbe: Weiss, Rosa, Rot.
Natürliche Blütezeit: Juli bis September.
Zeitraum des Angebotes: April bis Oktober.
Schnittreife: Die vielen Blütchen einer Rispe müssen zum grössten Teil aufgeblüht sein.
Haltbarkeit: 5 bis 8 Tage.
Kühllagerung: Nicht zu empfehlen wegen Fäulnisgefahr.
Besondere Pflege: Möglichst viele Verdunstungsflächen entfernen. Guter Stielanschnitt, ins warme Wasser stellen.
Verwendung: Allgemeine Sommerbindereien.
Besonderheiten: Eine gute Schnittreife beachten!

Heuchera-Hybriden ♃ ✂

Synonym: H. x brizoides.
Familie: Saxifragaceae.
Handelsname: Purpurglöckchen.
Heimat/Herkunft: Nordamerika, Kreuzung aus H. micrantha x H. sanguinea.
Persönlichkeit: Geltungsform bis Gesellschaftsform.
Stofflichkeit: Ledrig.
Ausstrahlung: Kühle, Frische, Feinheit.
Wuchsform: Staude mit breitem, polsterartigem Wuchs. Die flachen Triebe verholzen. Die dichtstehenden Blätter sind herzförmig, gelappt und wintergrün. Auf dünnen, blattlosen Schäften stehen die glockigen Blütchen in lockeren Rispen.
Pflanzenhöhe: 50 cm.
Blütenfarbe: Rot, Rosa.
Natürliche Blütezeit: Mai bis Juli.
Zeitraum des Angebotes: April bis Juli.
Schnittreife: Wenn 30 % aufgeblüht sind.
Haltbarkeit: Gut, 8 bis 10 Tage.
Kühllagerung: Ja.
Besondere Pflege: –.
Verwendung: Feine Binderei.
Besonderheiten: –.

Antirrhinum majus ⊙–♃ ✂

Synonym: –.
Familie: Scrophulariaceae.
Handelsname: Löwenmaul.
Heimat/Herkunft: Südwesteuropa bis Nordwestafrika, Westasien.
Persönlichkeit: Geltungsform.
Stofflichkeit: Samtig.
Ausstrahlung: Wärme, weich, glänzend.
Wuchsform: Krautig, straff aufrecht, an der Basis z. T. verzweigt, oben kurze Seitentriebe. Gegenständige, breitlanzettliche, weiche Blätter. Die Blüten sitzen rund um einen langen traubigen bis ährigen Blütenstand.
Pflanzenhöhe: Je nach Sorte 60 bis 100 cm.
Blütenfarbe: Weiss, Gelb, Orange, Rot, Rosa, z. T. auch zweifarbig.
Natürliche Blütezeit: Juni bis September.
Zeitraum des Angebotes: März bis Dezember.
Schnittreife: Wenn im unteren Teil einer Traube 3 bis 5 Blüten geöffnet sind.
Haltbarkeit: 8 bis 10 Tage.
Kühllagerung: Möglich.
Besondere Pflege: Möglichst viele weiche Seitentriebe und Blätter entfernen.
Verwendung: Allgemeine Sommerbindereien.
Besonderheiten: Die Blütenstände richten sich immer aufrecht, wenn sie schräg eingesetzt werden.

△ 406 Antirrhinum majus
▽ 407 Chelone obliqua

Chelone obliqua ♃

Synonym: –.
Familie: Scrophulariaceae.
Handelsname: Schildblume.
Heimat/Herkunft: Südliche USA.
Persönlichkeit: Geltungsform.
Stofflichkeit: Porzellanähnlich, glasig.
Ausstrahlung: Wachsig, durchscheinend.
Wuchsform: Staude mit aufrechtem Wuchs und grössenteils breitlanzettlichen Blättern. Endständige, ährige Blütenstände mit 2 bis 3 cm langen röhrigen Blüten.
Pflanzenhöhe: 60 bis 80 cm.
Blütenfarbe: Purpurrosa, Weiss.
Natürliche Blütezeit: August bis September.
Zeitraum des Angebotes: März bis September.
Schnittreife: Wenn die erste Blüte einer Ähre geöffnet ist.
Haltbarkeit: 8 bis 12 Tage.
Kühllagerung: Möglich.
Besondere Pflege: Möglichst viele Verdunstungsflächen entfernen.
Verwendung: Allgemeine Bindereien.
Besonderheiten: Preiswerte Staudenschnittblume.

△ 408 Digitalis purpurea
▽ 409 Veronica longifolia

Digitalis purpurea ⊙–♃

Synonym: –.
Familie: Scrophulariaceae.
Handelsname: Roter Fingerhut.
Heimat/Herkunft: West- bis Südeuropa, Nordafrika.
Persönlichkeit: Herrschaftsform, Geltungsform.
Stofflichkeit: Samtig, wollig.
Ausstrahlung: Kraftvoll, flauschig.
Wuchsform: Zweijährige Pflanze bis mehrjährige Staude, die im ersten Jahr eine grosse Blattrosette mit eirunden bis lanzettlichen Blättern bildet. In den weiteren Jahren kräftig aufstrebende Sprosse mit dichtstehenden hängenden Glockenblüten in traubigem Blütenstand.
Pflanzenhöhe: 80 bis 120 cm.
Blütenfarbe: Purpurrot, Rosa, Weiss.
Natürliche Blütezeit: Juni bis August.
Zeitraum des Angebotes: Juni bis August.
Schnittreife: 60 bis 70 % der Blüten müssen geöffnet sein.
Haltbarkeit: 8 bis 12 Tage.
Kühllagerung: Nicht zu empfehlen, die Blüten fallen gerne ab.
Besondere Pflege: Möglichst viele Verdunstungsflächen entfernen.
Verwendung: Für grosse, dekorative floristische Arbeiten.
Besonderheiten: Digitalis benötigen sehr viel Wasser. Vorsicht beim Stecken in Steckmasse – genügend Wasserzufuhr!

Veronica longifolia ♃

Synonym: V. exaltata, Pseudolysimachia longifolium.
Familie: Scrophulariaceae.
Handelsname: Ehrenpreis, Veronika.
Heimat/Herkunft: Nord- bis Mitteleuropa, Sibirien, Ostasien.
Persönlichkeit: Geltungsform.
Stofflichkeit: Wollig.
Ausstrahlung: Wärme, matte Erscheinung.
Wuchsform: Staude mit straff aufrechtem Wuchs, locker verzweigt, mit gegenständigen lanzettlichen und am Rande gesägten Blättern. Endständig lange und dichtstehende Blütentrauben.
Pflanzenhöhe: 60 bis 70 cm.
Blütenfarbe: Blau, Weiss.
Natürliche Blütezeit: Juli bis September.
Zeitraum des Angebotes: Durch das ganze Jahr.
Schnittreife: Wenn von unten her zirka 50 % der Blüten geöffnet und die Triebe genügend erstarkt sind.
Haltbarkeit: 5 bis 8 Tage.
Kühllagerung: Nicht zu empfehlen.
Besondere Pflege: Einen möglichst grossen Teil der Verdunstungsflächen entfernen.
Verwendung: Allgemeine Binderei.
Besonderheiten: Die schöne Farbe und die edle Form ermöglichen vielfältige Kombinationen.

Typha latifolia ♃ 〰

Synonym: –.
Familie: Typhaceae.
Handelsname: Rohrkolben, Kanonenputzer.
Heimat/Herkunft: Europa, Westasien, Nordafrika, Nordamerika.
Persönlichkeit: Herrschaftsform, Geltungsform.
Stofflichkeit: Wollig, filzig.
Ausstrahlung: Wärme, matt.
Wuchsform: Staude, Wasserpflanze mit straff aufrechtem Wuchs. Die schwertförmigen Blätter sind 2 cm breit. Endständig etwa 20 cm lange, schwarzbraune Kolben.
Pflanzenhöhe: 200 cm.
Blütenfarbe: Schwarzbraun.
Natürliche Blütezeit: Juli bis August.
Zeitraum des Angebotes: Juli bis August.
Schnittreife: Wenn die Kolben gut ausgebildet sind.
Haltbarkeit: Sehr gut, 20 bis 30 Tage, ohne Wasser, auch für die Trockenbinderei geeignet.
Kühllagerung: Nicht nötig.
Besondere Pflege: Vorsicht, im Wasser blüht der Kolben auf, die Einzelblütchen fallen auseinander.
Verwendung: Als aufstrebende Form.
Besonderheiten: Typha angustifolia ist ähnlich, besitzt aber einen schlanken, braunen Kolben.

△ 410 Typha latifolia
▽ 411 Ammi majus

Ammi majus ⊙ Ⓝ

Synonym: –.
Familie: Umbelliferae.
Handelsname: Knorpelmöhre, Ammi.
Heimat/Herkunft: Mittelmeerregion, Iran, Abessinien.
Persönlichkeit: Geltungsform.
Stofflichkeit: Wollig, rustikal, auch porzellanähnlich.
Ausstrahlung: Stumpf, rauh, matt.
Wuchsform: Einjährig. Krautig aufrecht, locker verzweigt mit doppelt gefiederten Blättern. Endständig bilden sich Doppeldolden mit zahlreichen Einzelblütchen.
Pflanzenhöhe: 80 cm.
Blütenfarbe: Weiss.
Natürliche Blütezeit: Juli bis Oktober.
Zeitraum des Angebotes: Januar bis Dezember.
Schnittreife: Wenn über 30 % der Blüten der unteren Doppeldolden aufgeblüht sind.
Haltbarkeit: 10 bis 12 Tage.
Kühllagerung: Möglich.
Besondere Pflege: Bewusst einen Teil der Verdunstungsflächen entfernen.
Verwendung: Allgemeine Bindereien. Vorsicht, wenn die Blütenstände zu gross sind, können sie eine Arbeit zu stark dominieren!
Besonderheiten: Genügend Wasserversorgung ist wichtig! Seitentriebe eignen sich vorzüglich für kleine, feine Bindereien. Auch gefärbt lieferbar.

△ 412 Anethum graveolens var. hortorum
▽ 413 Anthriscus cerefolium ssp. cerefolium

Anethum graveolens var. hortorum ⊙ D Ⓝ

Synonym: –.
Familie: Umbelliferae.
Handelsname: Dill.
Heimat/Herkunft: Nur in der Kultur bekannt.
Persönlichkeit: Geltungsform.
Stofflichkeit: Rustikal, wollig.
Ausstrahlung: Wärme.
Wuchsform: Krautig aufrecht mit verästelten Trieben und stark gefiederten Blättern. Die grossen Doppeldolden wirken sehr dekorativ.
Pflanzenhöhe: 40 bis 60 cm.
Blütenfarbe: Gelb.
Natürliche Blütezeit: Im Freien je nach Aussaatzeit Juli bis Oktober.
Zeitraum des Angebotes: Durch das ganze Jahr.
Schnittreife: Wenn zirka 30 % der Blütchen geöffnet sind.
Haltbarkeit: 10 bis 14 Tage.
Kühllagerung: Möglich.
Besondere Pflege: Verdunstungsflächen (Blätter) und weiche Seitentriebe entfernen.
Verwendung: Allgemeine bis spezielle Bindereien als Haupt- oder Begleitelement.
Besonderheiten: Angenehmer Dillduft.

Anthriscus cerefolium ssp. cerefolium ⊙ Ⓝ

Synonym: A. cerefolium var. sativus.
Familie: Umbelliferae.
Handelsname: Gartenkerbel.
Heimat/Herkunft: Nur in der Kultur bekannt.
Persönlichkeit: Geltungsform.
Stofflichkeit: Wollig, rustikal, porzellanähnlich.
Ausstrahlung: Stumpf, matt.
Wuchsform: Krautig aufrecht, locker verzweigt mit doppelt gefiederten Blättern. Die Blütenstände sind doppeldoldig und sehr dekorativ.
Pflanzenhöhe: 70 bis 100 cm.
Blütenfarbe: Weiss.
Natürliche Blütezeit: Juni bis Oktober.
Zeitraum des Angebotes: Ganzes Jahr hindurch.
Schnittreife: Die Blüten müssen geöffnet sein.
Haltbarkeit: 10 bis 12 Tage.
Kühllagerung: Möglich.
Besondere Pflege: Möglichst viele Verdunstungsflächen sowie schwache Seitentriebe entfernen.
Verwendung: Allgemeine Bindereien. Vorsicht, zu viele eingestreute Anthriscus können eine Arbeit zu stark dominieren, vor allem bei grossen Dolden!
Besonderheiten: Anthriscus werden auch gefärbt angeliefert.

Astrantia major ♃ ✂

Synonym: A. helleborifolia, A. heterophylla.
Familie: Umbelliferae.
Handelsname: Sterndolde.
Heimat/Herkunft: Kaukasus, Kleinasien.
Persönlichkeit: Je nach Verwendung Geltungsform oder Gesellschaftsform.
Stofflichkeit: Wollig, samtig bis rustikal.
Ausstrahlung: Stumpf, matt, flauschig.
Wuchsform: Staude mit aufrechtem, locker verzweigtem Wuchs und handförmig geteiltem Blatt. Endständig entwickeln sich in lockerer verzweigter Anordnung halbkugelige Blütenköpfchen.
Pflanzenhöhe: 60 bis 70 cm.
Blütenfarbe: Weiss, Rot mit genervten seitlichen Hochblättern.
Natürliche Blütezeit: Juni bis August.
Zeitraum des Angebotes: Mai bis September.
Schnittreife: Wenn die ersten Blütenköpfchen geöffnet sind.
Haltbarkeit: 7 bis 10 Tage.
Kühllagerung: Möglich.
Besondere Pflege: Einen grossen Teil der Verdunstungsflächen entfernen.
Verwendung: Allgemeine bis spezielle Bindereien, vor allem Sträusse.
Besonderheiten: Es ist wichtig, dass eine genügende Schnittreife beachtet wird.

△ 414 Astrantia major
▽ 415 Didiscus caeruleus

Didiscus caeruleus ⊙ ⌂

Synonym: Trachymene caerulea, Huegelia caerulea.
Familie: Umbelliferae.
Handelsname: Blaudolde, Blaues Wölklein.
Heimat/Herkunft: Westaustralien.
Persönlichkeit: Geltungsform.
Stofflichkeit: Wollig, samtig.
Ausstrahlung: Matt, weich, Wärme.
Wuchsform: Einjährig, straff aufrecht verzweigt mit abstehenden Zweigen. Die fingerförmig geteilten Blätter stehen wechselständig. Endständig sitzen die zahlreichen Blütchen an Doppeldolden.
Pflanzenhöhe: 50 bis 60 cm.
Blütenfarbe: Hellblau bis pastellfarbig.
Natürliche Blütezeit: Juli bis September.
Zeitraum des Angebotes: Ab Mai bis Oktober.
Schnittreife: Wenn etwa 50 % der Blütchen geöffnet sind.
Haltbarkeit: 8 bis 12 Tage.
Kühllagerung: Nicht empfehlenswert.
Besondere Pflege: Didiscus benötigen eine gewisse Erholungsphase nach der Anlieferung.
Verwendung: Feine, duftige Bindereien.
Besonderheiten: Auch als Zierpflanze gut geeignet.

△ 416 Eryngium alpinum
▽ 417 Eryngium planum

Eryngium alpinum ♃ ✂

Synonym: –.
Familie: Umbelliferae.
Handelsname: Alpendistel.
Heimat/Herkunft: Jura, Alpen, Jugoslawien.
Persönlichkeit: Geltungsform.
Stofflichkeit: Metallisch.
Ausstrahlung: Kälte, Frische.
Wuchsform: Staude mit straff aufrechtem Wuchs und grossen, fiederschnittigen Blättern. Endständig tragen die verzweigten Blütentriebe zylindrische Blütenköpfe und einen Kranz feingesägter Hochblätter.
Pflanzenhöhe: 60 cm.
Blütenfarbe: Helles Silbergrau bis tiefes Stahlblau.
Natürliche Blütezeit: Juli bis August.
Zeitraum des Angebotes: Juni bis August.
Schnittreife: Wenn pro Blütenstiel die ersten Blütenköpfe voll geöffnet und die Triebe genügend erstarkt sind.
Haltbarkeit: 12 bis 15 Tage.
Kühllagerung: Nicht nötig.
Besondere Pflege: Ein guter Anschnitt ist wichtig, der verholzte untere Teil ist wegzuschneiden! Schwache Seitentriebe sind zu entfernen.
Verwendung: Spezielle bis allgemeine Bindereien.
Besonderheiten: Auch in der Trockenbinderei verwendbar.

Eryngium planum ♃ ✂

Synonym: –.
Familie: Umbelliferae.
Handelsname: Edeldistel.
Heimat/Herkunft: Mitteleuropa bis Zentralasien.
Persönlichkeit: Herrschaftsform, Geltungsform.
Stofflichkeit: Metallisch, matt.
Ausstrahlung: Kälte, Härte.
Wuchsform: Staude, horstbildend, aufrecht mit lockerer Verzweigung. Die unteren Blätter sind eiförmig, ungeteilt, im oberen Bereich sind sie 3- bis 5spaltig und dornig gezähnt. Die eiförmigen Blütenköpfe stehen endständig locker verteilt.
Pflanzenhöhe: 80 cm.
Blütenfarbe: Blau, Weiss.
Natürliche Blütezeit: Juli bis September.
Zeitraum des Angebotes: Mai bis September.
Schnittreife: Wenn sich die ersten Blüten etwas geöffnet haben. Für die Trockenbinderei müssen alle Blüten offen sein!
Haltbarkeit: 12 bis 16 Tage.
Kühllagerung: Möglich.
Besondere Pflege: Die weichen Seitentriebe sind zu entfernen.
Verwendung: Als Haupt- oder Begleitelement in der Gestaltung.
Besonderheiten: Auch für die Trockenbinderei gut geeignet.

Centranthus ruber ♃

Synonym: –.
Familie: Valerianaceae.
Handelsname: Spornblume.
Heimat/Herkunft: Mittelmeerregion, Portugal.
Persönlichkeit: Herrschaftsform bis Geltungsform.
Stofflichkeit: Rustikal.
Ausstrahlung: Wärme, lieblich.
Wuchsform: Staude mit dicken Pfahlwurzeln und straff aufstrebendem Wuchs. Die gegenständigen Blätter sind breitlanzettlich. Die langgestreckten Blütenrispen sind im unteren Bereich ebenfalls gegenständig ausgebildet.
Pflanzenhöhe: 70 cm.
Blütenfarbe: Rot, Weiss.
Natürliche Blütezeit: Mai bis Juli mit geringerer Nachblüte bis Oktober.
Zeitraum des Angebotes: Mai bis September.
Schnittreife: Wenn die ersten Blüten einer Rispe aufgeblüht und die Stiele fest sind.
Haltbarkeit: 8 bis 12 Tage.
Kühllagerung: Möglich.
Besondere Pflege: Verdunstungsflächen soweit möglich reduzieren.
Verwendung: Leit- oder Begleitelement.
Besonderheiten: –.

Verbena bonariensis ⊙–♃

Synonym: –.
Familie: Verbenaceae.
Handelsname: Hohe Verbene.
Heimat/Herkunft: Argentinien, Südbrasilien.
Persönlichkeit: Geltungsform.
Stofflichkeit: Rustikal, wollig.
Ausstrahlung: Wärme, rauh.
Wuchsform: Krautig, straff aufrecht, locker verzweigt mit schmallanzettlichen Blättern. Die Blüten stehen in endständigen Trugdolden.
Pflanzenhöhe: 100 bis 120 cm.
Blütenfarbe: Blauviolett.
Natürliche Blütezeit: Juli bis Oktober.
Zeitraum des Angebotes: Juli bis Oktober.
Schnittreife: Wenn die äusseren Trugdolden gut aufgeblüht und die Triebe genügend stark sind.
Haltbarkeit: 8 bis 14 Tage.
Kühllagerung: Nicht nötig.
Besondere Pflege: –.
Verwendung: Für verschiedene Sommerbindereien als Begleitmotiv.
Besonderheiten: Einzelne Blütenblätter fallen früh ab.

△ 418 Centranthus ruber
▽ 419 Verbena bonariensis

△ 420 Viola odorata
▽ 421 Alpinia purpurata

Viola odorata ♃ D ✂ ⌂

Synonym: –.
Familie: Violaceae.
Handelsname: Duftveilchen.
Heimat/Herkunft: Westeuropa, Mittelmeerländer.
Persönlichkeit: Gesellschaftsform.
Stofflichkeit: Seidig, glasig.
Ausstrahlung: Duftig, glänzend, edel.
Wuchsform: Staude mit flacher Ausbreitung, grundständig, mit runden bis herzförmigen Blättern. Die einzelnen duftenden Blüten erscheinen aus den Blattachseln.
Pflanzenhöhe: 15 cm.
Blütenfarbe: Blauviolett.
Natürliche Blütezeit: März bis April, vereinzelt im September.
Zeitraum des Angebotes: Februar bis April.
Schnittreife: Wenn die Blüten voll aufgeblüht sind.
Haltbarkeit: 1 bis 3 Tage.
Kühllagerung: Möglich.
Besondere Pflege: Über die Nacht mit Vorteil ins Wasser legen.
Verwendung: Brautbinderei, liebliche kleine Sträusschen usw.
Besonderheiten: Infolge der weichen Stiele nicht gut zum Stecken in Steckmasse geeignet.

Alpinia purpurata ♃–♄ ✂ ⌂

Synonym: –.
Familie: Zingiberaceae.
Handelsname: Scharlachrote Alpinie, Red Ginger.
Heimat/Herkunft: Malaya.
Persönlichkeit: Herrschaftsform.
Stofflichkeit: Ledrig, porzellanähnlich.
Ausstrahlung: Stolzheit, Frische.
Wuchsform: Tropische Staude mit knolligen Rhizomen und aufstrebenden Trieben, die lanzettliche Blätter tragen. Aus der Sprossspitze erscheinen die leuchtendroten, ährenförmigen Blütenstände, die leicht abgeneigt sind.
Pflanzenhöhe: 150 bis 200 cm.
Blütenfarbe: Hochblätter leuchtendrot, aus ihren Achseln entspringen reinweisse, eher unscheinbare Blüten.
Natürliche Blütezeit: Durch das ganze Jahr.
Zeitraum des Angebotes: Durch das ganze Jahr.
Schnittreife: Wenn der Blütenstand locker ausgebildet ist.
Haltbarkeit: 15 bis 20 Tage.
Kühllagerung: Nicht nötig.
Besondere Pflege: –.
Verwendung: Hauptelement, Begleitelement.
Besonderheiten: Die Blüten sind empfindlich beim Transport.

Alpinia zerumbet ♃ ✂ (W)

Synonym: A. speciosa, A. nutans.
Familie: Zingiberaceae.
Handelsname: Nickende Alpinie.
Heimat/Herkunft: China, Südjapan.
Persönlichkeit: Herrschaftsform.
Stofflichkeit: Ledrig, porzellanähnlich.
Ausstrahlung: Frische.
Wuchsform: Subtropische Staude. Am kräftigen Spross entwickeln sich breitlanzettliche grosse Blätter. Aus der Triebspitze erscheint ein bis 30 cm langer, überhängender, traubiger bis ähriger Blütenstand. Die einzelnen Blüten sind glockig hängend.
Pflanzenhöhe: 3 m.
Blütenfarben: Gross ausgebildete Kelchblätter und die Blütenblätter sind weiss. Aus den Staubblättern hat sich eine gelbe Lippe entwickelt.
Natürliche Blütezeit: April bis Juni.
Zeitraum des Angebotes: April bis Juni.
Schnittreife: 50 % des Blütenstandes müssen geöffnet sein.
Haltbarkeit: 15 bis 20 Tage.
Kühllagerung: Nicht nötig.
Besondere Pflege: –.
Verwendung: Als Haupt- oder Leitelement.
Besonderheiten: Vorsicht, die Blüten sind empfindlich, Druckschäden vermeiden!

△ 422 Alpinia zerumbet
▽ 423 Hedychium gardnerianum

Hedychium gardnerianum ♃ D (K) – (W)

Synonym: –.
Familie: Zingiberaceae.
Handelsname: Schmetterlingsblume.
Heimat/Herkunft: Osthimalaja, Nepal, Sikkim (Indien).
Persönlichkeit: Herrschaftsform, Edelform.
Stofflichkeit: Ledrig.
Ausstrahlung: Herrschaftlich, edel.
Wuchsform: Kräftige Staude mit knolligem Wurzelstock, starken aufstrebenden Trieben mit breitlanzettlichen, grünen Blättern, die bis 45 cm lang werden können. Endständig bilden sich aufrechtstehende, kräftige Blütenähren.
Pflanzenhöhe: 1 bis 2 m.
Blütenfarben: Goldgelb mit lang herausragenden roten Staubblättern.
Natürliche Blütezeit: August bis September.
Zeitraum des Angebotes: August bis September.
Schnittreife: Die Blütenstände müssen gut aufgeblüht sein und eine gewisse Reife aufweisen.
Haltbarkeit: Gut.
Kühllagerung: Nein.
Besondere Pflege: –.
Verwendung: Spezielle Floristik.
Besonderheiten: Der Blütenstand kann auch ohne Blüten verarbeitet werden.

△ 424 Nicolaia elatior
▽ 425 Zingiber spectabile

Nicolaia elatior ♃ ✂ ⌂

Synonym: Phaeomeria magnifica.
Familie: Zingiberaceae.
Handelsname: Porzellanrose.
Heimat/Herkunft: Celebes, Java.
Persönlichkeit: Herrschaftsform.
Stofflichkeit: Porzellanähnlich.
Ausstrahlung: Wachsig, glitschig, glatt.
Wuchsform: Grundständige Pflanze mit aufstrebenden steifen Blattstielen. Die grossen Blätter sind elliptisch und dunkelgrün. Aus der letzten Blattscheide entwickelt sich ein fleischiger, dikker Blütenstand, der einer Rose gleicht.
Pflanzenhöhe: 1 bis 2 m.
Blütenfarbe: Rosa, Lachs, Beige, Rot.
Natürliche Blütezeit: Juli bis August.
Zeitraum des Angebotes: Februar bis Oktober.
Schnittreife: Die Blütenfarbe muss ausgeprägt entwickelt sein.
Haltbarkeit: 10 bis 21 Tage.
Kühllagerung: Möglich.
Besondere Pflege: Die Blüten müssen teils von Hand geöffnet werden.
Verwendung: Spezielle Bindereien als Hauptmotiv.
Besonderheiten: Nicolaia werden in der Regel ohne Blätter (abgeschnitten) angeliefert.

Zingiber spectabile ♃ D Ⓝ

Synonym: –.
Familie: Zingiberaceae.
Handelsname: Gelber Ingwer.
Heimat/Herkunft: Malaya.
Persönlichkeit: Herrschaftsform, Geltungsform.
Stofflichkeit: Rustikal, ledrig.
Ausstrahlung: Glanz, Stärke.
Wuchsform: Tropische Staude mit kräftig aufwärtsstrebenden Trieben und breitlanzettlichen grossen Blättern. Die eigenartigen koniferenzapfenähnlichen Blütenstände sind dachziegelartig aufgebaut.
Pflanzenhöhe: Bis 2 m.
Blütenfarbe: Die Hochblätter sind gelb, aus ihnen erscheinen gelblichweisse Blüten.
Natürliche Blütezeit: August bis September.
Zeitraum des Angebotes: April bis September.
Schnittreife: Wenn die Blütenstände gut ausgebildet sind und die Blüten noch nicht hervortreten.
Haltbarkeit: 15 bis 20 Tage.
Kühllagerung: Nicht nötig.
Besondere Pflege: –.
Verwendung: Haupt- oder Begleitelement.
Besonderheiten: Vorsicht, die Blüten sind druckempfindlich.

Schnittgrün

Grün ist die neutrale, natürliche, beruhigende und verbindende Farbe.
In unseren Gestaltungen findet das Schnittgrün immer eine grosse Bedeutung. Betrachten wir es nicht nur als:

- Füllmaterial
- als Beigabe
- als notwendiges «Material»
- als teures «unnötiges Material»,

sondern vielmehr als einen *gestalterisch hochwertigen Werkstoff.*

Das Angebot ist sehr umfangreich und beinhaltet interessantes und haltbares sowie auch ausdruckvolles Schnittgrün. Es liegt nun an uns, zu den jeweiligen Gestaltungen mit Schnittblumen auch immer das zustimmende Schnittgrün zu wählen:
Schnittgrün beeinflusst in der floristischen Arbeit technische und gestalterische Punkte:

- Verzweigtes und buschiges Schnittgrün wird oft für den Halt und die Festigkeit in der Basis eingesetzt, vor allem in der Straussbinderei.
- Schnittgrün verfeinert und präzisiert die Aussage einer Gestaltung.
- Blätter dienen oft als Abschluss einer Arbeit oder aber auch als Hauptelement.
- Schnittgrün kann auch ohne weiteres Ausgangspunkt einer floristischen Gestaltung sein (z. B. ein Philodendronblatt).

Die Plazierung, der Linienverlauf, der Bewegungsablauf und allgemein das gestalterische Einsetzen eines Schnittgrüns kann recht herausfordernd sein.

- Beobachten wir den gewählten Werkstoff:
- Suchen wir Möglichkeiten, Schnittgrün gestalterisch einzusetzen:
- Setzen wir unsere Idee mit einer richtigen und sauberen Technik in der Gestaltung um!

Acer palmatum 'Atropurpureum'

ħ–ħ

Synonym: A. polymorphum.
Familie: Aceraceae.
Handelsname: Rotblättriger Fächerahorn, Japanischer Ahorn.
Heimat/Herkunft: Japan, China, Korea.
Charakter: Geltungsform.
Stofflichkeit: Rustikal.
Bewegung: Spielend.
Wuchsform: Strauch mit breiter, lockerer Krone und prächtiger Herbstfärbung ins Dunkelrote.
Pflanzenhöhe: 3 bis 5 Meter.
Blattform und Grösse: Mit 5 bis 11 spitzen Lappen. Ø 5 bis 8 cm.
Zeitraum des Angebotes: Natürliche Rotfärbung ab August bis September.
Schnittreife: Die Zweige müssen ausgereift sein. Im Spätherbst vor dem natürlichen Blattfall.
Haltbarkeit: Bis 14 Tage.
Kühllagerung: Nicht nötig.
Besondere Pflege: Ein guter Anschnitt der verholzten Triebe ist notwendig.
Verwendung: Spätsommer- bis Herbstbindereien.
Besonderheiten: Ein bewusstes Ausschneiden oder Auslichten der dicht verzweigten Triebe gibt der Gestaltung mehr Spannung.

▽ 426 Acer palmatum 'Atropurpureum'

△ 427 Sansevieria trifasciata 'Laurentii'
▽ 428 Cotinus coggygria

Sansevieria trifasciata 'Laurentii' ♃ Ⓦ Ⓝ

Synonym: S. guineensis, S. laurentii, S. trifasciata var. laurentii.
Familie: Agavaceae.
Handelsname: Bogenhanf, Schwiegermutterzunge.
Heimat/Herkunft: Tropisches Westafrika.
Charakter: Herrschaftsform.
Stofflichkeit: Ledrig, fleischig.
Bewegung: Aktiv, aufstrebend.
Wuchsform: Im Boden dicke Rhizome, aus denen dickledrige Blätter aufsteigen. Aus den Triebspitzen entwickeln sich grünweisse Blütentrauben.
Pflanzenhöhe: 60 bis 150 cm.
Blattform und Grösse: Lanzettlich bis schwertförmig, dickledrig, hell- und dunkelgrüne Querbänder und gelbe Seitenstreifen. Bis 150 cm lang und 8 cm breit.
Zeitraum des Angebotes: Durch das ganze Jahr.
Schnittreife: Mit Ausnahme der jungen Blätter alle Alterstufen.
Haltbarkeit: Bis 30 Tage.
Kühllagerung: Nicht nötig.
Besondere Pflege: –.
Verwendung: Für verschiedene Bindereien als Hauptelement.
Besonderheiten: Die Blätter können auch ohne Wasser eingesetzt werden. Sie werden dann sehr biegsam und eignen sich speziell für konstruierte Formen.

Cotinus coggygria ♄ ✿ ⚘ Ⓝ

Synonym: Rhus cotinus.
Familie: Anacardiaceae.
Handelsname: Perückenstrauch.
Heimat/Herkunft: Süd- bis Mitteleuropa, Ukraine, China, Himalaja.
Charakter: Prunkform.
Stofflichkeit: Rustikal, wollig.
Bewegung: Lagernd.
Wuchsform: Strauch mit breitbuschigem Wuchs und endständig 5 bis 6 cm langen, perückenartigen feinen Rispen. Das dunkelgrüne Laub verfärbt sich im Herbst orange bis rot.
Pflanzenhöhe: 2 bis 3 m.
Blattform und Grösse: Kreisrund 5 bis 8 cm Ø.
Zeitraum des Angebotes: August bis Oktober.
Schnittreife: Wenn die Blätter gut entwickelt und dunkel gefärbt sind sowie mit Herbstfärbung.
Haltbarkeit: 5 bis 15 Tage.
Kühllagerung: Nicht nötig.
Besondere Pflege: Untere Blätter bewusst entfernen, sie welken dann weniger rasch.
Verwendung: Spezielle bis allgemeine Bindereien.
Besonderheiten: Verwendung: Blätter und flaumige Rispen.

Epipremnum pinnatum

Synonym: E. mirabile, E. aureum, Pothos aureus, Raphidophora aurea, Scindspsus aureus.
Familie: Araceae.
Handelsname: Efeutute.
Heimat/Herkunft: Pazifische Inseln.
Charakter: Ranke: Verbindende Persönlichkeit, Blatt: Geltungsform.
Stofflichkeit: Ledrig.
Bewegung: Pflanze hängend, Blätter ausschwingend.
Wuchsform: Kletter- bis Hängepflanze mit fingerdicken, unverzweigten Trieben. Die unsymmetrischen, langherzförmigen Blätter sind in der Jugendform klein und ganzflächig, in der Altersform bis 40 cm lang und eingeschnitten.
Pflanzenhöhe: Im Alter mehrere Meter lang.
Blattform und Grösse: Mittlere Grösse Ø 20 cm lang und 15 cm breit.
Zeitraum des Angebotes: Durch das ganze Jahr.
Schnittreife: Die Blätter müssen gut ausgewachsen und ausgefärbt sein.
Haltbarkeit: Bis 20 Tage.
Kühllagerung: Möglich.
Besondere Pflege: Ein guter Anschnitt der Blattstiele verlängert die Lebensdauer.
Verwendung: Allgemein als grüner Abschluss oder als Verbindungselement.
Besonderheiten: Ideal sind längere Pflanzen, die zum Schneiden eingekauft werden.

△ 429 Epipremnum pinnatum
▽ 430 Monstera deliciosa

Monstera deliciosa

Synonym: Philodendron pertusum.
Familie: Araceae.
Handelsname: Grosses Fensterblatt, Monstera.
Heimat/Herkunft: Mexiko.
Charakter: Herrschaftsform.
Stofflichkeit: Ledrig.
Bewegung: Ausschwingend.
Wuchsform: Der Stamm wird bis armdick und weist sehr kurze Internodien auf. Bleistiftdicke Luftwurzeln. An langen Blattstielen entwickeln sich riesige, dunkelgrün glänzende Blattflächen.
Pflanzenhöhe: Im Alter 2 bis 3 m hoch.
Blattform und Grösse: 40 bis 100 cm Ø, eingeschnitten oval und stark durchlöchert. Dekorativ.
Zeitraum des Angebotes: Durch das ganze Jahr.
Schnittreife: Die grossen Blätter müssen gut ausgereift und dunkelgrün gefärbt sein.
Haltbarkeit: 5 bis 21 Tage.
Kühllagerung: Möglich.
Besondere Pflege: Ein guter Anschnitt der Blattstiele ist nötig.
Verwendung: Für spezielle floristische Arbeiten.
Besonderheiten: Das richtige Einsetzen verlangt gutes floristisches Gespür.

△ 431 Monstera deliciosa 'Borsigiana'
▽ 432 Philodendron bipinnatifidum

Monstera deliciosa 'Borsigiana'

Synonym: Philodendron pertusum. M. deliciosa var. borsigiana.
Familie: Araceae.
Handelsname: Kleines Fensterblatt.
Heimat/Herkunft: Mexiko.
Charakter: Herrschaftsform, Geltungsform je nach Grösse.
Stofflichkeit: Ledrig.
Bewegung: Ausschwingend, lagernd, je nach Einsatz.
Wuchsform: Kletterpflanze mit langen Luftwurzeln und wechselständig angeordneten, runden bis ovalen, dunkelgrün glänzenden Blättern.
Pflanzenhöhe: Im Alter 3 bis 5 m.
Blattform und Grösse: Oval bis elliptisch in der Grundform mit tiefen Einschnitten und runden Löchern. Ø 20 bis 30 cm.
Zeitraum des Angebotes: Durch das ganze Jahr.
Schnittreife: Das Blatt muss eine genügene Reife besitzen und gut abgehärtet sein.
Haltbarkeit: 5 bis 21 Tage.
Kühllagerung: Möglich.
Besondere Pflege: Ein guter Anschnitt.
Verwendung: Speziell für grosse Bindereien.
Besonderheiten: Dank der unterschiedlichen Blattgrössen sind für den Floristen viele Möglichkeiten in der Gestaltung offen.

Philodendron bipinnatifidum

Synonym: P. selloum.
Familie: Araceae.
Handelsname: Baumfreund.
Heimat/Herkunft: Südbrasilien.
Charakter: Herrschaftsform.
Stofflichkeit: Ledrig, glänzend.
Bewegung: Ausschwingend.
Wuchsform: Aus einem kurzen Grundstamm entwickeln sich an langausladenen Blattstielen grosse, dunkelgrüne Blätter mit mattem Glanz.
Pflanzenhöhe: Im Alter bis 150 cm hoch und bis 200 cm breit
Blattform und Grösse: Langherzförmig mit tiefen Einschnitten. Ø 30 bis 80 cm.
Zeitraum des Angebotes: Durch das ganze Jahr.
Schnittreife: Nur voll ausgewachsene, dunkelgrüne Blätter verwenden.
Haltbarkeit: 5 bis 12 Tage.
Kühllagerung: Möglich.
Besondere Pflege: Ein guter Anschnitt der Blattstiele ist nötig.
Verwendung: Speziell für grosse Bindereien, z. B. für Raumschmuck. Die Blätter können als Hauptelement eingesetzt werden.
Besonderheiten: Wie bei Monstera.

Syngonium podophyllum ♄ ⇕ (W)

Synonym: –.
Familie: Araceae.
Handelsname: Purpurtüte.
Heimat/Herkunft: Mexiko, Zentralamerika.
Charakter: Geltungsform.
Stofflichkeit: Ledrig.
Bewegung: Ausschwingend.
Wuchsform: Hänge- bis Kletterpflanze mit ausgeprägt pfeilförmigen Blättern. Je nach Sorte gelbe bis weisse Blattzeichnungen.
Pflanzenhöhe: 60 bis 100 cm und mehr.
Blattform und Grösse: Pfeilförmig, grün mit hellen Hauptadern und schöner Blattzeichnung, 15 bis 20 cm lang und 10 bis 12 cm breit.
Zeitraum des Angebotes: Durch das ganze Jahr.
Schnittreife: Nur untere, gut ausgereifte Blätter mit schöner Zeichnung verwenden.
Haltbarkeit: 5 bis 8 Tage.
Kühllagerung: Nicht nötig.
Besondere Pflege: Ein guter Anschnitt der Blattstiele ist notwendig.
Verwendung: Allgemeine Bindereien, auch als Abschlussgrün.
Besonderheiten: Syngoniumblätter eignen sich schlecht zum Stecken in die Steckmasse. Die Blätter fallen rasch zusammen.

△ 433 Syngonium podophyllum
▽ 434 Fatsia japonica

Fatsia japonica ♄ (K)

Synonym: Aralia japonica, A. sieboldii.
Familie: Araliaceae.
Handelsname: Zimmeraralie.
Heimat/Herkunft: Japan, Südkorea, Riukiu-Inseln.
Charakter: Geltungsform, Prunkform.
Stofflichkeit: Ledrig.
Bewegung: Ausschwingend.
Wuchsform: Starkwachsender Strauch mir kräftigem Stammtrieb, meist unverzweigt. Die grossen Blätter sind dunkelgrün glänzend und im Alter ledrig. Die weissen Blütenstände in Dolden erscheinen erst im Alter.
Pflanzenhöhe: 2 bis 5 m.
Blattform und Grösse: In der Form rundlich, jedoch stark eingebuchtet mit 7 bis 9 Lappen.
Zeitraum des Angebotes: Durch das ganze Jahr.
Schnittreife: Das Blatt muss dunkelgrün ausgefärbt sein und eine feste Stabilität aufweisen.
Haltbarkeit: 5 bis 10 Tage.
Kühllagerung: Möglich, auch einige Tage ohne Wasser bei hoher Luftfeuchtigkeit.
Besondere Pflege: Ein guter Anschnitt der Blattstiele ist nötig.
Verwendung: Allgemeine Bindereien, geeignet als Abschlussgrün oder in speziellen Arbeiten.
Besonderheiten: Die Schnittreife unbedingt beachten.

△ 435 Hedera colchica, rechts oben H. helix
▽ 436 Hedera helix ssp. canariensis

Hedera colchica ♄ ⇞

Synonym: –.
Familie: Araliaceae.
Handelsname: Kaukasischer Efeu.
Heimat/Herkunft: Kaukasus, Nordanatolien, in Frankreich eingebürgert.
Charakter: Geltungsform.
Stofflichkeit: Ledrig.
Bewegung: Brüchig bis buschig.
Wuchsform: Immergrüne Kriech- und Kletterpflanze, winterhart. Die grossen, wechselständigen Blätter sind dunkelgrün.
Pflanzenhöhe: Kriechend bis 30 cm, kletternd bis 10 Meter.
Blattform und Grösse: Gross, 10 bis 15 cm Durchmesser, breitoval und im Gegensatz zu anderen Hedera-Arten ohne Lappen. Sie sitzen an langen, rötlichen Stielen.
Zeitraum des Angebotes: Durch das ganze Jahr.
Schnittreife: Die Blätter müssen gut ausgereift und ausgefärbt sein, auch sollten sie keine Beschädigungen aufweisen.
Haltbarkeit: Sehr gut.
Kühllagerung: Ja, auch ohne Wasser.
Besondere Pflege: –.
Verwendung: Allgemeine Binderei.
Besonderheiten: –.

Hedera helix ssp. canariensis ♄ ⇞ K

Synonym: H.canariensis, H. algeriensis.
Familie: Araliaceae.
Handelsname: Kanarischer Efeu.
Heimat/Herkunft: Kanarische Inseln, Azoren, Portugal, Nordwestafrika.
Charakter: Geltungsform, verbindendes Element.
Stofflichkeit: Ledrig.
Bewegung: Spielend, brüchig, je nach Alter.
Wuchsform: Kletterpflanze mit rötlichen Trieben und grossen, wechselständigen Blättern. Grüne und panaschierte Sorten. Bild: 'Gloir de Marengo'.
Pflanzenhöhe: Bis 2 Meter.
Blattform und Grösse: Je nach Sorte und Standort 5 bis 12 cm gross. Herz- bis pfeilförmig mit leichter Lappenbildung.
Zeitraum des Angebotes: Durch das ganze Jahr.
Schnittreife: Die Blätter müssen gut ausgereift sein.
Haltbarkeit: Sehr gut.
Kühllagerung: Ja, auch ohne Wasser möglich.
Besondere Pflege: –.
Verwendung: Für allgemeine und spezielle Binderei und Dekorationen.
Besonderheiten: Einzelne Blätter können zum «Römern» von verschiedenen Formen verwendet werden.

Hedera helix ssp. helix ♄ ⇕ ⇝ ⚘

Synonym: –.
Familie: Araliaceae.
Handelsname: Gemeiner Efeu.
Heimat/Herkunft: Europa verbreitet.
Charakter: Geltungsform.
Stofflichkeit: Ledrig.
Bewegung: Spielend, hängend, bis brüchig, je nach Alter der Pflanze.
Wuchsform: Je nach Standort hängend, kriechend bis kletternd, mit Haftwurzeln ausgebildet. Die wechselständigen Blätter sind dunkelgrün mit heller Nervenzeichnung. Wir unterscheiden in Jugend- und Altersform. Die Altersform wächst strauchig breitverzweigt und bildet weisse Blüten und doldige Fruchtstände aus..
Pflanzenhöhe: Jugendform 20 bis 30 Meter an Bäumen kletternd. Altersform am Boden bis 2 Meter oder aus der Jugendform sich entwikkelnd.
Blattform und Grösse: In der Jugendform gelappt, 5 bis 8 cm gross. Altersform rautenförmig glänzend, wenig gelappt.
Zeitraum des Angebotes: Durch das ganze Jahr.
Schnittreife: Die Triebe und Blätter müssen gut ausgereift sein.
Haltbarkeit: Sehr gut.
Kühllagerung: Ja, auch ohne Wasser möglich.
Besondere Pflege: Nur gut ausgereifte Blätter verwenden.
Verwendung: Allgemeine und spezielle Binderei.
Besonderheiten: –.

△ 437 Hedera helix ssp. helix
▽ 438 Hedera helix 'Erecta'

Hedera helix 'Erecta' ♄ ⇕ ⚘

Synonym: –.
Familie: Araliaceae.
Handelsname: Aufrechter Efeu.
Heimat/Herkunft: Europa.
Charakter: Geltungsform.
Stofflichkeit: Ledrig.
Bewegung: Aktiv aufstrebend.
Wuchsform: Verholzt, straff aufrechtwachsend, mit sehr kurzen Internodien und verkleinerten, leicht gekrausten Blättern.
Pflanzenhöhe: 50 bis 80 cm.
Blattform und Grösse: Typisch efeublättrig, jedoch etwas verbreitert und leicht gewellt am Rand. Ø 2 bis 3 cm.
Zeitraum des Angebotes: Durch das ganze Jahr.
Schnittreife: Gut ausgereifte Triebe.
Haltbarkeit: 20 bis 40 Tage.
Kühllagerung: Möglich.
Besondere Pflege: –.
Verwendung: Haupt- oder Begleitelement.
Besonderheiten: Hedera können im Wasser Wurzeln bilden.

△ 439 Hedera helix 'Sagittaelifolia'
▽ 440 Oreopanax nymphaeifolius

Hedera helix 'Sagittaelifolia'

Synonym: –.
Familie: Araliaceae.
Handelsname: Efeu.
Heimat/Herkunft: Europa.
Charakter: Verbindende Persönlichkeiten.
Stofflichkeit: Ledrig, porzellanähnlich.
Bewegung: Hängend, kriechend.
Wuchsform: In der Jugendform verholzend, kriechend, hängend bis kletternd. Wechselständige Blattstellung.
Pflanzenhöhe: Je nach Alter 30 bis 200 cm und mehr.
Blattform und Grösse: Je nach Subvarietät und Sorte unterschiedlich. In der Grundform pfeilförmig. Je nach Sorte 5 bis 10 cm Ø.
Zeitraum des Angebotes: Durch das ganze Jahr.
Schnittreife: Die Triebe und Blätter müssen eine genügende Reife aufweisen und frei von Schädlingen sein (Rote Spinnen, Thripse, Schildläuse, Blattläuse).
Haltbarkeit: 10 bis 15 Tage.
Kühllagerung: Möglich.
Besondere Pflege: –.
Verwendung: Tischdekorationen, Brautsträusse, Sträusse und für weitere floristische Arbeiten, meist als verbindendes Element eingesetzt.
Besonderheiten: Es ist möglich, dass Efeuranken, welche längere Zeit im Wasser stehen, Wurzeln treiben und daher sehr lange haltbar sind.

Oreopanax nymphaeifolius

Synonym: Aralia nymphaeifolia.
Familie: Araliaceae.
Handelsname: Bergaralie, Seerosenblättrige Aralie.
Heimat/Herkunft: Guatemala.
Charakter: Prunkform, Geltungsform.
Stofflichkeit: Ledrig.
Bewegung: Ausschwingend, flächig.
Wuchsform: Immergrüner Strauch mit sparriger Verzweigung. Die Blätter glänzen frischgrün.
Pflanzenhöhe: Je nach Alter 80 bis 150 cm und mehr.
Blattform und Grösse: An langen Stielen zugespitzt eirund bis oval. Länge bis 20 cm, Breite 15 bis 18 cm.
Zeitraum des Angebotes: Durch das ganze Jahr.
Schnittreife: Die Blätter müssen gut ausgereift und dunkelgrün gefärbt sein und eine genügende Festigkeit besitzen.
Haltbarkeit: 10 bis 15 Tage.
Kühllagerung: Möglich.
Besondere Pflege: Ein guter Anschnitt der Blattstiele ist nötig.
Verwendung: Allgemeine bis spezielle Bindereien, meistens als Abschlussgrün.
Besonderheiten: Auch ohne Wasser einige Zeit haltbar.

Asarum europaeum ♃ ⚘

Synonym: –.
Familie: Aristolochiaceae.
Handelsname: Haselwurz.
Heimat/Herkunft: Mittel- bis Nordeuropa.
Charakter: Geltungsform, Gemeinschaftsform.
Stofflichkeit: Ledrig.
Bewegung: Lagernd, Kühle.
Wuchsform: Staude mit kriechendem Wuchs, polsterbildend. Auf dünnen Stielen finden wir glänzendgrüne und leicht ledrige Blätter, immergrün. Die Blüten liegen auf dem Boden und sind unscheinbar.
Pflanzenhöhe: 10 cm.
Blattform und Grösse: Nierenform mit hellerer Nervenzeichnung.
Zeitraum des Angebotes: Durch das ganze Jahr.
Schnittreife: Die Blätter müssen gut ausgereift sein.
Haltbarkeit: Sehr gut.
Kühllagerung: Ja.
Besondere Pflege: –.
Verwendung: Abschluss und als Basisgrün.
Besonderheiten: –.

Asclepias fruticosa ♄ Ⓚ Ⓝ

Synonym: Gomphocarpus fruticosus.
Familie: Asclepiadaceae.
Handelsname: «Ballon-Grün».
Heimat/Herkunft: Südafrika.
Charakter: Geltungsform.
Stofflichkeit: Früchte rustikal, Blätter ledrig.
Bewegung: Aufstrebend, verzweigt.
Wuchsform: –.
Pflanzenhöhe: –.
Blattform und Grösse: –.
Zeitraum des Angebotes: Ab Mai bis September.
Schnittreife: Wenn die Früchte gut ausgereift sind.
Haltbarkeit: 10 bis 14 Tage.
Kühllagerung: Möglich.
Besondere Pflege: Die Schnittstellen sind wegen Milchsaftverlust anzubrennen. Unnötige Blattflächen entfernen.
Verwendung: Spezielle Binderei, evtl. als einzelnes Grün ausschmücken. – Bewusstes Auslichten der Zweige bringt interessante Gestaltungen.
Besonderheiten: Die Absonderung des Milchsaftes wird durch heisses Wasser gestoppt.

△ 441 Asarum europaeum
▽ 442 Asclepias fruticosa

△ 443 Mahonia aquifolium
▽ 444 Mahonia bealei

Mahonia aquifolium ♄

Synonym: Berberis aquifolium.
Familie: Berberidaceae.
Handelsname: Mahonie.
Heimat/Herkunft: Nordamerika.
Charakter: Geltungsform.
Stofflichkeit: Ledrig.
Bewegung: Allseitig, Kühle.
Wuchsform: Strauch mit aufrechtem, verzweigtem Wuchs. Die immergrünen, einfach gefiederten Blätter sind glänzend grün, im Herbst bis Winter oft purpurrot angehaucht. Blütenstände gelb.
Pflanzenhöhe: 1 Meter.
Blattform und Grösse: Das am Rande leicht bedornte Blatt wird bis 25 cm lang.
Zeitraum des Angebotes: August bis April.
Schnittreife: Die Neutriebe müssen gut ausgereift sein.
Haltbarkeit: Gut bis sehr gut.
Kühllagerung: Ja.
Besondere Pflege: –.
Verwendung: Allgemeine bis spezielle Binderei.
Besonderheiten: –.

Mahonia bealei ♄ (K)

Synonym: Berberis japonica var. bealei, B. bealei.
Familie: Berberidaceae.
Handelsname: Schmuckmahonie.
Heimat/Herkunft: China.
Charakter: Geltungsform.
Stofflichkeit: Ledrig.
Bewegung: Allseitig, Kühle.
Wuchsform: Strauch mit dicken und aufrechten Trieben. Die langen, flach abstehenden Blätter sind immergrün und einfach gefiedert. Endständig bilden sich auch lange, gelbe Blütentrauben.
Pflanzenhöhe: 1,5 bis 2,5 Meter.
Blattform und Grösse: Das einzelne Blatt wird 30 bis 40 cm lang. Die Einzelblättchen sind am Rande dornig gezähnt.
Zeitraum des Angebotes: August bis April.
Schnittreife: Die Blätter müssen gut ausgereift sein.
Haltbarkeit: Gut.
Kühllagerung: Ja.
Besondere Pflege: –.
Verwendung: Allgemeine und spezielle Binderei, oft als Abschlussgrün.
Besonderheiten: –.

Carpinus betulus ♄ ♧ Ⓝ

Synonym: –.
Familie: Betulaceae.
Handelsname: Hainbuche, Weissbuche.
Heimat/Herkunft: Europa, Kleinasien, Kaukasus, Nordiran.
Charakter: Herrschaftsform.
Stofflichkeit: Ledrig.
Bewegung: Aufstrebend, Wärme.
Wuchsform: Strauch bis Baum mit aufstrebendem, pyramidalem Wuchs und starker Verzweigung. Herbstfärbung gelb, die Blätter fallen im Laufe des Winters vertrocknet ab.
Pflanzenhöhe: Im Alter 5 bis 20 Meter.
Blattform und Grösse: Das Blatt ist länglich eiförmig, am Rande gesägt und frischgrün, 5 bis 10 cm lang.
Zeitraum des Angebotes: August bis Oktober.
Schnittreife: Die Triebe müssen sehr gut ausgereift sein.
Haltbarkeit: Gut.
Kühllagerung: Ja.
Besondere Pflege: –.
Verwendung: Grössere Dekorationen.
Besonderheiten: –.

Cryptanthus bivittatus ♃

Synonym: –.
Familie: Bromeliaceae.
Handelsname: Längsgestreifter Erdstern.
Heimat/Herkunft: Ostbrasilien, Tropen.
Charakter: Geltungsform.
Stofflichkeit: Rustikal.
Bewegung: Allseitige Ausstrahlung.
Wuchsform: Kleine bis mittlere Rosetten mit flachliegenden, zugespitzten Blättern. Im Zentrum weisse Blüten.
Pflanzenhöhe: 5 bis 10 cm hoch, 15 bis 20 cm breit.
Blattform und Grösse: Breitlanzettlich, derb mattgrün mit graugrünen Längsstreifen, leicht gewellt. 10 cm lang, 2 bis 3 cm breit.
Zeitraum des Angebotes: Durch das ganze Jahr.
Schnittreife: Ganze Pflanzen mit guter Ausfärbung und Reife.
Haltbarkeit: 30 Tage und mehr.
Kühllagerung: Nicht nötig.
Besondere Pflege: –.
Verwendung: Brautbinderei, Tischdekorationen, spezielle Gestecke, Sträusse usw. Der Einsatz von Cryptanthus verlangt viel floristisches Können.
Besonderheiten: Im Wasser und in der Steckmasse können sich junge Adventivpflänzchen bilden.

△ 445 Carpinus betulus
▽ 446 Cryptanthus bivittatus

△ 447 Cryptanthus bivittatus 'Roseus'
▽ 448 Cryptanthus bromelioides

Cryptanthus bivittatus 'Roseus' ♃ (W)

Synonym: –.
Familie: Bromeliaceae.
Handelsname: Rosaroter Erdstern.
Charakter: Geltungsform.
Stofflichkeit: Rustikal.
Bewegung: Allseitige Ausstrahlung.
Wuchsform: Grundständige Rosetten auf kurzen Sprossen. Die Blätter dieser Kulturform sind auffallend farbig gezeichnet. Im Zentrum weisse Blüten.
Pflanzenhöhe: 5 bis 10 cm hoch, 15 bis 20 cm breit.
Blattform und Grösse: Breitlanzettlich bis schwertförmig, dunkelgrün mit breiten rosafarbenen Bändern. Das Blatt ist zudem gewellt. 10 cm lang und 2 bis 3 cm breit.
Zeitraum des Angebotes: Januar bis Dezember.
Schnittreife: Ganze Pflanzen, z. T. mit Wurzeln verwenden.
Haltbarkeit: 30 Tage und mehr.
Kühllagerung: Nicht nötig.
Verwendung: Brautbinderei, Tischdekorationen, spezielle Gestecke, Sträusse usw.
Der Einsatz von Cryptanthus verlangt einiges an floristischem Können.
Besonderes: Im Wasser oder in der Steckmasse bilden sich oft junge Adventivpflänzchen.

Cryptanthus bromelioides ♃ (W)

Synonym: C. acaulis var. bromelioides.
Familie: Bromeliaceae.
Handelsname: Bromelien-Erdstern.
Heimat/Herkunft: Tropen, Brasilien.
Charakter: Geltungsform.
Stofflichkeit: Rustikal.
Bewegung: Allseitige Ausstrahlung.
Wuchsform: Grundständige Rosette mit langgestreckten, leicht gewellten Blättern. Im Zentrum weisse Blüten.
Pflanzenhöhe: 25 bis 40 cm.
Blattform und Grösse: Langlanzettlich bis schwertförmig zugespitzt, derbledrig, bronzegrün mit helleren Längsbändern.
Zeitraum des Angebotes: Durch das ganze Jahr.
Schnittreife: Ganze Pflanzen, wenn sie genügend ausgewachsen und abgehärtet sind.
Haltbarkeit: Bis 30 Tage und länger.
Kühllagerung: Nicht nötig.
Besondere Pflege: Anspruchslos.
Verwendung: Brautbindereien, Tischdekorationen, spezielle Gestecke und Sträusse usw. Der richtige Einsatz von Cryptanthusarten verlangt viel floristisches Können.
Besonderheiten: Im Wasser und in der Steckmasse können sich junge Adventivpflänzchen bilden.

Cryptanthus fosterianus ♃ (W)

Synonym: –.
Familie: Bromeliaceae.
Handelsname: Fosters Erdstern.
Heimat/Herkunft: Nordwestbrasilien, Tropen.
Charakter: Geltungsform.
Stofflichkeit: Rustikal.
Bewegung: Allseitige Ausstrahlung.
Wuchsform: Grundständige grosse und flache Rosetten. Die Blätter sind dickfleischig und leicht gewellt. Weisse Blüten im Zentrum.
Pflanzenhöhe: 15 bis 25 cm.
Blattform und Grösse: Schwertförmig zugespitzt, leicht gewellt und am Rande bedornt. Dunkelgrün mit silbriggrauen Querbändern. Im Zentrum rosa gefärbt.
Zeitraum des Angebotes: Durch das ganze Jahr.
Schnittreife: Ganze Pflanzen bei genügender Abhärtung.
Haltbarkeit: 30 Tage und länger.
Kühllagerung: Nicht nötig.
Besondere Pflege: Anspruchslos.
Verwendung: Brautbinderei, Tischdekorationen, spezielle Gestecke, Sträusse u. a. m. Der Einsatz von Cryptanthus verlangt floristisches Können.
Besonderheiten: Im Wasser und in der Steckmasse können sich junge Pflänzchen bilden.

△ 449 Cryptanthus fosterianus

Cryptanthus zonatus ♃ (W)

Synonym: –.
Familie: Bromeliaceae.
Handelsname: Gebänderter Erdstern.
Heimat/Herkunft: Brasilien, Tropen.
Charakter: Geltungsform.
Stofflichkeit: Rustikal.
Bewegung: Allseitig ausstrahlend.
Wuchsform: Sehr flache und grosse Rosetten mit breitschwertförmigen bis lanzettlichen, gewellten Blättern. Im Zentrum weisse Blüten.
Pflanzenhöhe: 10 bis 15 cm hoch, bis 40 cm breit.
Blattform und Grösse: Relativ breit, zugespitzt, gewellt, dunkelgrün mit intensiv gezeichneten silbriggrauen bis weissen Querbändern. Bis 20 cm lang und 5 cm breit.
Zeitraum des Angebotes: Durch das ganze Jahr.
Schnittreife: Einzelne Blätter oder ganze Pflanzen bei genügender Härte.
Haltbarkeit: 30 Tage und mehr.
Kühllagerung: Nicht nötig.
Besondere Pflege: Anspruchslos.
Verwendung: Brautbinderei, Tischdekorationen, spezielle Gestecke und Sträusse und andere floristische Arbeiten. Der Einsatz von Cryptanthus verlangt einiges an floristischem Können.
Besonderheiten: Im Wasser und in der Steckmasse können sich junge Adventivpflänzchen entwikkeln.

△ ▽ 450 + 451 Cryptanthus zonatus

△ 452 Buxus sempervirens var. sempervirens

△ 452 Buxus sempervirens var. sempervirens 'Marginata'
▽ 453 Buxus sempervirens var. semperv. 'Rotundifolia'

Buxus sempervirens var. sempervirens ♄ – ♄ ✂Ⓝ

Synonym: B. sempervirens var. arborescens.
Familie: Buxaceae.
Handelsname: Buchsbaum.
Heimat/Herkunft: Südliches bis mittleres Europa, Nordafrika, Westafrika.
Charakter: Geltungsform.
Stofflichkeit: Ledrig.
Bewegung: Aufstrebend, verzweigt.
Wuchsform: Strauch bis Baum mit straff aufrechtem Wuchs und dichter Verzweigung mit immergrünen z.T. panaschierten Blättern.
Pflanzenhöhe: Bis 3 m.
Blattform und Grösse: Eirund bis breitoval, 1 bis 2 cm Ø, glänzend und dichtbelaubt.
Zeitraum des Angebotes: Durch das ganze Jahr, mit Ausnahme im Frühjahr.
Schnittreife: Wenn die Triebe nach dem Austrieb eine genügende Festigkeit erreicht haben.
Haltbarkeit: Bis 30 Tage.
Kühllagerung: Möglich, auch einige Tage ohne Wasser.
Besondere Pflege: –.
Verwendung: Trauerbindereien, Girlanden, allgemeine Sommer- und Herbstbindereien.
Besonderheiten: Zum Verarbeiten in der Floristik können die Zweige gut gebrochen statt geschnitten werden.

Buxus sempervirens var. sempervirens 'Rotundifolia' ♄ ✂Ⓝ

Synonym: B. sempervirens var. arborescens.
Familie: Buxaceae.
Handelsname: Rundblättriger Buchs.
Heimat/Herkunft: Südwest- bis Mitteleuropa, Nordafrika, Westasien.
Charakter: Geltungsform.
Stofflichkeit: Ledrig.
Bewegung: Buschig, kompakt.
Wuchsform: Dichtverzweigter Strauch bis Kleinbaum mit betont aufrechtem Wuchs und breiter Krone. Zwischen den dunkelgrün-glänzenden, lederigen Blättern erscheinen im April/Mai gelbgrüne, eher unscheinbare Blütchen.
Pflanzenhöhe: 3 bis 5 m.
Blattform und Grösse: Bei der Sorte 'Rotundifolia' sind die Blätter relativ gross, bis 2 cm lang, oval bis eiförmig.
Zeitraum des Angebotes: August bis April.
Schnittreife: Der Neuaustrieb muss gut ausgereift sein.
Haltbarkeit: Gut.
Kühllagerung: Ja, auch ohne Wasser möglich.
Besondere Pflege: –.
Verwendung: Trauerfloristik, Girlanden, Formbinderei.
Besonderheiten: Angenehmer Duft.

Pachysandra terminalis ♄ ⟿ ⚘

Synonym: –.
Familie: Buxaceae.
Handelsname: Dickanthere, Schattengrün
Heimat/Herkunft: Japan, China.
Charakter: Geltungsform.
Stofflichkeit: Ledrig.
Bewegung: Kühle, Frische.
Wuchsform: Halbstrauch mit starker Rhizombildung, der grosse Flächen bedecken kann. An den oberen Triebenden sind gesägt-lanzettliche, dunkelgrün glänzende und lederige Blätter zu Rosetten angeordnet. Die Blüten sind unscheinbar.
Pflanzenhöhe: 30 cm.
Blattform und Grösse: Lanzettlich, grün und 15 cm lang.
Zeitraum des Angebotes: August bis April.
Schnittreife: Nachdem die Jungtriebe genügend ausgefärbt und ausgereift sind.
Haltbarkeit: 10 bis 14 Tage.
Kühllagerung: Ja.
Besondere Pflege: –.
Verwendung: Allgemeinde bis spezielle Binderei.
Besonderheiten: –.

Euonymus japonica ♄ Ⓚ Ⓝ

Synonym: –.
Familie: Celastraceae.
Handelsname: Japanischer Spindelstrauch, Pfaffenhütchen.
Heimat/Herkunft: Japan, Korea, Riukiu-Inseln.
Charakter: Geltungsform.
Stofflichkeit: Ledrig.
Bewegung: Aufstrebend, verzweigt.
Wuchsform: Strauchig aufrecht mit langen, immergrünen Trieben. Grüne und panaschierte Formen. Die Blätter sind spiralig angeordnet.
Pflanzenhöhe: 1 bis 3 m.
Blattform und Grösse: Oval und lebhaft grün, 2 bis 4 cm breit und 4 bis 7 cm lang.
Zeitraum des Angebotes: Ganzes Jahr.
Schnittreife: Die Zweige müssen ausgereift sein.
Haltbarkeit: 10 bis 14 Tage.
Kühllagerung: Möglich, auch 1 bis 5 Tage ohne Wasser.
Besondere Pflege: Die verholzten Triebe verlangen einen guten Anschnitt, evtl. junge Seitentriebe entfernen.
Verwendung: Allgemeine Bindereien.
Besonderheiten: Für feine Bindereien können auch nur einzelne Blätter verwendet werden.

△ 454 Pachysandra terminalis
▽ 455 Euonymus japonica

△ 456 Maireana sedifolia
▽ 457 Ligularia sibirica var. speciosa

Maireana sedifolia ♄

Synonym: –.
Familie: Chenopodiaceae.
Handelsname: Irrtümlicherweise als Kochia gehandelt.
Heimat/Herkunft: Südaustralien, in Israel im Grossen kultiviert.
Charakter: Geltungsform.
Stofflichkeit: Wollig, samtig.
Bewegung: Aktiv, aufstrebend.
Wuchsform: Strauchiger Wuchs mit verholzten, dünnen Trieben, die sehr dicht verzweigt sind. Dicht mit kleinen, ovalen, weissfilzigen Blättchen verziert.
Pflanzenhöhe: Einige Meter hoch.
Blattform und Grösse: 5 bis 8 mm lang und 3 bis 5 mm breit, oval bis eirund.
Zeitraum des Angebotes: In der Regel das ganze Jahr.
Schnittreife: Gut entwickelte und ausgereifte Triebe.
Kühllagerung: Möglich.
Besondere Pflege: Verholzter Stengel aufschlitzen.
Verwendung: Begleit- und Hauptelement.
Besonderheiten: Gute Haltbarkeit, jedoch nicht zum Trocknen geeignet.

Ligularia sibirica var. speciosa ♃

Synonym: L. speciosa.
Familie: Compositae.
Handelsname: Goldkolben, Freiskraut.
Heimat/Herkunft: Japan, Korea, Ostsibirien.
Charakter: Herrschaftsform, Prunkform.
Stofflichkeit: Ledrig.
Bewegung: Lagernd.
Wuchsform: Staude mit unterirdischen Rhizomen und grundständigen aufstrebenden Blättern, die sich flach ausbreiten.
Pflanzenhöhe: 30 bis 40 cm.
Blattform und Grösse: Kreisrund eingeschnitten, dunkelgrün glänzend. ∅ 15 bis 25 cm.
Zeitraum des Angebotes: Ab März bis Dezember.
Schnittreife: Nur gut ausgereifte Blätter verwenden.
Haltbarkeit: 5 Tage.
Kühllagerung: Möglich, aber in Folie verpackt.
Besondere Pflege: Guter Anschnitt der Blattstiele, sehr viel Wasser muss zur Verfügung stehen.
Verwendung: Spezielle Arbeiten, bei denen das schöne Blatt optimal zur Geltung kommt. Meist als Hauptmotiv.
Besonderheiten: Die Blätter fallen gerne zusammen, wenn sie nicht optimal, d.h. tief im Wasser stehen oder in die Steckmasse gesteckt werden.

Aucuba japonica 'Variegata' ♄ ꕥ

Synonym: –.
Familie: Cornaceae.
Handelsname: Aukube, Schlächterpalme.
Heimat/Herkunft: Himalaja bis Japan.
Charakter: Geltungsform.
Stofflichkeit: Ledrig.
Bewegung: Aufstrebend, verzweigt.
Wuchsform: Immergrüner Strauch, breitverzweigt bis ausladend. Zweihäusige Pflanze. Im Herbst rote Beeren. Als Kübelpflanze beliebt.
Pflanzenhöhe: Bis 2 m und ebenso breit.
Blattform und Grösse: Eiförmig bis breitlanzettlich mit grober Zahnung. Ledrig, dunkelgrün mit gelben Flecken. 15 cm lang und bis 8 cm breit.
Zeitraum des Angebotes: Durch das ganze Jahr.
Schnittreife: Wenn die Triebe genügend ausgereift und gut ausgefärbt sind.
Haltbarkeit: 5 bis 14 Tage.
Kühllagerung: Möglich.
Besondere Pflege: Die harten Zweige müssen gut angeschnitten werden.
Verwendung: Trauerbindereien, Sträusse, Dekorationen und weitere allgemeine bis spezielle Bindereien. Vorsicht, die gelbgrünen Blätter der Aukuben können in einer Arbeit sehr unruhig wirken.
Besonderheiten: Für einzelne Arbeiten können auch nur die Blätter verwendet werden.

△ 458 Aucuba japonica 'Variegata'
▽ 459 Carex brunnea 'Variegata'

Carex brunnea 'Variegata' ♃ (K) – (W)

Synonym: C. elegantissima.
Familie: Cyperaceae.
Handelsname: Ziersegge, Carex.
Heimat/Herkunft: Südasien, Malayischer Archipel, Madagaskar, Australien.
Charakter: Gesellschaftsform.
Stofflichkeit: Metallisch.
Bewegung: Allseitig ausschwingend.
Wuchsform: Grundständige Grasart mit straff aufrecht strebenden, sehr schmalen Blättern, die oben leicht nach aussen neigen.
Pflanzenhöhe: 30 cm.
Blattform und Grösse: Schmal lanzettlich und elegant, dunkelmattgrün mit weissen Seitenbändern. 3 bis 4 mm breit und 20 bis 30 cm lang.
Zeitraum des Angebotes: Durch das ganze Jahr.
Schnittreife: Ältere Pflanzen mit guter Festigkeit.
Haltbarkeit: Bei genügendem Wasserstand bis 14 Tage.
Kühllagerung: Nicht nötig.
Besondere Pflege: Ein guter Anschnitt ist nötig, sonst trocknen die Blättchen gerne rasch ein.
Verwendung: Feine Bindereien wie Braut-, Haar-, Körperschmuckgestecke und andere floristische Arbeiten. Vorsicht, nicht als «Springbrunnen» einsetzen!

△ 460 Carex grayi
▽ 461 Cyperus albostriatus

Carex grayi ♃ ≈

Synonym: –.
Familie: Cyperaceae.
Handelsname: Morgensternsegge.
Heimat/Herkunft: Östliches Nordamerika.
Charakter: Geltungsform.
Stofflichkeit: Rustikal.
Bewegung: Aufstrebend, ausschwingend.
Wuchsform: Ziergras mit staudigem Charakter, horstbildend. Die Triebe wachsen aufrecht und sind schmallanzettlich beblättert. Sehr dekorativ wirken die morgensternartigen Fruchtstände.
Pflanzenhöhe: 25 bis 30 cm.
Blattform und Grösse: Das Blatt ist schmal ausgebildet, frischgrün und wechselständig. Im Juli/August erscheinen zudem morgensternartige Fruchtstände, die sehr dekorativ wirken. ∅ 3 bis 4 cm.
Zeitraum des Angebotes: Mai bis August.
Schnittreife: Nur gut ausgereifte Triebe verwenden.
Haltbarkeit: 10 bis 20 Tage.
Kühllagerung: Möglich.
Besondere Pflege: –.
Verwendung: Als Begleitelement.
Besonderheiten: Auch zum Trocknen geeignet.

Cyperus albostriatus ♃ Ⓚ – Ⓦ

Synonym: C. laxus, C. diffusus.
Familie: Cyperaceae.
Handelsname: Breitblättriges Zypergras.
Heimat/Herkunft: Tropen verbreitet.
Charakter: Geltungsform.
Stofflichkeit: Ledrig, rustikal.
Bewegung: Aufstrebend mit allseitiger Endung.
Wuchsform: Grundständig, mit Rhizomen versehen. Zahlreiche Grundblätter. Die Blatttriebe sind weicher und kürzer als bei C. alternifolius.
Pflanzenhöhe: 25 bis 60 cm.
Blattform und Grösse: Auf dem Schaft schirmartig verteilte lanzettliche bis schwertförmige weiche Blätter. Schirmquerschnitt 15 bis 25 cm.
Zeitraum des Angebotes: Durch das ganze Jahr.
Schnittreife: Die Blatttriebe müssen gut ausgereift sein.
Haltbarkeit: 5 bis 10 Tage.
Kühllagerung: Möglich, jedoch in Foliensäcke einpacken.
Besondere Pflege: Ab und zu übersprühen.
Verwendung: Allgemeine bis spezielle Bindereien, Tischschmuck, spezielle Sträusse u.a.
Besonderheiten: Um die Haltbarkeit zu verlängern, die Blattschirme etwas einkürzen.

Cyperus involucratus ♃ 〰 (K) – (W)

Synonym: C. alternifolius, C. flabelliformis, C. alternifolius ssp. flabelliformis.
Familie: Cyperaceae.
Handelsname: Schmalblättriges Zypergras.
Heimat/Herkunft: Mittel-/Südafrika, Madagaskar.
Charakter: Geltungsform.
Stofflichkeit: Ledrig.
Bewegung: Aufstrebend mit allseitiger Endung.
Wuchsform: Grundständige Sumpf- bis Wasserpflanze mit aufwärtsstrebenden Blatttrieben. Endständig schirmartig verteilte flache Einzelblättchen. Im Zentrum grün-braune Blütchen.
Pflanzenhöhe: Bis 1 m.
Blattform und Grösse: Auf langem, rundem Schaft rundverteilte Blättchen, grün glänzend. Durchmesser des Blattschirms 20 bis 30 cm.
Zeitraum des Angebotes: Durch das ganze Jahr.
Schnittreife: Bei guter Entwicklung der älteren Blatttriebe.
Haltbarkeit: 5 bis 10 Tage.
Kühllagerung: In Folienbeuteln möglich.
Besondere Pflege: Viel Wasser verabreichen und ab und zu übersprühen.
Verwendung: Allgemeine bis spezielle Bindereien, Tischschmuck, spezielle Sträusse u. a.
Besonderheiten: Die «Schirme» zur besseren Haltbarkeit mit der Schere etwas einkürzen.

△ 462 Cyperus involucratus
▽ 463 Cyperus papyrus

Cyperus papyrus ♃ 〰 (W) (N)

Familie: Cyperaceae.
Handelsname: Papyrusstaude.
Heimat/Herkunft: Tropisches Mittelamerika, Madagaskar.
Charakter: Herrschaftsform, Geltungsform, Prunkform.
Stofflichkeit: Haarig, drahtig.
Bewegung: Aufstrebend mit allseitiger Endung.
Wuchsform: Wasserpflanze mit dreikantigen, langen Blattstielen direkt aus der Basis. Der pinselartige bis breite Blattschopf bildet im Alter ein locker hängendes Erscheinungsbild.
Pflanzenhöhe: 2 bis 3 m.
Blattform und Grösse: Auf langem Schaft pinselartig aufstrebender Schopf von bis 25 cm Höhe.
Zeitraum des Angebotes: Durch das ganze Jahr.
Schnittreife: Vor der vollen Entfaltung des Blattschopfes. Oft wird der Schopf noch etwas zurückgeschnitten.
Haltbarkeit: 5 bis 14 Tage.
Kühllagerung: Möglich, jedoch mit Folie vor zuviel Verdunstung schützen.
Besondere Pflege: Möglichst viel Wasser verabreichen und ab und zu übersprühen.
Verwendung: Spezielle Arbeiten in der Floristik wie Sträusse, Dekorationen, Raumschmuck.
Besonderheiten: Auch gut zum Trocknen geeignet. Wasserpflanze.

△ 464 Galax urceolata
▽ 465 Equisetum giganteum

Galax urceolata ♃

Synonym: G. aphylla, Pyrola urceolata.
Familie: Diapensiaceae.
Handelsname: Bronzeblatt, Galax.
Heimat/Herkunft: USA, mittlere Staaten.
Charakter: Geltungsform.
Stofflichkeit: Ledrig.
Bewegung: Lagernd.
Wuchsform: Staude mit kurzem Grundspross und festen, glänzenden, rundlichen Blättern. Die weissen Blüten erscheinen im Mai bis Juni auf langen Schäften.
Pflanzenhöhe: 10 bis 15 cm.
Blattform und Grösse: Rundlich, derbes Blatt mit gesägtem Blattrand, bronzefarbener Glanz. ∅ 6 bis 8 cm.
Zeitraum des Angebotes: Durch das ganze Jahr.
Schnittreife: Wenn die Blätter voll ausgewachsen und gut gefärbt sind.
Haltbarkeit: 10 bis 30 Tage.
Kühllagerung: Ja, einige Tage auch ohne Wasser.
Besondere Pflege: –.
Verwendung: Allgemein für Basisgestaltungen bei Gestecken, Sträussen, Brautbouquets.
Besonderheiten: Die prächtigen Farbnuancen von Grün bis Rotbraun lassen ein vielseitiges Einsetzen von Galaxblättern zu.

Equisetum giganteum ♃ (W)

Synonym: –.
Familie: Equisetaceae.
Handelsname: Riesenschachtelhalm.
Heimat/Herkunft: Tropisches Südamerika.
Charakter: Geltungsform.
Stofflichkeit: Rustikal.
Bewegung: Aufstrebend, Wärme.
Wuchsform: Unterirdisch wachsen kräftige Rhizome, aus denen senkrechte, daumen- bis fingerdicke, runde und dunkelgrüne Halme aufsteigen. Diese tragen an den Koten quirlige, feingeteilte Blättchen. Endständig finden wir dunkle, ährige Sporenkapseln.
Pflanzenhöhe: 3 bis 5 m.
Blattform und Grösse: Für Bindereizwecke werden die kahlen Halme verwendet, die in unterschiedlichen Längen und Dicken angeboten werden.
Zeitraum des Angebotes: Durch das ganze Jahr.
Schnittreife: Wenn die Halme gut ausgebildet und ausgereift sind. Sie sind sehr brüchig.
Haltbarkeit: Gut.
Kühllagerung: Ja.
Besondere Pflege: –.
Verwendung: Auch zum Flechten und zum Konstruieren von Formen geeignet.
Besonderheiten: Auch für die Trockenbinderei anwendbar.

Gaultheria shallon ♄

Synonym: –.
Familie: Ericaceae.
Handelsname: Scheinbeere, Teppichbeere.
Heimat/Herkunft: USA: Alaska bis Südkalifornien.
Charakter: Geltungsform, Prunkform.
Stofflichkeit: Ledrig, rustikal.
Bewegung: Verspielte Zweige.
Wuchsform: Strauch bis Halbstrauch, immergrün mit lockerer, breiter Verzweigung. Weisse Blüten in einseitigen Trauben im Juli/August, rote Beeren im Herbst.
Pflanzenhöhe: 60 bis 100 cm.
Blattform und Grösse: Ei- bis herzförmig, ledrig, dunkelgrün. 5 cm lang und 3 cm breit.
Zeitraum des Angebotes: Durch das ganze Jahr, aber in unterschiedlichen Grössen.
Schnittreife: Zweige müssen gut ausgereift sein.
Haltbarkeit: 4 bis 30 Tage.
Kühllagerung: Möglich, einige Tage auch ohne Wasser.
Besondere Pflege: Eventuell junge, weiche Seitentriebe entfernen.
Verwendung: Als Zweige oder einzelne Blätter in der speziellen und allgemeinen Binderei.
Besonderheiten: Durch bewusstes Ausschneiden von einzelnen Blättern an den Trieben sind interessante Gestaltungen möglich.

△ 466 Gaultheria shallon
▽ 467 Vaccinium myrtillis

Vaccinium myrtillis ♄ ♧ Ⓝ

Synonym: –.
Handelsname: Heidelbeere.
Heimat/Herkunft: Europa, Kaukasus, Nordasien, USA und Kanada. Nur auf saurem Boden.
Charakter: Geltungsform.
Stofflichkeit: Rustikal.
Bewegung: Kompakt, locker verzweigt.
Wuchsform: Zwergstrauch mit dünnen, grünen Ästen und feiner Verzweigung, aufrecht bis überhängend. Die frischgrünen Blättchen sind eiförmig bis oval. Aus den Blattachseln erscheinen rötliche Blüten und im Juli blauschwarze, aromatische Beerenfrüchte. Im Herbst verfärbt sich das Laub gelb bis rot.
Pflanzenhöhe: Bis 50 cm.
Blattform und Grösse: Zirka 1 cm lang, oval.
Zeitraum des Angebotes: Mai bis Juli.
Schnittreife: Wenn die Blüten voll entwickelt sind oder im Juli, wenn die Beeren ausgefärbt sind. Im Herbst auch mit Herbstfärbung.
Haltbarkeit: 4 bis 10 Tage.
Kühllagerung: Möglich.
Besondere Pflege: Verholzte Stiele gut anschneiden oder aufschlitzen.
Verwendung: Natürliche bis naturnahe Binderei.
Besonderheiten: Auch Beerenzweige können eingesetzt werden.

△ 468 Codiaeum variegatum var. pictum

Codiaeum variegatum var. pictum ♄ (W)

Synonym: Croton variegatum.
Familie: Euphorbiaceae.
Handelsname: Kroton, Wunderstrauch.
Heimat/Herkunft: Sunda-Inseln.
Charakter: Geltungsform.
Stofflichkeit: Ledrig, rustikal.
Bewegung: Aufstrebend, verzweigt.
Wuchsform: Strauchartige, immergrüne Warmhauspflanze mit je nach Sorte unterschiedlich williger Verzweigung. Die Blüten sind unscheinbar. Sehr dekorativ sind die prächtig gefärbten Blätter.
Pflanzenhöhe: Grosspflanzen bis 2 m und mehr.
Blattform und Grösse: Je nach Sorte oval, lanzettlich bis gelappt und 15 bis 25 cm lang. Mit zunehmendem Alter werden sie immer bunter gefärbt, von Dunkelgrün, Purpurrot, Rot, Orange bis Gelb und Gelbgrün.
Zeitraum des Angebotes: Durch das ganze Jahr.
Schnittreife: Wenn die Blätter gut ausgereift und ausgefärbt sind und sich ledrig anfassen lassen.
Haltbarkeit: 5 bis 8 Tage.
Kühllagerung: Nicht zu empfehlen.
Besondere Pflege: Guter Anschnitt des Blattstieles (Wolfsmilchgewächs).
Verwendung: In der allgemeinen bis speziellen Binderei.
Besonderheiten: Vorsicht, die buntfarbigen Blätter können sehr unruhig wirken.

△ ▽ 469 + 470 Fagus sylvatica ssp. sylvatica

Fagus sylvatica ssp. sylvatica ♄ (N)

Synonym: –.
Familie: Fagaceae.
Handelsname: Rotbuche.
Heimat/Herkunft: Europa.
Charakter: Herrschaftsform.
Stofflichkeit: Ledrig.
Bewegung: Allseitig, Wärme.
Wuchsform: Grosser Baum mit runder Krone, breitverzweigt. Die Blätter sind frischgrün glänzend, sie stehen wechselständig. Im Herbst bilden sich dreikantige Früchte, die Bucheckern, die ebenfalls in der Trockenbinderei verwendet werden.
Pflanzenhöhe: Im Alter 25 bis 30 Meter.
Blattform und Grösse: Das Einzelblatt ist eiförmig mit leicht gewelltem Rand, 5 bis 10 cm lang. Herbstfärbung gelborange bis rotbraun.
Schnittreife: Nach dem Austrieb müssen die Blätter gut ausgereift sein.
Haltbarkeit: Gut.
Kühllagerung: Gut.
Verwendung: Kranz- und Dekorationsbinderei.
Besonderheiten: Im Herbst auch schöne Blattfärbung.

Quercus robur ♄ Ⓝ

Synonym: Q. pedunculata.
Familie: Fagaceae.
Handelsname: Sommereiche, Stieleiche.
Heimat/Herkunft: Europa, Kaukasus.
Charakter: Herrschaftsform.
Stofflichkeit: Ledrig, rustikal.
Bewegung: Brüchig, Stolz.
Wuchsform: Grosser Baum mit unregelmässig lokkerer Krone. Das Laub ist dunkelgrün und gelappt. Im Herbst bilden sich Eicheln zu 1 bis 3 zusammen.
Pflanzenhöhe: Im Alter 30 bis 35 Meter.
Blattform und Grösse: Länglich eiförmig, 10 cm lang und 5 bis 6 cm breit. Herbstfarbe gelbbraun.
Zeitraum des Angebotes: August bis Oktober.
Schnittreife: Eine gute Ausreife der Triebe und Blätter ist erforderlich.
Haltbarkeit: Gut.
Kühllagerung: Ja.
Besondere Pflege: –.
Verwendung: Kranz- und Dekorationsbinderei.
Besonderheiten: –.

Hordeum jubatum ⊙–⊙

Synonym: –.
Familie: Gramineae.
Handelsname: Mähnengerste.
Heimat/Herkunft: Nord- bis Südamerika, Mexiko, Bolivien.
Charakter: Geltungsform.
Stofflichkeit: Wolliger Blütenstand.
Bewegung: Allseitig ausstrebend, ausschwingend.
Wuchsform: Straff aufrechtwachsende, röhrige Halme mit langlanzettlichen, weichen Blättern und seitlich gewendeten Ähren.
Pflanzenhöhe: 50 bis 60 cm.
Blattform und Grösse: Zierwert: Ähren mit langen, hellen Grannenhaaren, 10 bis 20 cm lang.
Zeitraum des Angebotes: Ab August Blätter, ab September Blütenstand.
Schnittreife: Wenn die Halme und Ähren gut ausgebildet sind und vor der Ausreife stehen.
Haltbarkeit: 10 bis 14 Tage.
Kühllagerung: Nicht nötig.
Besondere Pflege: Viel Wasser verabreichen.
Verwendung: Als ausschwingende Bewegung in verschiedenen floristischen Arbeiten.
Besonderheiten: Auch sehr gut zum Trocknen geeignet.

△ 471 Quercus robur
▽ 472 Hordeum jubatum

△ 473 Miscanthus sinensis
▽ 474 Pennisetum villosum

Miscanthus sinensis ♃

Synonym: Eulalia japonica.
Familie: Gramineae.
Handelsname: Chinaschilf.
Heimat/Herkunft: Japan, China, Korea, Thailand.
Charakter: Geltungsform.
Stofflichkeit: Ledrig, rustikal.
Bewegung: Allseitig ausschweifend.
Wuchsform: Staude mit horstartiger Breitenentwicklung und straff aufrechten Halmen, schmallanzettlichen, z. T. überhängenden Blättern und endständigen, rispigen Blütenständen.
Pflanzenhöhe: 130 bis 180 cm.
Blattform und Grösse: Zierwert: Lange Halme mit sehr schmalen, oft hellnervigen Blättern. Einige Arten weisen auch gelbe Flecken auf.
Zeitraum des Angebotes: Ab August bis zum ersten Frost.
Schnittreife: Wenn die Halme voll ausgewachsen sind und z. T. schon Blütenähren tragen.
Haltbarkeit: 5 bis 10 Tage, sie trocknen gerne ein.
Kühllagerung: Nicht nötig.
Besondere Pflege: Miscanthus benötigen einen guten Anschnitt und viel Wasser.
Verwendung: Bei Dekorationen als ausschwingendes Grün, Sträusse.
Besonderheiten: Auch zum Trocknen geeignet. Sie eignen sich aber nicht sehr gut zum Stecken in die Steckmasse.

Pennisetum villosum ♃

Synonym: P. longistylum.
Familie: Gramineae.
Handelsname: Zottiges Federborstengras.
Heimat/Herkunft: Nordafrika.
Charakter: Geltungsform.
Stofflichkeit: Blüten: samtig wollig, Blätter: ledrig.
Bewegung: Blätter: allseitig, Blüten: aufstrebend.
Wuchsform: Buschiges Ziergras, die Halme sind über dem Boden geknickt und verzweigt. Weiche, langlanzettliche Blätter. Endständig walzenförmige Ähren mit langen Borstenhaaren.
Pflanzenhöhe: 50 bis 80 cm.
Blattform und Grösse: Zierwert: Halme mit blaugrünen Blättern und dunklen Ähren mit weissen Hüllborsten.
Zeitraum des Angebotes: Ab August bis Frosteintritt.
Schnittreife: Wenn die Ähren fast voll entwickelt sind.
Haltbarkeit: 10 bis 14 Tage.
Kühllagerung: Nicht nötig.
Besondere Pflege: –.
Verwendung: Allgemeine Herbstbindereien.
Besonderheiten: Vor allem wird der Blütenstand verwendet.

Stipa pennata ♃

Synonym: –.
Familie: Gramineae.
Handelsname: Flauschfedergras.
Heimat/Herkunft: Süd-, Südwest- bis Mitteleuropa, Mittelmeerländer.
Charakter: Wärme.
Stofflichkeit: Samtig.
Bewegung: Edelform bis Geltungsform.
Wuchsform: Staude mit zierlicher Horstbildung und sehr schmalen, dünnen und eingerollten bis überhängenden grünen Blättern. Die langen und schmalen, rispigen Blütenähren sind fein behaart, sie rollen sich oft spiralig und bewegen sich leicht im Wind.
Pflanzenhöhe: 30 bis 60 cm.
Blattform und Grösse: Grünlich bis Weiss.
Zeitraum des Angebotes: Ab Juni bis August.
Schnittreife: Die Stiele müssen ausgereift sein und die dünnen Blütenrispen am «Aufspringen».
Haltbarkeit: 5 bis 10 Tage.
Kühllagerung: Ja.
Besondere Pflege: –.
Verwendung: Sommerliche Floristik.
Besonderheiten: Guter Anschnitt.

△ 475 Stipa pennata
▽ 476 Moluccella laevis

Moluccella laevis ⊙ ✂

Synonym: –.
Familie: Labiatae.
Handelsname: Muschelblume.
Heimat/Herkunft: Westasien.
Charakter: Geltungsform.
Stofflichkeit: Rustikal.
Bewegung: Aufstrebend, spielend.
Wuchsform: Krautig aufrecht, an der Basis verzweigt. Grosse rundliche Blätter. In den Kelchtrichtern unscheinbare weisse Blüten.
Pflanzenhöhe: 60 bis 100 cm.
Blattform und Grösse: An den langen Trieben sind quirlständig breite, trichterförmige Kelchblätter dicht angeordnet.
Zeitraum des Angebotes: Durch das ganze Jahr.
Schnittreife: Wenn die ersten weissen Blütchen im unteren Kelchblattkreuz geöffnet sind.
Haltbarkeit: 12 bis 18 Tage.
Kühllagerung: Möglich.
Besondere Pflege: Möglichst viele Verdunstungsflächen entfernen.
Verwendung: Als Haupt- oder Begleitelement, vor allem in speziellen floristischen Arbeiten.
Besonderheiten: Die Triebe richten sich auch geschnitten immer dem Lichte zu.

△ 477 Laurus nobilis
▽ 478 Cytisus scoparius

Laurus nobilis ♄ D ⌂ Ⓝ

Synonym: –.
Familie: Lauraceae.
Handelsname: Lorbeerbaum.
Heimat/Herkunft: Kanarische Inseln, Madeira, Azoren.
Charakter: Geltungsform.
Stofflichkeit: Rustikal, ledrig.
Bewegung: Allseitig.
Wuchsform: Strauch mit pyramidalem, straff aufrechtem Wuchs. Dichte Verzweigung. Blätter stark duftend (Gewürzpflanze). In den Blattachseln im Frühjahr cremegelbe Blüten.
Pflanzenhöhe: Je nach Alter bis 10 m hoch.
Blattform und Grösse: Dichtbeblättert. Das Blatt ist dunkelgrün, ledrig, länglich-lanzettlich, 7 bis 12 cm lang und 3 bis 5 cm breit.
Zeitraum des Angebotes: Durch das ganze Jahr.
Schnittreife: Nur gut ausgereifte Triebe verwenden.
Haltbarkeit: Sehr gut, 20 bis 30 Tage.
Kühllagerung: Möglich, auch einige Tage ohne Wasser.
Besondere Pflege: Im Frühjahr muss der weiche Neuaustrieb ausgeschnitten werden.
Verwendung: Trauerbindereien und Dekorationen, vor allem aber auch als dekorative Kübelpflanze in Kugel- und Pyramidenform.
Besonderheiten: Starker Duft. Die Pflanzen müssen frostfrei überwintert werden.

Cytisus scoparius ♄ ⚘ Ⓝ

Synonym: Sarothamnus scoparius, Genista scoparia.
Familie: Leguminosae.
Handelsname: Besenginster.
Heimat/Herkunft: Europa.
Charakter: Geltungsform, Prunkform.
Stofflichkeit: Rustikal.
Bewegung: Aufstrebend, ausschwingend.
Wuchsform: Strauch mit aufrechtem bis ausladendem Wuchs und dichter, dünner Verzweigung.
Pflanzenhöhe: 60 bis 200 cm.
Blattform und Grösse: Zierwert im Winter als Schnittgrün haben die blattlosen, schlanken, dünnrutigen grünen Zweige.
Zeitraum des Angebotes: Oktober bis März, im April bis Juni als gelbblühende Blütenzweige.
Schnittreife: Im Winter, Zweige sind genügend fest.
Haltbarkeit: Blattlos sehr gut, 20 bis 30 Tage.
Kühllagerung: Möglich, auch 3 bis 4 Tage ohne Wasser.
Besondere Pflege: Nicht zu dicht einstellen, sonst ergben sich Fäulnisherde.
Verwendung: Als Haupt- oder Begleitelement.
Besonderheiten: Geeignet u.a. auch zum Flechten und Verändern, die Zweige sind sehr biegsam. Auch zum Trocknen geeignet.

Cladonia stellaris ♃

Synonym: –.
Familie: Lichenes (Flechtengewächse).
Handelsname: Islandmoos, Rentierflechte.
Heimat/Herkunft: Skandinavische Länder, besonders Finnland.
Charakter: Gesellschaftsform.
Stofflichkeit: Rustikal.
Bewegung: Kompakt, sammelnd.
Wuchsform: Flechte mit aufrechtem, stark verzweigem Pflanzenkörper, die an kleine Bäumchen erinnern. Grauweiss. Bildet oft dichte Polster. Bild: Finnland.
Pflanzenhöhe: 8 bis 10 cm.
Blattform und Grösse: Die stark verästelten Thallien sind kugelig bis säulenartig aufgebaut. 5 bis 10 cm hoch.
Zeitraum des Angebotes: Da es trocken angeliefert wird, durch das ganze Jahr hindurch.
Schnittreife: Wenn die einzelnen Büschel gut ausgebildet sind.
Haltbarkeit: Gut.
Kühllagerung: Nicht nötig.
Besondere Pflege: In feuchtem Zustand verarbeiten, vor der Verarbeitung in warmes Salzwasser einlegen.
Verwendung: Trauerbinderei.
Besonderheiten: –.

△ ▽ 479 + 480 Cladonia stellaris

Asparagus asparagoides ♃ ⇕ ⌂ ✂

Synonym: Medeola asparagoides, A. medeoloides, Myrsiphyllum asparagoides.
Familie: Liliaceae.
Handelsname: Glanzblättriger Zierspargel.
Heimat/Herkunft: Kapland, Südafrika.
Charakter: Geltungsform, verbindende Persönlichkeit.
Stofflichkeit: Ledrig.
Bewegung: Hängend, Frische.
Wuchsform: Staude mit langen, dünnen und windenden Trieben. Die grün glänzenden Scheinblättchen sind eirund zugespitzt.
Pflanzenhöhe: 100 bis 200 cm.
Blattform und Grösse: Es werden ganze Triebranken verwendet, sie wirken locker und zierlich. Einzelne Blättchen sind 2 bis 4 cm lang.
Zeitraum des Angebotes: Das ganze Jahr.
Schnittreife: Die Endtriebe müssen gut ausgereifte Blättchen besitzen.
Haltbarkeit: Gut.
Kühllagerung: Ja.
Besondere Pflege: –.
Verwendung: Für Brautfloristik.
Besonderheiten: –.

▽ 481 Asparagus asparagoides

△ 482 Asparagus densiflorus 'Meyeri'
▽ 483 Asparagus densiflorus 'Sprengeri'

Asparagus densiflorus 'Meyeri' ♃–♄ ✂ ⌂

Synonym: A. meyeri, A. myersii.
Familie: Liliaceae.
Handelsname: Meyers Zierspargel.
Heimat/Herkunft: Natal, Südafrika.
Charakter: Geltungsform.
Stofflichkeit: Wollig, rustikal, nadelig.
Bewegung: Aufstrebend, schwingend.
Wuchsform: Halbstrauch mit knolligen Wurzeln. Die straff aufrechtstrebenden Blatttriebe sind anfangs krautig, später verholzend und stark pyramidal verzweigt.
Pflanzenhöhe: Die Blatttriebe werden 30 bis 60 cm lang, je nach Alter.
Blattform und Grösse: Zahlreiche nadelförmige Blätter, zirka 1 cm lang und 1 mm breit.
Zeitraum des Angebotes: Durch das ganze Jahr.
Schnittreife: Wenn die Blatttriebe eine gute Reife aufweisen, also fest sind.
Haltbarkeit: 12 bis 15 Tage.
Kühllagerung: Möglich.
Besondere Pflege: Ein guter Anschnitt der Stiele ist nötig.
Verwendung: Feine, exklusive Binderei, oft als Haupt- bis Begleitelement.
Besonderheiten: Einzelne Nadelblättchen fallen relativ rasch ab.

Asparagus densiflorus 'Sprengeri' ♄ ⚕ ✂ ⌂

Synonym: A. sprengeri.
Familie: Liliaceae.
Handelsname: Sprengers Zierspargel.
Heimat/Herkunft: Natal, Südafrika.
Charakter: Geltungsform.
Stofflichkeit: Ledrig.
Bewegung: Ausschwingend.
Wuchsform: Kurzer Grundspross und knollige Wurzeln. Die Blatttriebe streben anfangs aufrecht, mit zunehmendem Alter sind sie ausladend bis überhängend. Lockere Verzweigung. Ältere Triebe tragen kleine weisse Blütchen.
Pflanzenhöhe: 30 bis 100 cm, je nach Alter.
Blattform und Grösse: Lockere, überhängende Blatttriebe mit nadelförmigen Blättchen von 1 bis 3 cm Länge und 1 bis 2 mm Breite.
Zeitraum des Angebotes: Durch das ganze Jahr.
Schnittreife: Wenn die Blatttriebe dunkelgrün gefärbt sind und eine genügende Härte aufweisen.
Haltbarkeit: Mässig, 12 bis 15 Tage.
Kühllagerung: Möglich.
Verwendung: Allgemeine bis spezielle Bindereien als Begleitelement.
Besonderheiten: Wir finden die Triebe in unterschiedlicher Länge.

Asparagus falcatus ♃ ⇕ (W) – (K)

Synonym: –.
Familie: Liliaceae.
Handelsname: Sichelblättriger Zierspargel.
Heimat/Herkunft: Sri Lanka, tropisches Afrika bis Natal.
Charakter: Geltungsform, Herrschaftsform.
Stofflichkeit: Rauh, ledrig.
Bewegung: Ausschwingend, verzweigt.
Wuchsform: Verkürzter Grundspross. Die Blatttriebe wachsen straff aufrecht und verzweigen sich locker. Der Trieb ist bedornt und mit langen Scheinblättern versehen.
Pflanzenhöhe: 50 bis 100 cm.
Blattform und Grösse: Die einzelnen Scheinblätter sind sichelförmig leicht gekrümmt, 5 bis 8 cm lang und bis 1 cm breit.
Zeitraum des Angebotes: Durch das ganze Jahr.
Schnittreife: Wenn die ausgereiften Blatttriebe eine dunkelgrüne Farbe angenommen haben.
Haltbarkeit: Sehr gut, 20 bis 30 Tage.
Kühllagerung: Möglich.
Besondere Pflege: Ein guter Anschnitt.
Verwendung: Teils als Leitelement, aber auch gut geeignet als Begleitelement.
Besonderheiten: Durch bewusstes Auslichten von Seitentrieben und Einzelblättchen erhalten wir einen grossen Einsatzbereich.

△ 484 Asparagus falcatus
▽ 485 Asparagus officinalis

Asparagus officinalis ♃ ✂ Ⓝ

Synonym: –.
Familie: Liliaceae.
Handelsname: Echtes Spargelkraut.
Heimat/Herkunft: Europa, Nordafrika, Vorderasien, Westsibirien.
Charakter: Geltungsform.
Stofflichkeit: Ledrig.
Bewegung: Verzweigt aufstrebend.
Wuchsform: Staude mit verdickten Wurzeln und straff aufrechten Trieben, die pyramidal verästelt sind. Weiche, feinnadelige Belaubung.
Pflanzenhöhe: 80 bis 150 cm.
Blattform und Grösse: Die starken Blatttriebe bilden 30 bis 50 cm lange verzweigte Seitentriebe, die sich gut für Bindereizwecke eignen. Die dünnen Blättchen sind 6 bis 25 mm lang und kaum 1 mm breit.
Zeitraum des Angebotes: Juli bis Oktober.
Schnittreife: Wenn die Blättchen dunkelgrün gefärbt und die Triebe gut ausgereift sind.
Haltbarkeit: 10 bis 14 Tage.
Kühllagerung: Möglich.
Besondere Pflege: Ausgereifte Triebe verwenden.
Verwendung: In Sträussen und Gestecken als untergeordnetes Element (Seitentriebe).
Besonderheiten: Der relativ wilde Wuchs verlangt überlegtes Einsetzen des Werkstoffes.

△ 486 Asparagus retrofractus
▽ 487 Asparagus setaceus 'Plumosus'

Asparagus retrofractus ♃ – ♄

Synonym: –.
Familie: Liliaceae.
Handelsname: Zurückgebrochener Zierspargel.
Heimat/Herkunft: Südafrika.
Charakter: Geltungsform.
Stofflichkeit: Wollig, Scheinblätter, ledrig.
Bewegung: Brüchig.
Wuchsform: Staude mit schlank aufrechtem, später überhängendem Wuchs. Die Triebe sind dünn und drahtig sowie stark verzweigt. Die nadeligen Blättchen stehen in Büscheln.
Pflanzenhöhe: Bis 2 m.
Blattform und Grösse: Schmallineal, 2 bis 3 cm lang und 1 mm breit.
Zeitraum des Angebotes: Durch das ganze Jahr.
Schnittreife: Die Blatttriebe müssen dunkelgrün gefärbt und gut ausgereift sein.
Haltbarkeit: 10 bis 15 Tage.
Kühllagerung: Möglich.
Besondere Pflege: Ein guter Anschnitt der harten Stiele ist nötig.
Verwendung: Als Haupt- oder Begleitelement in der allgemeinen wie speziellen Floristik.
Besonderheiten: Kleine Seitentriebe eignen sich auch sehr gut für feine Bindereien wie Haar und Brautschmuck. Im Handel sind ab und zu auch sehr grosse Triebe dieser Zierspargelart.

Asparagus setaceus 'Plumosus' ♃

Synonym: A. plumosus, Asparagopsis setacea.
Familie: Liliaceae.
Handelsname: Plumosus-Zierspargel.
Heimat/Herkunft: Südafrika.
Charakter: Geltungsform.
Stofflichkeit: Samtig, wollig.
Bewegung: Ausschwingend.
Wuchsform: Grundständiger Kurzspross mit aufwärtsstrebenden bis überhängenden Blatttrieben. Die seitlichen Verzweigungen sind flach ausgebildet. Leicht bedornt.
Pflanzenhöhe: Je nach Alter 40 bis 60 cm.
Blattform und Grösse: Die feinnadeligen Blättchen sind 3 bis 5 mm lang.
Zeitraum des Angebotes: Durch das ganze Jahr.
Schnittreife: Wenn die Blatttriebe dunkelgrün ausgefärbt und gut ausgereift sind.
Haltbarkeit: 10 bis 15 Tage.
Kühllagerung: Möglich, auch 3 bis 5 Tage ohne Wasser.
Besondere Pflege: –.
Verwendung: Als Begleitelement sowie auch als verbindende Persönlichkeit in der Floristik.
Besonderheiten: Die feinen Nadelblättchen fallen teilweise relativ früh ab.

Asparagus setaceus 'Pyramidalis' ♃ ⁑ (W)

Synonym: Asparagopsis setacea.
Familie: Liliaceae.
Handelsname: Pyramiden-Zierspargel.
Heimat/Herkunft: Südafrika.
Charakter: Geltungsform.
Stofflichkeit: Wollig, samtig.
Bewegung: Ausschwingend, brüchig.
Wuchsform: Verkürzter Grundspross mit straff aufrechten Blatttrieben und pyramidal verzweigtem Aufbau.
Pflanzenhöhe: Bis 60 cm, überhängend bis 2,5 m.
Blattform und Grösse: An den Zweigen stehen die nadeligen Blättchen sehr dicht.
Zeitraum des Angebotes: Durch das ganze Jahr.
Schnittreife: Wenn die Blatttriebe eine satte dunkelgrüne Farbe aufweisen.
Haltbarkeit: 15 bis 20 Tage.
Kühllagerung: Möglich, bis 3 Tage auch ohne Wasser.
Besondere Pflege: –.
Verwendung: Spezielles Grün in attraktiven floristischen Gestaltungen, vor allem als ausschwingendes oder überspielendes Begleitelement.
Besonderheiten: Oft sind auch sehr lange Zweige im Handel. Ein bewusstes Auslichten der oft dichten Büschel bringt interessante Linien des Werkstoffes optimal zum Ausdruck.

△ 488 Asparagus setaceus 'Pyramidalis'
▽ 489 Asparagus virgatus

Asparagus virgatus ♃ (K)

Synonym: –.
Familie: Liliaceae.
Handelsname: Rutenartiger Zierspargel. Baumfarn.
Heimat/Herkunft: Südafrika.
Charakter: Geltungsform.
Stofflichkeit: Wollig.
Bewegung: Aufstrebend verzweigt.
Wuchsform: Staude mit fleischigen Wurzeln, straff aufrechtem Wuchs und schlank verzweigten Blatttrieben.
Pflanzenhöhe: 100 bis 200 cm.
Blattform und Grösse: Die einzelnen Blättchen sind langlineal in dichter Anordnung zu Büscheln vereinigt.
Zeitraum des Angebotes: Durch das ganze Jahr.
Schnittreife: Gut ausgereifte Blatttriebe.
Haltbarkeit: 12 bis 15 Tage.
Kühllagerung: Möglich, bis 3 Tage auch ohne Wasser.
Besondere Pflege: –.
Verwendung: Oft als Füllgrün, vor allem aber als untergeordnetes oder Begleitelement.
Besonderheiten: Baumfarn kann in verschiedenen Grössen im Handel sein.

△ 490 Aspidistra elatior
▽ 491 Danae racemosa

Aspidistra elatior ♃ (K)

Synonym: A. lurida.
Familie: Liliaceae.
Handelsname: Schusterpalme, Sternschild.
Heimat/Herkunft: China.
Charakter: Geltungsform, Herrschaftsform.
Stofflichkeit: Ledrig.
Bewegung: Ausschwingend.
Wuchsform: Kurzer Grundspross, aus dem sich die dunkelgrünen Blätter an 10 bis 20 cm langen Stielen aufrecht bis leicht ausladend entwickeln.
Pflanzenhöhe: 50 bis 70 cm.
Blattform und Grösse: Breitlanzettlich, dunkelgrün glänzend, 40 bis 50 cm lang und etwa 10 cm breit.
Zeitraum des Angebotes: Durch das ganze Jahr.
Schnittreife: Wenn das Blatt seine volle Reife und dunkelgrüne Farbe erreicht hat.
Haltbarkeit: Ausgezeichnet, 20 bis 30 Tage.
Kühllagerung: Möglich, auch einige Tage ohne Wasser.
Besondere Pflege: –.
Verwendung: In der Regel als ausschwingende «ruhige» bis aktive Bewegung. Als Haupt- oder Begleitelement oder als verbindende Persönlichkeit.
Besonderheiten: Aspidistra eignen sich auch optimal zum Trocknen. Interessante Gestaltungen können erreicht werden, wenn das Blatt «mit der Rückseite nach oben» eingesetzt wird.

Danae racemosa ♄ (K)

Synonym: Ruscus racemosus, D. laurus.
Familie: Liliaceae.
Handelsname: Alexandrinischer Lorbeer, Traubendorn.
Heimat/Herkunft: Nordsyrien, Iran.
Charakter: Geltungsform.
Stofflichkeit: Ledrig.
Bewegung: Ausschwingend.
Wuchsform: Immergrüner Strauch mit starker Verzweigung und breitlanzettlicher, hell- bis mittelgrüner Belaubung. Aufrechter bis überhängender Wuchs.
Pflanzenhöhe: 80 bis 100 cm.
Blattform und Grösse: Eirund bis lanzettlich, 4 bis 7 cm lang und 1 bis 1½ cm breit.
Zeitraum des Angebotes: Durch das ganze Jahr.
Schnittreife: Wenn die Triebe und Blätter gut ausgereift sind.
Haltbarkeit: 15 bis 20 Tage.
Kühllagerung: Möglich, auch bis 3 Tage ohne Wasser.
Besondere Pflege: –.
Verwendung: Allgemein als Begleitelement.
Besonderheiten: An den Blättern hängen im Sommer rote Beerenfrüchte.

Hosta sieboldiana ♃

Synonym: Funkia sieboldiana, F. glauca, H. glauca.
Familie: Liliaceae.
Handelsname: Blaublattfunkie.
Heimat/Herkunft: Japan.
Charakter: Prunkform, Geltungsform.
Stofflichkeit: Ledrig.
Bewegung: lagernd, ausschwingend.
Wuchsform: Staude mit verdickten Rhizomtrieben und grundständigen Blättern. Hellblaue Blüten an 50 bis 60 cm hohen Trauben im Juli.
Pflanzenhöhe: 50 bis 60 cm.
Blattform und Grösse: Die aufstrebenden bis überladenden Blätter sind eirund bis herzförmig und von blaugrüner Farbe. Länge 10 bis 15 cm.
Zeitraum des Angebotes: Ab Juli bis Oktober.
Schnittreife: Nur gut ausgereifte Blätter verwenden.
Haltbarkeit: 5 bis 10 Tage.
Kühllagerung: Möglich.
Besondere Pflege: Ein guter Anschnitt der Blattstiele ist erforderlich.
Verwendung: Als Abschlussgrün, sehr ideal in speziellen floristischen Arbeiten.
Besonderheiten: Vorsicht, die weichen Blätter sind sehr empfindlich auf mechanische Schäden (Druck)!

△ 492 Hosta sieboldiana

Hosta undulata 'Albo-marginata' ♃

Synonym: Funkia undulata.
Familie: Liliaceae.
Handelsname: Wellentblattfunkie.
Heimat/Herkunft: Japan.
Charakter: Geltungsform.
Stofflichkeit: Ledrig.
Bewegung: Allseitig, lagernd.
Wuchsform: Staude mit grundständigen Sprossen und breitausladenden Blättern. Hellviolette Blüten an Trauben hängend im Juli.
Pflanzenhöhe: 40 bis 60 cm.
Blattform und Grösse: Eirund bis herzförmig, weisse Randzonen und grünes Mittelfeld. 15 cm lang und 8 bis 10 cm breit.
Zeitraum des Angebotes: Ab Juli bis Oktober.
Schnittreife: Wenn die Blätter gut ausgereift und ausgefärbt sind. Keine jungen Blätter verwenden!
Haltbarkeit: 5 bis 10 Tage.
Kühllagerung: Möglich.
Besondere Pflege: Ein guter Anschnitt der Blattstiele ist nötig.
Verwendung: Als Abschlussgrün, sehr ideal in speziellen floristischen Arbeiten.
Besonderheiten: Vorsicht, die Blätter sind sehr empfindlich auf mechanische Schäden (Druck)!

△ ▽ 493 + 494 Hosta undulata 'Albo-marginata'

△ 495 Ophiopogon grandis
▽ 496 Ophiopogon japonica

Ophiopogon grandis ♃ ⌂

Synonym: –.
Familie: Liliaceae.
Handelsname: Langblättriger Schlangenbart.
Heimat/Herkunft: Westchina.
Charakter: Geltungsform.
Stofflichkeit: Ledrig.
Bewegung: Ausschwingend.
Wuchsform: Staude mit langlinealen, dunkelgrün glänzenden, grundständigen Blättern. Die weissen Blüten erscheinen an kurzen Ähren.
Pflanzenhöhe: 30 bis 40 cm.
Blattform und Grösse: Langlineal, 30 cm lang und 10 bis 15 mm breit.
Zeitraum des Angebotes: Durch das ganze Jahr.
Schnittreife: Ausgereifte, dunkelgrüne Blätter verwenden.
Haltbarkeit: 10 bis 20 Tage.
Kühllagerung: Möglich, vorübergehend auch ohne Wasser.
Besondere Pflege: –.
Verwendung: Allgemein als ausschwingende Bewegung in Sträussen aller Art, in Gestecken, Tischschmuck u.a.
Besonderheiten: Die Blätter können auch ohne Wasser verwendet werden.

Ophiopogon japonica ♃ ⌂

Synonym: –.
Familie: Liliaceae.
Handelsname: Japanischer Schlangenbart.
Heimat/Herkunft: Japan, China.
Charakter: Geltungsform.
Stofflichkeit: Ledrig.
Bewegung: Ausschwingend.
Wuchsform: Staude mit aufwärtsstrebenden, grasartigen, schmalen Blättern. Mit der Zeit bildet sich ein dichter Rasen. Die weissen Blüten erscheinen an kurzen Ähren.
Pflanzenhöhe: 20 bis 25 cm.
Blattform und Grösse: Schmallineal, dunkelgrün, die panaschierte Form mit weissen, schmalen Längsstreifen. 20 bis 25 cm lang und 5 bis 8 mm breit.
Zeitraum des Angebotes: Durch das ganze Jahr.
Schnittreife: Nur ausgereifte Blätter verwenden.
Haltbarkeit: 10 bis 20 Tage.
Kühllagerung: Möglich, auch zeitweise ohne Wasser.
Besondere Pflege: –.
Verwendung: Allgemein als ausschwingende Bewegung in Sträussen aller Art, in Gestecken, Brautsträussen u.a.
Besonderheiten: Die Blätter können auch ohne Wasser verwendet werden.

Phormium tenax ♃ (K) (N)

Synonym: –.
Familie: Liliaceae.
Handelsname: Neuseeländischer Flachs.
Heimat/Herkunft: Neuseeland.
Charakter: Geltungsform.
Stofflichkeit: Ledrig, metallisch.
Bewegung: Aufstrebend, aktiv.
Wuchsform: Grossstaude mit kurzem Grundspross und langen Blättern, dunkelgrün mit weiss- bis rosafarbenen Längsstreifen durchzogen.
Pflanzenhöhe: Bis 2 m.
Blattform und Grösse: Schmallanzettlich bis schwertförmig, 1 bis 1½ m lang und nur 5 bis 6 cm breit.
Zeitraum des Angebotes: Durch das ganze Jahr.
Schnittreife: Nur ausgereifte Blätter verwenden.
Haltbarkeit: 10 bis 20 Tage.
Kühllagerung: Möglich, auch einige Tage ohne Wasser.
Besondere Pflege: –.
Verwendung: Als aktives Leitelement in speziellen Arbeiten sehr ideal. Durch die kräftige Ausstrahlung sind Phormiumblätter aber oft schwierig zu verarbeiten.
Besonderheiten: Die Blätter können auch ohne Wasser gut in der Floristik eingesetzt werden. Sie sind sehr gut formbar.

△ 497 Phormium tenax
▽ 498 Ruscus hypophyllum

Ruscus hypophyllum ♄ (K)

Synonym: –.
Familie: Liliaceae.
Handelsname: Grossblättriger Mäusedorn, Ruskus.
Heimat/Herkunft: Norditalien, Österreich bis Krim, Südwesttürkei.
Charakter: Geltungsform
Stofflichkeit: Ledrig, Rustikal.
Bewegung: Ausschwingend, allseitige Blätter.
Wuchsform: Strauchige Pflanze mit aufstrebenden, meist unverzweigten Trieben und immergrünen, glänzenden Blättern, die wechselständig angeordnet sind. Die weissen Blüten sitzen an der Blattunterseite.
Pflanzenhöhe: 60 bis 100 cm.
Blattform und Grösse: Zugespitzt elliptisch, 10 cm lang und 4 bis 5 cm breit.
Zeitraum des Angebotes: Durch das ganze Jahr.
Schnittreife: Gut ausgereifte Triebe verwenden.
Haltbarkeit: 10 bis 20 Tage.
Kühllagerung: Möglich, auch ohne Wasser einige Tage.
Besondere Pflege: –.
Verwendung: Straussbinderei, Dekorationen.
Besonderheiten: Zum Teil etwas schwierig einzusetzen, da die Blätter allseitig um den Spross angeordnet und sehr aussagekräftig sind.

△ 499 Xerophyllum asphodeloides
▽ 500 Lycopodium taxifolium

Xerophyllum asphodeloides ♃

Synonym: –.
Familie: Liliaceae.
Handelsname: Bärengras.
Heimat/Herkunft: USA.
Charakter: Gesellschaftsform, Geltungsform.
Stofflichkeit: Ledrig.
Bewegung: Ausschwingend.
Wuchsform: Staude mit harten, aufstrebenden Blättern, dunkelgrün mit Grauschimmer.
Pflanzenhöhe: 50 bis 60 cm.
Blattform und Grösse: Sehr schmallanzettlich bis langlineal mit dünner Spitze. Die Blätter sind nur 3 bis 4 mm breit und bis zu 50 cm lang.
Zeitraum des Angebotes: Durch das ganze Jahr.
Schnittreife: Als Steppengras mit harter Struktur weist das Bärengras eine gute Festigkeit auf.
Haltbarkeit: 14 bis 20 Tage.
Kühllagerung: Möglich, ohne Wasser bis 10 Tage.
Verwendung: In jeder Bindereiarbeit ist es möglich, Bärengras zu verwenden. Bewusstes Einsetzen auf verschiedene Arten bereichert die Verwendungsmöglichkeiten.
Besonderheiten: Bärengras kann auch getrocknet eingesetzt werden.

Lycopodium-Arten ♃ ⟿

Synonym: –.
Familie: Lycopodiaceae.
Handelsname: Bärlapp.
Heimat/Herkunft: Subtropische bis gemässigte Zonen, arktisch und antarktisch.
Charakter: Geltungsform.
Stofflichkeit: Wollig, nadelig.
Bewegung: Aufstrebend bis kriechend, je nach Art.
Wuchsform: Hohe Art (L. taxifolium): Straff aufstrebend, mit feinen, nadelartigen, aber weichen Blättchen, die an allen Sprossen spiralig angeordnet sind. Der Spross ist gegenständig verzweigt, die Zweige sind wiederum verästelt. Niedere Art (Name noch unbestimmt): Kriechender bis aufrechter Wuchs. Die dunkelgrünen Blättchen sind spiralig angeordnet, die Triebe unregelmässig verzweigt. Endständig bilden sich an dünnen Stielen hellbraune Sporangien.
Pflanzenhöhe: Hohe Form 40 bis 50 cm, niedere Form 10 bis 20 cm, eher kriechend.
Blattform und Grösse: Die weichen, nadelförmigen Blätter stehen dicht und sind 5 bis 10 mm lang.
Angebot: Durch das ganze Jahr.
Schnittreife: Die Triebe müssen gut ausgereift und ausgefärbt sein.
Haltbarkeit: Gut.
Kühllagerung: Gut.
Besondere Pflege: –.
Verwendung: Allgemeine Binderei.
Besonderheiten: Die nadelartigen Blättchen bleiben am Spross.

Calathea lancifolia ♃ ⌂

Synonym: C. insignis.
Familie: Marantaceae.
Handelsname: Korbmarante.
Heimat/Herkunft: Brasilien, Tropen.
Charakter: Geltungsform.
Stofflichkeit: Ledrig.
Bewegung: Ausschwingend.
Wuchsform: Fast grundständige Pflanze mit starkem aufrechtem Wuchs und langen Blättern mit schöner Zeichnung.
Pflanzenhöhe: 50 bis 70 cm.
Blattform und Grösse: Langlanzettlich, bis 50 cm lang werdend. Hell- bis olivgrün glänzend. Beidseitig der Mittelader grosse Fleckenzeichnung.
Zeitraum des Angebotes: Durch das ganze Jahr.
Schnittreife: Wenn die Blätter gut ausgefärbt und ausgewachsen sind.
Haltbarkeit: 5 bis 8 Tage.
Kühllagerung: Möglich, aber in Folie verpackt.
Besondere Pflege: Guter Anschnitt der Blattstiele, Schnittstellen anbrennen, sonst rollen die Blätter ein.
Verwendung: Spezielle Bindereien.
Besonderheiten: Calatheablätter eignen sich nicht besonders zum Stecken in Steckmasse. Grössere Topfpflanzen einkaufen und nach Bedarf davon schneiden. Auf gute Schnittreife achten!

△ 501 Calathea lancifolia
▽ 502 Calathea leopardina

Calathea leopardina ♃ ⌂

Synonym: Maranta leopardina.
Familie: Marantaceae.
Handelsname: Korbmarante.
Heimat/Herkunft: Brasilien, Tropen.
Charakter: Geltungsform.
Stofflichkeit: Ledrig.
Bewegung: Ausschwingend.
Wuchsform: Grundständige Warmhauspflanze mit langen Blattstielen und ovalen Blättern. Grundfarbe Hellgrün mit dunkelgrünen Streifen bis an den Blattrand.
Pflanzenhöhe: 40 bis 60 cm.
Blattform und Grösse: Langoval bis eiförmig, bis 20 cm lang und 5 bis 8 cm breit.
Zeitraum des Angebotes: Durch das ganze Jahr.
Schnittreife: Wenn die Blätter gut ausgereift und ausgefärbt sind.
Haltbarkeit: 5 bis 8 Tage.
Kühllagerung: Möglich, aber in Folie verpackt.
Besondere Pflege: Guter Anschnitt, Schnittstellen anbrennen, sonst rollen die Blätter ein.
Verwendung: Spezielle Bindereien.
Besonderheiten: Eignung zum Stecken in die Steckmasse nicht ideal. Vorteil für den Floristen, grössere Pflanzen einkaufen, um nach Bedarf schnittreife Blätter abschneiden zu können.

△ 503 Calathea makoyana
▽ 504 Calathea roseopicta

Calathea makoyana ♃ ⌂

Synonym: Maranta makoyana.
Familie: Marantaceae.
Handelsname: Korbmarante.
Heimat/Herkunft: Brasilien, Tropen.
Charakter: Geltungsform.
Stofflichkeit: Ledrig.
Bewegung: Ausschwingend.
Wuchsform: Warmhauspflanze mit grundständigen Blättern. Sehr dekorativ ist das Blatt mit aparter Fensterzeichnung. Vereinzelt weisse Blüten.
Pflanzenhöhe: 60 cm und mehr.
Blattform und Grösse: Oval bis eirund, 15 bis 18 cm lang, olivgrün bis cremefarbig mit Streifen- und Fleckenzeichnung, fast durchscheinend.
Zeitraum des Angebotes: Durch das ganze Jahr.
Schnittreife: Nur die unteren, gut ausgewachsenen Blätter verwenden.
Haltbarkeit: 5 bis 8 Tage.
Kühllagerung: In Folienbeuteln verpackt möglich.
Besondere Pflege: Guter Anschnitt der Blattstiele. Anbrennen der Schnittflächen, sonst rollen die Blätter ein.
Verwendung: Spezielle Bindereien.
Besonderheiten: Eignen sich nicht sehr ideal zum Stecken in Steckmasse. Grössere Pflanzen einkaufen und nach Bedarf und Schnittreife Blätter abschneiden.

Calathea roseopicta ♃ ⌂

Synonym: Maranta roseopicta.
Familie: Marantaceae.
Handelsname: Korbmarante.
Heimat/Herkunft: Brasilien, Tropen.
Charakter: Geltungsform.
Stofflichkeit: Ledrig.
Bewegung: Ausschwingend.
Wuchsform: Grundständige Warmhauspflanze mit straff aufwärtsstrebenden Blattstielen und grossen rundlichen Blättern mit schöner Zeichnung.
Pflanzenhöhe: 30 bis 50 cm.
Blattform und Grösse: Breitoval, 15 bis 20 cm ∅, dunkelgrün mit rosafarbener Mittelrippe und hellgrünen Längsstreifen.
Zeitraum des Angebotes: Durch das ganze Jahr.
Schnittreife: Wenn die Blätter im unteren Pflanzenbereich gut ausgewachsen sind und eine gute Härte aufweisen.
Haltbarkeit: 5 bis 8 Tage.
Kühllagerung: In Folienbeuteln verpackt möglich.
Besondere Pflege: Guter Anschnitt der Blattstiele. Anbrennen der Schnittflächen.
Verwendung: Spezielle Bindereien.
Besonderheiten: Eignen sich nicht sehr ideal zum Stecken in Steckmasse. Grössere Pflanzen einkaufen und nach Bedarf und Schnittreife Blätter abschneiden.

Maranta leuconeura 'Erythroneura' ♃ (w)

Synonym: M. leuconeura var. erythroneura.
Familie: Marantaceae.
Handelsname: Weissnervige Marante.
Heimat/Herkunft: Brasilien, Tropen.
Charakter: Geltungsform, verbindende Persönlichkeit.
Stofflichkeit: Samtig, ledrig.
Bewegung: Kriechend, verspielt.
Wuchsform: Warmhauspflanze mit kriechendem, verzweigtem Wuchs. Die dekorativen Blätter sind kurzgestielt. Vereinzelt weisse, unscheinbare Blüten. Wird oft aufgebunden verkauft.
Pflanzenhöhe: 30 bis 50 cm und mehr.
Blattform und Grösse: Streng ovale Blätter von 8 bis 10 cm Breite und 12 bis 15 cm Länge. Auf olivgrünem Grund dunkelgrüne Flecken und Streifen.
Zeitraum des Angebotes: Durch das ganze Jahr.
Schnittreife: Gut ausgereifte Blätter verwenden.
Haltbarkeit: 5 bis 8 Tage.
Kühllagerung: In Folienbeuteln verpackt möglich.
Besondere Pflege: Guter Anschnitt der Blattstiele. Anbrennen der Schnittflächen.
Verwendung: Spezielle Bindereien.
Besonderheiten: Wie bei Calathea-Arten.

△ 505 Maranta leuconeura 'Erythroneura'
▽ 506 Maranta leuconeura 'Kerchoviana'

Maranta leuconeura 'Kerchoviana' ♃ (w)

Synonym: M. leuconeura var. kerchoviana.
Familie: Marantaceae.
Handelsname: Kerchovs Marante.
Heimat/Herkunft: Brasilien, Tropen.
Charakter: Geltungsform, verbindende Persönlichkeit.
Stofflichkeit: Samtig.
Bewegung: Kriechend, verspielt.
Wuchsform: Krautig, kriechender Wuchs mit dichtem Pflanzenaufbau. Frischgrüne Blätter mit schöner Fleckenzeichnung.
Pflanzenhöhe: 20 bis 30 cm.
Blattform und Grösse: Eiförmig bis breitoval, smaragdgrüne Grundfarbe mit gleichmässigen, dunkelgrünen Flecken beidseits der hellen Mittelader. Bis 12 cm lang.
Zeitraum des Angebotes: Durch das ganze Jahr.
Schnittreife: Nur gut ausgewachsene Blätter verwenden.
Haltbarkeit: 5 bis 8 Tage.
Kühllagerung: In Folienbeuteln verpackt möglich.
Besondere Pflege: Guter Anschnitt der Blattstiele. Anbrennen der Schnittflächen, sonst rollen die Blätter ein.
Verwendung: Spezielle Bindereien.
Besonderheiten: Wie bei Calathea-Arten.

△ 507 Stromanthe amabilis
▽ 508 Eucalyptus cinerea

Stromanthe amabilis ♃ ⌂

Synonym: Maranta amabilis.
Familie: Marantaceae.
Handelsname: Liebliche Stromanthe.
Heimat/Herkunft: Brasilien.
Charakter: Geltungsform.
Stofflichkeit: Ledrig, rustikal.
Bewegung: Nach aussen gerichtet.
Wuchsform: Aufrecht wachsende Warmhauspflanze mit abgeflacht ovalen Blättern, die deutlich nach aussen neigen. Auf hellgrauem Grund wirkt die dunkelgrüne Fischgrätmusterung dekorativ.
Pflanzenhöhe: 40 cm.
Blattform und Grösse: Langoval mit abgeflachtem Ende und kurzer Spitze. 10 bis 15 cm lang und 6 bis 10 cm breit.
Zeitraum des Angebotes: Durch das ganze Jahr.
Schnittreife: Nur die unteren Blätter verwenden.
Haltbarkeit: 8 bis 14 Tage.
Kühllagerung: In Folienbeuteln verpackt möglich.
Besondere Pflege: Guter Anschnitt der Blattstiele. Anbrennen der Schnittflächen, sonst rollen die Blätter ein.
Verwendung: Spezielle Bindereien.
Besonderheiten: Wie bei Calathea-Arten.

Eucalyptus cinerea ♄–♄ ✂ ⌂

Synonym: –.
Familie: Myrtaceae.
Handelsname: Cinerea-Eukalyptus.
Heimat/Herkunft: Westaustralien.
Charakter: Geltungsform.
Stofflichkeit: Wachsig, ledrig, metallisch.
Bewegung: Verspielt, ausstrebend, verzweigt.
Wuchsform: Strauch bis Baum mit aufstrebendem Wuchs und lockerer Verzweigung.
Pflanzenhöhe: In Australien bis 100 m hoch.
Blattform und Grösse: Halbkreisförmig gegenständig an den Zweigen sitzend. ∅ 3 bis 4 cm.
Zeitraum des Angebotes: Durch das ganze Jahr.
Schnittreife: Gut ausgereifte Zweige mit schöner wachsiger Ausfärbung.
Haltbarkeit: 10 bis 20 Tage.
Kühllagerung: Möglich, ohne Wasser 3 bis 4 Tage.
Besondere Pflege: Guter Anschnitt der Schnittflächen. Weiche Seitenzweige entfernen.
Verwendung: Allgemeine Bindereien. Je nach Zweiggrösse sind durch bewusstes Auslichten von Blättern und Seitentrieben spezielle Bindereien mit aparter Aussage möglich.
Besonderheiten: Eukalyptus kann nicht mit allen Schnittblumen in Verbindung gebracht werden, z.B. bei Tulpen, Anemonen und Gerbera kann die Haltbarkeit beeinträchtigt werden. Wird jedoch ein Zweig ohne frischen Anschnitt nach zirka 24 Stunden in eine Gestaltung eingebaut, ist nichts mehr zu befürchten.

Eucalyptus globulus

Synonym: –.
Familie: Myrtaceae.
Handelsname: Blaugummibaum.
Heimat/Herkunft: Australien.
Charakter: Geltungsform.
Stofflichkeit: Samtig, zierlich.
Bewegung: Allseitig, verspielt, Kühle.
Wuchsform: Strauch bis Baum mit verholzenden Trieben und aufstrebendem Wuchs mit lockerer Verzweigung. In gleichmässigen Abständen stehen gegenständig, teils verwachsen, kreisrunde Blättchen. Ältere Pflanzen bilden langlanzettliche, grosse Blätter aus.
Pflanzenhöhe: 2 Meter und mehr.
Blattform und Grösse: Im Jugendstadium kreisrunde Blattscheiben um die Knoten von bläulichweisser Farbe. Durchmesser 3 bis 4 cm.
Zeitraum des Angebotes: Durch das ganze Jahr.
Schnittreife: Wenn die Neuaustriebe eine gewisse Reife und gute Ausfärbung erreicht haben.
Haltbarkeit: Gut.
Kühllagerung: Ja.
Besondere Pflege: –.
Verwendung: Allgemeine natürliche Binderei.
Besonderheiten: Die Blätter sind auch zum «Römern» geeignet.

△ 509 Eucalyptus globulus
▽ 510 Eucalyptus gunnii

Eucalyptus gunnii

Synonym: –.
Familie: Myrtaceae.
Handelsname: Gunni-Eukalyptus.
Heimat/Herkunft: Tasmanien – Australien.
Charakter: Geltungsform.
Stofflichkeit: Wachsig, ledrig, metallisch.
Bewegung: Verspielt, aufstrebend, verzweigt.
Wuchsform: Strauch bis Baum mit aufstrebendem Wuchs und lockerer Verzweigung.
Pflanzenhöhe: In der Heimat bis 100 m hoch.
Blattform und Grösse: Halbkreisförmig sitzend in gegenständiger Anordnung. ∅ 1 bis 2 cm.
Zeitraum des Angebotes: Durch das ganze Jahr.
Schnittreife: Gut ausgereifte Zweige mit typischer Ausfärbung verwenden.
Haltbarkeit: 10 bis 20 Tage.
Kühllagerung: Möglich, auch ohne Wasser 3 bis 4 Tage.
Besondere Pflege: Guter Anschnitt der Schnittflächen, evtl. junge Seitentriebe ausbrechen.
Verwendung: Allgemeine Bindereien. Je nach Zweigform und -grösse sind spezielle Bindereien mit besonderem Charakter möglich.
Besonderheiten: Wie bei E. cinerea.

△ 511 Eucalyptus polyanthemos
▽ 512 Myrtus communis

Eucalyptus polyanthemos ♄ ⌂

Synonym: –.
Familie: Myrtaceae.
Handelsname: Vielblütiger Eukalyptus.
Heimat/Herkunft: Australien.
Charakter: Geltungsform.
Stofflichkeit: Wachsig, ledrig, metallisch.
Bewegung: Verspielt, ausstrebend, verzweigt.
Wuchsform: Strauch bis Baum mit aufrechtem, locker verzweigtem Wuchs. Die äusseren Zweige sind leicht überhängend.
Pflanzenhöhe: Grosser Baum 60 m und mehr hoch.
Blattform und Grösse: Länglich oval mit Blattstiel, 4 bis 6 cm lang und 5 bis 8 mm breit.
Zeitraum des Angebotes: Durch das ganze Jahr.
Schnittreife: Nur gut ausgereifte Zweige verwenden, die auch schön ausgefärbt sind.
Haltbarkeit: 10 bis 20 Tage.
Kühllagerung: Möglich, ohne Wasser einige Tage.
Besondere Pflege: Guter Anschnitt der Schnittflächen. Junge Seitentriebe entfernen.
Verwendung: Allgemeine Bindereien. Je nach Zweigform und auch durch bewusstes Entfernen von Blättern und Zweigen sind spezielle Ausdrucksformen möglich.
Besonderheiten: Oft auch als blühende Zweige im Handel.

Myrtus communis ♄ D ⌂

Synonym: –.
Familie: Myrtaceae.
Handelsname: Brautmyrte.
Heimat/Herkunft: Mittelmeerregion.
Charakter: Geltungsform, Gemeinschaftsform.
Stofflichkeit: Ledrig.
Bewegung: Aufstrebend, verzweigt.
Wuchsform: Kleinstrauch bis Strauch mit aufrechtem, dichtbuschigem Wuchs und immergrüner, glänzender Belaubung. Weisse Blüten vom April bis August.
Pflanzenhöhe: Je nach Alter 1 m und mehr.
Blattform und Grösse: Lanzettlich zugespitzt, 1 bis 3 cm lang, dichtbeblättert.
Zeitraum des Angebotes: Durch das ganze Jahr möglich, mit Blüten nur von April bis August.
Schnittreife: Gut ausgereifte Zweige verwenden.
Haltbarkeit: 10 bis 20 Tage.
Kühllagerung: Möglich, auch ohne Wasser in Folie bis 5 Tage.
Besondere Pflege: Guter Anschnitt der Zweige. Nicht voll ausgereifte Seitentriebe entfernen.
Verwendung: Brautschmuck und weitere zierliche Floristik, z. B. Haarschmuck.
Besonderheiten: Ausgereifte Blätter können für sehr feinen Körperschmuck verwendet werden.

Pittosporum crassifolium ♄–♄ (K)

Synonym: –.
Familie: Pittosporaceae.
Handelsname: Grossblättriger Klebsamen.
Heimat/Herkunft: Neuseeland.
Charakter: Geltungsform.
Stofflichkeit: Ledrig.
Bewegung: Verzweigt.
Wuchsform: Strauch mit breiter Verzweigung und immergrüner Belaubung. Die Blätter sind derbledrig und dunkelgrün glänzend. Dunkelrote Blüten in endständigen Büscheln.
Pflanzenhöhe: 2 bis 3 m.
Blattform und Grösse: Verkehrt eiförmig, bis 8 cm lang und 2 bis 3 cm breit.
Zeitraum des Angebotes: Durch das ganze Jahr.
Schnittreife: Nur von ausgereiften Trieben. Nach dem Austrieb Jungtriebe entfernen.
Haltbarkeit: 20 Tage.
Kühllagerung: Möglich, auch ohne Wasser 2 bis 5 Tage.
Besondere Pflege: Im Frühjahr weiche Austriebe entfernen.
Verwendung: Allgemein als fülliges Grün.
Besonderheiten: Durch bewusstes Einsetzen können aparte Wirkungen erzielt werden.

△ 513 Pittosporum crassifolium
▽ 514 Pittosporum tenuifolium

Pittosporum tenuifolium ♄–♄ D (K)

Synonym: –.
Familie: Pittosporaceae.
Handelsname: Dunkelblättriger Klebsame.
Heimat/Herkunft: Neuseeland.
Charakter: Geltungsform.
Stofflichkeit: Ledrig.
Bewegung: Verspielt, verzweigt.
Wuchsform: Strauch mit aufrechtem, locker verzweigtem Wuchs. Die verholzten Triebe sind schwarz, mit matt glänzenden Blättern.
Pflanzenhöhe: 2 bis 3 m.
Blattform und Grösse: Elliptische Blätter, die am Rande leicht gewellt sind. 5 cm lang und 1 bis 1,5 cm breit.
Zeitraum des Angebotes: Durch das ganze Jahr.
Schnittreife: Nur gut ausgereifte Triebe.
Haltbarkeit: Bis 20 Tage.
Kühllagerung: Möglich, auch ohne Wasser bis 5 Tage.
Besondere Pflege: Guter Anschnitt. Im Frühjahr evtl. weiche Jungtriebe entfernen.
Verwendung: Als spezielles Grün zur Auflockerung einsetzen. Nicht als Füllgrün verwenden.
Besonderheiten: Die schwarzen Triebe wirken sehr eigenwillig.

△ 515 Pittosporum tobira 'Variegata'
▽ 516 Podocarpus macrophyllus var. maki

Pittosporum tobira 'Variegata' ♄ D ⌂K

Synonym: –.
Familie: Pittosporaceae.
Handelsname: Panaschierter Klebsame, Pittosporum.
Heimat/Herkunft: Subtropen, China, Japan, Korea.
Charakter: Geltungsform.
Stofflichkeit: Ledrig.
Bewegung: Verzweigt, verspielt.
Wuchsform: Kompakt wachsender Strauch mit dichter, immergrüner Blattkrone. Von März bis Mai endständige weisse, stark duftende Blüten.
Pflanzenhöhe: 2 bis 4 m.
Blattform und Grösse: Eiförmiges Blatt mit grüner Mittelfläche und weisspanaschiertem Rand.
Zeitraum des Angebotes: Durch das ganze Jahr.
Schnittreife: Gut ausgereifte Triebe verwenden.
Haltbarkeit: Bis 20 Tage.
Kühllagerung: Möglich, auch ohne Wasser bis 5 Tage.
Besondere Pflege: Guter Anschnitt der verholzten Triebe. Im Frühjahr weiche Jungtriebe entfernen.
Verwendung: Allgemein als Füllgrün einsetzen.
Besonderheiten: Interessante Zweige eignen sich auch sehr gut für spezielle Arbeiten.

Podocarpus macrophyllus var. maki ♄ ⌂K

Synonym: P. chinensis.
Familie: Podocarpaceae.
Handelsname: Steineibe, Emugras.
Heimat/Herkunft: Japan, Riukiu-Inseln.
Charakter: Geltungsform.
Stofflichkeit: Weich, ledrig.
Bewegung: Ausschwingend.
Wuchsform: Straff aufrechtwachsender Baum mit langen, schlanken Trieben. Diese sind dicht beblättert und wirken sehr dekorativ.
Pflanzenhöhe: 3–5 m und mehr.
Blattform und Grösse: Langlineal bis nadelförmig, 4 bis 6 cm lang und 3 bis 5 mm breit.
Zeitraum des Angebotes: Durch das ganze Jahr.
Schnittreife: Nur ausgereifte Triebe verwenden.
Haltbarkeit: 10 bis 20 Tage.
Kühllagerung: Möglich, ohne Wasser bis 5 Tage.
Besondere Pflege: Guter Anschnitt der verholzten Triebe. Alle unteren Blätter, welche mit Wasser in Berührung kommen, unbedingt entfernen.
Verwendung: Allgemein als Leitgrün in verschiedenen Arbeiten.
Besonderheiten: Durch bewusstes Auslichten der Triebe ergeben sich neue interessante Einsatzmöglichkeiten.

Grevillea aspleniifolia

Synonym: –.
Familie: Proteaceae.
Handelsname: Australische Silbereiche.
Heimat/Herkunft: Australien.
Charakter: Geltungsform.
Stofflichkeit: Ledrig.
Bewegung: Verspielt, verzweigt.
Wuchsform: Aufstrebender Baum mit lockerer Verzweigung und dünnen Zweigen.
Pflanzenhöhe: 10 bis 15 m.
Blattform und Grösse: Die Blätter sind sehr schmal und lang, am Rande leicht gezähnt und unterseits wachsigweiss, oberseits dunkelgrün.
Zeitraum des Angebotes: Durch das ganze Jahr.
Schnittreife: Von gut ausgewachsenen Pflanzen. Sie werden durch Importe schnittreif geliefert.
Haltbarkeit: 10 bis 20 Tage.
Kühllagerung: Möglich.
Besondere Pflege: Guter Anschnitt der Stiele.
Verwendung: Allgemeine bis spezielle Bindereien, meistens als auflockerndes, verspieltes Grün. Nicht als Füllmaterial verwenden.
Besonderheiten: Durch bewusstes Auslichten ergeben sich interessante Einsatzmöglichkeiten.

Clematis vitalba

Synonym: –.
Familie: Ranunculaceae.
Handelsname: Gemeine Waldrebe.
Heimat/Herkunft: Mittel- bis Südeuropa, Kleinasien, Kaspisches Meer, Algerien.
Charakter: Geltungsform.
Stofflichkeit: Rustikal, Fruchtstand wollig.
Bewegung: Schlingend, verspielt.
Wuchsform: Stark kletternde Liane, die an Sträuchern an Waldrändern hochklettert. Die dünnen Triebe besitzen gegenständige Blätter mit 3 bis 5 Fiederblättchen geteilt. Die Blüten erscheinen im Juni zahlreich an cremeweissen Trugdolden. Im Herbst bilden sich dekorative Fruchtstände.
Pflanzenhöhe: 5 bis 8 Meter.
Blattform und Grösse: Als Dekorelement verwendet man die weissen Fruchtstände, die auffallend behaart und langgeschwänzt sind. Durchmesser der einzelnen Fruchtstände 2 bis 3 cm.
Zeitraum des Angebotes: Ab Juli bis Oktober, teilweise durch den Winter.
Schnittreife: Die Fruchtstände müssen gut ausgereift sein.
Haltbarkeit: Ohne Fruchtstand, in getrocknetem Zustand, jahrelang.
Kühllagerung: Nicht nötig.
Besondere Pflege: –.
Verwendung: Raumschmuck.
Besonderheiten: Erhältlich in verschiedenen Dikken und Längen.

△ 517 Grevillea aspleniifolia
▽ 518 Clematis vitalba

△ 519 Prunus laurocerasus
▽ 520 Bergenia-Hybriden

Prunus laurocerasus ♄ ✂ Ⓝ

Synonym: Laurocerasus officinalis, Cerasus laurocerasus.
Familie: Rosaceae.
Handelsname: Kirschlorbeer.
Heimat/Herkunft: Balkan, Vorderasien, Kaukasus.
Charakter: Geltungsform.
Stofflichkeit: Ledrig.
Bewegung: Allseitig, ausschwingend.
Wuchsform: Kleinstrauch bis Strauch mit breit verzweigtem Wuchs, immergrün. Je nach Sorte unterschiedliche Blattformen und -grössen. Aufrechte weisse Blütentrauben im Mai/Juni.
Pflanzenhöhe: Je nach Sorte 1,20 bis 2 m hoch und meist breiter als hoch.
Blattform und Grösse: Langlanzettlich bis langoval, 10 bis 15 cm lang, dunkelgrün glänzend.
Zeitraum des Angebotes: Januar bis Dezember.
Schnittreife: Gut ausgereifte Triebe verwenden. Im Frühjahr Neuaustrieb entfernen.
Haltbarkeit: Bis 20 Tage.
Kühllagerung: Möglich, auch ohne Wasser in Folien verpackt einige Tage.
Besondere Pflege: Guter Anschnitt der verholzten Triebe.
Verwendung: Die Zweige sind ideal für Trauerbinderei, Dekorationen u.a.
Besonderheiten: Blätter können zum «Römern» von Kranzunterlagen verwendet werden.

Bergenia-Hybriden ♃

Synonym: –.
Familie: Saxifragaceae.
Handelsname: Grossblättrige Bergenie.
Heimat/Herkunft: Zuchtform, Urformen aus Sibirien, Mongolei.
Charakter: Prunkform, Geltungsform.
Stofflichkeit: Ledrig.
Bewegung: Lagernd, ausschwingend.
Wuchsform: Staude mit dicken, oberirdischen Trieben. Die Blätter sind ledrig und wintergrün. Im April/Mai weisse oder rosafarbene Blüten.
Pflanzenhöhe: 30 bis 40 cm.
Blattform und Grösse: Eirund bis herzförmig, 10 cm breit und 15 cm lang, dunkelgrün.
Zeitraum des Angebotes: Ab März bis Oktober.
Schnittreife: Nur ausgereifte Blätter verwenden.
Haltbarkeit: Bis 10 Tage.
Kühllagerung: Möglich.
Besondere Pflege: Guter Anschnitt.
Verwendung: Als Abschlussgrün für verschiedene floristische Arbeiten. Meist sind die Blattstiele nur sehr kurz.
Besonderheiten: Wenn die Blätter zuwenig ausgereift sind, ist bereits nach einem Tag ein Verwelken zu erkennen.

Parthenocissus quinquefolia ♄ ⁑

Synonym: Ampelopsis hederacea, A. quinquefolia.
Familie: Vitaceae.
Handelsname: Wilder Wein.
Heimat/Herkunft: Südliche USA – Mexiko.
Charakter: Zweige: verbindende Persönlichkeit, Blätter: Geltungsform.
Stofflichkeit: Ledrig, rustikal.
Bewegung: Zweige: verspielt, Blätter: lagernd.
Wuchsform: Kletterpflanze, selbsthaftend oder an Drähten gezogen, verholzend.
Pflanzenhöhe: 8 bis 15 m.
Blattform und Grösse: Fingerförmig geteilt, 12 bis 15 cm Ø. Im Herbst purpurrote Blattfärbung.
Zeitraum des Angebotes: Oktober bis November.
Schnittreife: Gut ausgereifte Blätter, jedoch vor dem Blattfall, da sonst die Teilblätter abfallen.
Haltbarkeit: Bis 15 Tage.
Kühllagerung: Möglich.
Besondere Pflege: Guter Anschnitt der Blattstiele.
Verwendung: Allgemein in der Herbstbinderei als Ranken oder auch nur einzelne Blätter einsetzen. Als Farbe oder Abschlussgrün.
Besonderheiten: Die Blätter können auch ohne Wasser für einige Tage eingesetzt werden.

△ 521 Parthenocissus quinquefolia
▽ 522 Parthenocissus tricuspidata 'Veitchii'

Parthenocissus tricuspidata 'Veitchii' ♄ ⁑

Synonym: Vitis veitchii, P. veitchii.
Familie: Vitaceae.
Handelsname: Zweispitziger Wilder Wein.
Heimat/Herkunft: Japan, Korea, China.
Stofflichkeit: Ledrig, rustikal.
Charakter: Zweige: verbindende Persönlichkeit, Blätter: Geltungsform.
Bewegung: Zweige verspielt, Blatt lagernd, aktiv.
Wuchsform: Kletterpflanze mit starkem Wuchs. Die Blätter sind gelappt, dunkelgrün glänzend, im Herbst schöne Herbstfärbung.
Pflanzenhöhe: 12 bis 15 m.
Blattform und Grösse: 12 bis 15 cm Ø. Im Herbst gelbe, orange bis purpurrote Farbtöne.
Zeitraum des Angebotes: Ab Mitte Oktober bis Ende November.
Schnittreife: Wenn die Blätter gut ausgefärbt sind, jedoch vor dem Blattfall.
Haltbarkeit: Bis 15 Tage.
Kühllagerung: Möglich.
Besondere Pflege: –.
Verwendung: Allgemein in der Herbstbinderei als Ranken oder auch nur die einzelnen Blätter.
Besonderheiten: Bewusstes Auslichten der Ranken bringt mehr Spannung in eine Gestaltung.

△ 523 Cycas revoluta
▽ 524 Calamus ciliaris

Cycas revoluta ♄ ⌂

Synonym: –.
Familie: Cycadaceae.
Handelsname: Palmfarn.
Heimat/Herkunft: Tropisch Ostasien, Japan.
Charakter: Herrschaftsform.
Stofflichkeit: Ledrig.
Bewegung: Ausschwingend.
Wuchsform: Auf kurzem, aufrechtem Stamm entwickeln sich jedes Jahr flach ausbreitende, einfach gefiederte Blattwedel oder dann ein Schopf von gelbbraunen Fruchtblättern.
Pflanzenhöhe: Im Alter bis 2 m.
Blattform und Grösse: Ledrige, dunkelgrün glänzende, flachliegende Blätter mit sehr schmalen Fiedern. Je nach Alter 40 bis 60 cm lang und 15 bis 20 cm breit.
Zeitraum des Angebotes: Dezember.
Schnittreife: Nur gut ausgereifte Blätter verwenden.
Haltbarkeit: 10 bis 30 Tage.
Kühllagerung: Möglich.
Besondere Pflege: –.
Verwendung: Für grosse Dekorationen und Sargbouquets, als Haupt- und Begleitelement.
Besonderheiten: Auch zum Trocknen geeignet.

Calamus ciliaris ♄ ⌂

Synonym:–.
Familie: Palmae.
Handelsname: Federchico, Rotangpalme.
Heimat/Herkunft: Südostasien, Java, Sumatra.
Charakter: Geltungsform.
Stofflichkeit: Samtig.
Bewegung: Ausschwingend.
Wuchsform: Kletterpflanze.
Pflanzenhöhe: In den Tropen 60 bis 70 m.
Blattform und Grösse: Bewimperte weiche, einfach gefiederte Blätter, oval, die Seitenfiederchen sind schmallanzettlich mit schönem, mattem Glanz.
Zeitraum des Angebotes: Durch das ganze Jahr.
Schnittreife: Nur gut ausgebildete Blätter verwenden.
Haltbarkeit: 12 bis 15 Tage.
Kühllagerung: Möglich.
Besondere Pflege: Liebt erhöhte Luftfeuchtigkeit = übersprühen.
Verwendung: Zierliche Gebinde, Tischdekorationen, zu feinen tropischen Blüten. Begleit- und untergeordnetes Element.
Besonderheiten: Bei trockener Luft ist mit einem Eintrocknen zu rechnen.

Caryota mitis ♄ (W)

Synonym: –.
Familie: Palmae.
Handelsname: Fischschwanzpalme, Butterfly.
Heimat/Herkunft: Tropisches Ostasien.
Charakter: Geltungsform, Prunk- und Gesellschaftsform.
Stofflichkeit: Ledrig.
Bewegung: Ausschwingend.
Wuchsform: Palme mit glattem Stamm von grauer Farbe und deutlichen Querringen. Die Blätter sind doppelt gefiedert. Verwendet werden davon die Einzelfiedern von dunkelgrüner Farbe.
Pflanzenhöhe: Bis 10 m.
Blattform und Grösse: Als Teilblatt einfach gefiedert mit fischschwanzartigen Einzelblättern. Länge 20 bis 30 cm, Breite 15 bis 20 cm.
Zeitraum des Angebotes: Durch das ganze Jahr.
Schnittreife: Ausgewachsene Blätter. Sie werden durch Importe in der Regel so angeliefert.
Haltbarkeit: 10 bis 14 Tage.
Kühllagerung: In Folien verpackt auch ohne Wasser möglich.
Besondere Pflege: Guter Anschnitt der Stiele.
Verwendung: Für grössere floristische Arbeiten, oft als Abschlussgrün.
Besonderheiten: Die unruhige Erscheinung kann bei der Verwendung den Gesamtcharakter der Gestaltung stark verändern.

△ 525 Caryota mitis
▽ 526 Chamaedorea elegans

Chamaedorea elegans (W)

Synonym: Nenanthe bella, Colline elegans.
Familie: Palmae.
Handelsname: Bergpalme, Chico.
Heimat/Herkunft: Mexiko, Guatemala.
Charakter: Geltungsform.
Stofflichkeit: Samtig, ledrig.
Bewegung: Ausschwingend.
Wuchsform: Kurzer Stamm mit kompaktem Wuchs. Die einfach gefiederten Blätter stehen lockerer als bei Ch. bella.
Pflanzenhöhe: 40 bis 50 cm.
Blattform und Grösse: In der Grundform oval bis eirund, einfach gefiedert, mattgrün glänzend.
Zeitraum des Angebotes: Durch das ganze Jahr.
Schnittreife: Die Blätter müssen fest und gut ausgereift sein.
Haltbarkeit: 5 bis 10 Tage.
Kühllagerung: Möglich, jedoch unbedingt in Folien einpacken.
Besondere Pflege: Ein guter Anschnitt der Blattstiele.
Verwendung: Allgemein in der Straussbinderei. Durch bewusstes Einsetzen auch überall, meist als Abschlussgrün.
Besonderheiten: Die Blätter trocknen gerne von aussen nach innen ein.

△ 527 Chamaerops humilis
▽ 528 Livistonia rotundifolia

Chamaerops humilis ♄ ⌂ Ⓝ

Synonym: –.
Familie: Palmae.
Handelsname: Zwergpalme.
Heimat/Herkunft: Mittelmeerregion.
Charakter: Herrschaftsform.
Stofflichkeit: Ledrig, rustikal.
Bewegung: Ausschwingend.
Wuchsform: Auf kurzem, verholztem Stamm entwickeln sich an harten und langen Blattstielen breitausgefächerte Blätter. Aus der Basis erscheinen oft Kindelpflanzen. Im Alter blühen sie weiss und bilden Früchte. (Siehe unter Fruchtzweigen.)
Pflanzenhöhe: 2 bis 3 m.
Blattform und Grösse: Auf hartem Stiel kreisrund und tiefgefächert. ∅ 30 bis 50 cm.
Zeitraum des Angebotes: Januar bis Dezember.
Schnittreife: Die unteren, ausgereiften Blätter verwenden.
Haltbarkeit: 15 bis 20 Tage.
Kühllagerung: Möglich.
Besondere Pflege: –.
Verwendung: Bei grossen Dekorationen als Hauptelement.
Besonderheiten: Am Stamm bilden sich braune Frasern, die oft auch verwendet werden können.

Livistonia rotundifolia ♄ ⌂

Synonym:–.
Familie: Palmae.
Handelsname: Schirmpalme.
Heimat/Herkunft: Ostasiatische Regenwälder.
Charakter: Geltungsform.
Stofflichkeit: Ledrig.
Bewegung: Flächig.
Wuchsform: Kurzer, dicker Stamm, aus dem sich an relativ kurzen, seitlich bedornten Stielen breitgefächerte, grün glänzende Blätter entwikkeln. Langsamer Wuchs.
Pflanzenhöhe: In den Tropen bis 10 m.
Blattform und Grösse: Das Blatt ist vor allem bei älteren Pflanzen in der Gesamtform kreisrund, im Durchmesser 20 bis 30 cm, gefächert, mit tiefen Einschnitten.
Zeitraum des Angebotes: Durch Importe durch das ganze Jahr.
Schnittreife: Gut ausgereifte Blätter.
Haltbarkeit: Gut.
Kühllagerung: Ja.
Besondere Pflege: –.
Verwendung: Als aktives Begleitelement.
Besonderheiten: In der Regel kurzer Blattstiel.

Phoenix canariensis ♄ ⌂

Synonym: –.
Familie: Palmae.
Handelsname: Kanarische Dattelpalme.
Heimat/Herkunft: Kanarische Inseln.
Charakter: Herrschaftsform.
Stofflichkeit: Rustikal.
Bewegung: Allseitig aktiv.
Wuchsform: Palme mit aufstrebendem, dickem Stamm. Die einfach gefiederten, dunkelgrün glänzenden Blätter stehen bei jungen Pflanzen aufrecht, später überhängend.
Pflanzenhöhe: Je nach Alter bis 20 m.
Blattform und Grösse: An langer Mittelrippe lanzettliche Seitenblätter (Fiedern). Ein Phönixblatt kann im Alter bis 1,5 m lang werden.
Zeitraum des Angebotes: Durch das ganze Jahr.
Schnittreife: Nur ausgereifte Blätter verwenden.
Haltbarkeit: 10 bis 20 Tage.
Kühllagerung: Auch ohne Wasser bei hoher Luftfeuchtigkeit möglich.
Besondere Pflege: Guter Anschnitt der Stiele.
Verwendung: Trauerbindereien, Dekorationen und weitere spezielle Arbeiten.
Besonderheiten: Im allgemeinen sehr haltbar, doch können die Spitzen früh eintrocknen. Auch für Flechtarbeiten geeignet.

△ 529 Phoenix canariensis
▽ 530 Trachycarpus fortunei

Trachycarpus fortunei ♄ ⌂ Ⓝ

Synonym: Chamaerops excelsa, C. fortunei.
Familie: Palmae.
Handelsname: Hanfpalme
Heimat/Herkunft: Burma, China, Japan.
Charakter: Herrschaftsform.
Stofflichkeit: Rustikal.
Bewegung: Flächig, strahlig.
Wuchsform: Dicker, aufrechter Stamm mit dikkem, braunem Fasermantel und an langen Stielen grosse, tiefeingeschnittene, runde Blätter. An älteren Pflanzen entwickeln sich an langen Rispen auch gelbe Blüten und später grüne, eichelförmige Früchte.
Pflanzenhöhe: Je nach Alter 1 bis 3 Meter und mehr.
Blattform und Grösse: Das tief eingeschnittene, rundgefächerte Blatt wird je nach Alter 50 bis 80 cm gross. Es hat einen matten, grünen Glanz.
Zeitraum des Angebotes: Aus Importen durch das ganze Jahr.
Schnittreife: Es kommen nur untere Blätter mit guter Ausreife zur Verwendung.
Haltbarkeit: Gut.
Kühllagerung: Ja.
Besondere Pflege: –.
Verwendung: Kann auch zum Flechten verwendet werden.
Besonderheiten: –

△ 531 Pteris cretica
▽ 532 Pteris cretica 'Albolineata'

Pteris cretica ♃ (K)

Synonym: –.
Familie: Acrostichaceae.
Handelsname: Saumfarn.
Heimat/Herkunft: Tropen bis Subtropen von Asien, Afrika und Südeuropa.
Wuchsform: Grundständige Pflanze mit feinen, braunen Wurzeln und aufstrebenden, dünnen und drahtigen, schwarzglänzenden Blattstielen. Je nach Sorte sind die dunkelgrünen Blätter unterschiedlich gefiedert bis geteilt.
Pflanzenhöhe: Je nach Alter 30 bis 50 cm.
Blattform und Grösse: Die Art cretica weist grosse, einfach gefiederte Blätter auf, die Sorten 'R' und 'Wimsetii' weisen schmale Blättchen auf und sind an den Enden noch fächerartig geteilt. Grösse 20 bis 30 cm lang.
Zeitraum des Angebotes: Durch das ganze Jahr.
Schnittreife: Die unteren Blätter mit guter Ausreife sind zu verwenden, junge und weiche Blätter welken rasch.
Haltbarkeit: 5 bis 8 Tage.
Kühllagerung: In Folienbeuteln möglich.
Besondere Pflege: Die Schnittstiele müssen angebrannt werden.
Verwendung: Brautbindereien, Tischdekorationen.
Besonderheiten: Die Schnittstellen sollten immer mit Wasser in Verbindung stehen, z. B. in nasse Zeitungen einwickeln.

Pteris cretica 'Albolineata' ♃ (K)

Synonym: –.
Familie: Acrostichaceae.
Handelsname: Saumfarn.
Heimat/Herkunft: Tropen bis Subtropen, Afrika bis Asien.
Charakter: Geltungsform.
Stofflichkeit: Samtig, ledrig, je nach Sorte.
Bewegung: Ausschwingend.
Wuchsform: Grundständiger Farn mit drahtigen Stielen und einfach gefiederten Wedeln.
Pflanzenhöhe: Je nach Alter 20 bis 40 cm.
Blattform und Grösse: Je nach Alter und Sorte 2 bis 6 gegenständige Seitenfiedern. 15 bis 25 cm lang.
Zeitraum des Angebotes: Das ganze Jahr hindurch.
Schnittreife: Die Wedel müssen gut entwickelt und ausgereift sein.
Haltbarkeit: 5 bis 8 Tage.
Kühllagerung: In Folienbeuteln möglich.
Besondere Pflege: Schnittstellen anbrennen.
Verwendung: Brautbinderei sowie weitere feine Bindereien.
Besonderheiten: Die verschiedenen Pterisarten und -sorten bringen uns viele Kombinationsmöglichkeiten.

Adiantum raddianum ♃ ✂ ⌂

Synonym: A. cuneatum, A. decorum.
Familie: Adiantaceae.
Handelsname: Frauenhaarfarn.
Heimat/Herkunft: Tropen bis Subtropen, verbreitet in Amerika.
Charakter: Geltungsform, Edelform, Gemeinschaftsform.
Stofflichkeit: Glasige Oberfläche, seidige Erscheinung.
Bewegung: Ausschwingend.
Wuchsform: Grundständiger Farn mit dünnen, schwarzen Blattstielen. Die Wedel sind in zahlreiche runde bis dreieckige Blättchen unterteilt.
Pflanzenhöhe: Je nach Alter 20 bis 50 cm.
Blattform und Grösse: Mehrfach gefiedert, Wedellänge ohne Stiel 15 bis 30 cm.
Zeitraum des Angebotes: Durch das ganze Jahr.
Schnittreife: Die schnittreifen Wedel müssen dunkelgrün gefärbt und fest sein.
Haltbarkeit: 3 bis 5 Tage.
Kühllagerung: In Folienbeuteln möglich.
Besondere Pflege: Die Schnittstellen müssen angebrannt werden.
Verwendung: Brautbindereien, Tischdekorationen.
Besonderheiten: Die Schnittstellen sollten immer mit Feuchtigkeit in Verbindung stehen, z.B. mit nassen Zeitungen umwickeln.

△ 533 Adiantum raddianum
▽ 534 Cyrtomium falcatum

Cyrtomium falcatum ♃ ⌂

Synonym: Aspidium falcatum, Polystichum falcatum, Phanerophlebia falcata.
Familie: Aspidiaceae.
Handelsname: Sichelfarn.
Heimat/Herkunft: China, Japan, Korea.
Charakter: Geltungsform.
Stofflichkeit: Ledrig.
Bewegung: Ausschwingend.
Wuchsform: Grundständige Rosette mit flach ausstrebenden harten Blattwedeln. Einfach gefiedert. Die einzelnen Blättchen sind sichelartig leicht gebogen.
Pflanzenhöhe: 30 bis 40 cm, Ø bis 80 cm.
Blattform und Grösse: Dunkelgrün glänzende, einfach gefiederte Wedel von bis 40 cm Länge und 10 bis 15 cm Breite.
Zeitraum des Angebotes: Januar bis Dezember.
Schnittreife: Nur gut ausgereifte Blätter verwenden.
Haltbarkeit: 10 bis 14 Tage.
Kühllagerung: Möglich.
Besondere Pflege: Schnittstellen anbrennen.
Verwendung: Als Begleit- oder Hauptelement.
Besonderheiten: Auch zum Trocknen geeignet.

△ 535 Dryopteris filix-mas
▽ 536 Polystichum setiferum 'Plumosum Densum'

Dryopteris filix-mas ♃ ☠

Synonym: –.
Familie: Aspidiaceae.
Handelsname: Wurmfarn.
Heimat/Herkunft: Europa, Asien, Nordamerika.
Charakter: Geltungsform.
Stofflichkeit: Rustikal.
Bewegung: Ausschwingend.
Wuchsform: Grundständiger Farn mit straff aufrecht bis leicht ausladenden, kräftigen Wedeln. Die Stiele sind dicht mit Schuppen besetzt.
Pflanzenhöhe: Bis 100 cm.
Blattform und Grösse: Einfach gefiedert mit fiederteiligen Fiedern. 50 bis 100 cm lang, 10 bis 20 cm breit.
Zeitraum des Angebotes: Ab April bis September.
Schnittreife: Nur gut ausgereifte Wedel mit dunkler Farbe und einer gewissen Festigkeit verwenden.
Haltbarkeit: 5 bis 8 Tage.
Kühllagerung: Möglich.
Besondere Pflege: Die Schnittstellen mit Vorteil anbrennen.
Verwendung: Vorwiegend in der Straussbinderei. Beim Stecken in die Steckmasse unbedingt tief stecken.
Besonderheiten: Diese Farnwedel können auch gut getrocknet werden, sie sind für die Trokkenbinderei geeignet.

Polystichum setiferum 'Plumosum Densum' ♃

Synonym: P. angulare, P. aculeatum, Aspidium angulare.
Familie: Aspidiaceae.
Handelsname: Gefiederter Schildfarn.
Heimat/Herkunft: West-, Mittel- bis Südeuropa, Indien, Ceylon.
Charakter: Geltungsform.
Stofflichkeit: Rustikal, ledrig.
Bewegung: Ausschwingend.
Wuchsform: Grundständiger Freilandfarn mit spiralig gedrehten, ausladenden prächtigen Blattwedeln. Gute Festigkeit, wintergrün.
Pflanzenhöhe: 50 cm.
Blattform und Grösse: Leicht gebogene Schwertform mit doppelter bis dreifacher Fiederung, 30 bis 50 cm lang und 10 bis 15 cm breit.
Zeitraum des Angebotes: Ab Mai bis Oktober.
Schnittreife: Wenn die Wedel fest sind.
Haltbarkeit: 5 bis 10 Tage.
Kühllagerung: Möglich.
Besondere Pflege: Ein guter Anschnitt der Stiele ist nötig sowie ein Anbrennen.
Verwendung: Dekorationssträusse und allgemein als Abschlussgrün bei grösseren Arbeiten.
Besonderheiten: Auch zum Trocknen sehr gut geeignet, dann unbeschränkt haltbar.

Rumohra adiantiformis ♃ ⌂

Synonym: Arachniodes adiantiformis, Polystichum adiantiforme.
Familie: Aspidiaceae.
Handelsname: Lederfarn.
Heimat/Herkunft: Südafrika, Mittel- und Südamerika, Australien, Polynesien, Neuseeland.
Wuchsform: Grundständige Pflanze mit drahtigen, dünnen Blattstielen, die flache, mattgrün glänzende, doppelgefiederte Blätter tragen. Diese neigen sich flach bis überhängend.
Pflanzenhöhe: Je nach Alter 30 bis 50 cm.
Blattform und Grösse: In der Gesamtform breitgefächert und in eine Spitze auslaufend, 20 bis 30 cm lang.
Zeitraum des Angebotes: Durch Importe durch das ganze Jahr.
Schnittreife: Die Blattwedel müssen eine gute Reife aufweisen.
Haltbarkeit: Gut.
Kühllagerung: Ja.
Besondere Pflege: Ein guter Anschnitt ist notwendig.
Verwendung: Oft als Abschlussgrün.
Besonderheiten: Die Blattspitzen trocknen gerne ein.

△ 537 Rumohra adiantiformis
▽ 538 Currania dryopteris

Currania dryopteris ♃

Synonym: Polypodium dryopteris, Aspidium dryopteris, Phegopteris dryopteris, Nephrodium dryopteris, Lastrea dryopteris, Gymnocarpium dryopteris, Thelypteris Dr., Dryopteris linnaeana, D. disjuncta, Carpogymniadryopteris.
Familie: Athyriaceae.
Handelsname: Eichenfarn.
Heimat/Herkunft: Nördliche gemässigte Zone.
Charakter: Geltungsform.
Stofflichkeit: Ledrig, rustikal.
Bewegung: Ausschwingend.
Wuchsform: Farn mit kriechenden Rhizomen. Die feingefiederten Blattwedel sind fast flach ausgebreitet.
Pflanzenhöhe: 15 bis 30 cm.
Blattform und Grösse: Die Blattwedel sind dreifach gefiedert.
Zeitraum des Angebotes: Durch das ganze Jahr.
Schnittreife: Gut ausgereifte Blattwedel.
Haltbarkeit: 5 bis 10 Tage.
Kühllagerung: Möglich, in Folien verpackt auch 1 bis 2 Tage ohne Wasser.
Besondere Pflege: Blattstiele anschneiden.
Verwendung: Allgemeine bis spezielle Bindereien in verschiedenen Einsatzbereichen, z. B. als Abschlussgrün oder freistehend.
Besonderheiten: Unterschiedliche Grösse.

△ 539 Blechnum spicant
▽ 540 Davallia mariesii

Blechnum spicant ♃

Synonym: –.
Familie: Blechnaceae.
Handelsname: Rippenfarn.
Heimat/Herkunft: Europa, Nordafrika, Kleinasien, Iran, China, Japan, Nordamerika.
Charakter: Geltungsform.
Stofflichkeit: Rustikal, ledrig.
Bewegung: Ausschwingend.
Wuchsform: Grundständiger Farn mit straff aufrechtstehenden, schlanken Wedeln, die dunkelgrün glänzen. Wintergrün.
Pflanzenhöhe: 40 cm.
Blattform und Grösse: Langgestreckte, schwertförmige Wedel mit einfacher Fiederung. Bis 40 cm lang und 5 bis 8 cm breit.
Zeitraum des Angebotes: Ab April bis Oktober.
Schnittreife: Ausgewachsene Blätter mit genügender Reife und Festigkeit verwenden.
Haltbarkeit: 5 bis 10 Tage.
Kühllagerung: Möglich.
Besondere Pflege: Einen guten Anschnitt vornehmen, die Stiele müssen angebrannt werden.
Verwendung: Für verschiedene feine Bindereien geeignet als ausschwingende Abschlussbewegung einer Arbeit.
Besonderheiten: Blechnumwedel können auch getrocknet werden.

Davallia mariesii ♃ w→ⓦ

Synonym: D. bullata.
Familie: Davalliaceae.
Handelsname: Büchsenfarn.
Heimat/Herkunft: China.
Charakter: Geltungsform.
Stofflichkeit: Rustikal.
Bewegung: Ausschwingend.
Wuchsform: Farnpflanze mit kriechenden Ausläufertrieben. Aus ihnen entwickeln sich dunkelgrünglänzende, mehrfach geteilte Blätter mit dekorativer Wirkung und guter Haltbarkeit.
Pflanzenhöhe: Als Ampelpflanze bis 80 cm.
Blattform und Grösse: Das Blatt wird bis 20 cm lang und 12 bis 15 cm breit.
Zeitraum des Angebotes: Durch das ganze Jahr.
Schnittreife: Nur dunkelgrüne und ausgereifte Blätter verwenden.
Haltbarkeit: 10 bis 15 Tage und länger.
Kühllagerung: Nicht nötig.
Besondere Pflege: Ein guter Anschnitt der Blattstiele und ein Anbrennen derselben verlängert die Frische.
Verwendung: Allgemeine feine Bindereien wie Brautsträusse, Tischdekorationen, Sträusse u. a.
Besonderheiten: Sehr haltbares Farngrün.

Nephrolepis cordifolia ♃ (W)

Synonym: N. tuberosa, N. cordato.
Familie: Nephrolepidaceae.
Handelsname: Herzblättriger Schwertfarn.
Heimat/Herkunft: Tropisches Asien bis Neuseeland.
Charakter: Geltungsform.
Stofflichkeit: Ledrig.
Bewegung: Ausschwingend.
Wuchsform: Farnpflanze mit grundständigen, einfach gefiederten Blattwedeln. Es bilden sich auch Ausläufer, die der Vermehrung dienen.
Pflanzenhöhe: 50 bis 60 cm.
Blattform und Grösse: Blattwedel mit starker Mittelrippe und dichtstehenden seitlichen Querfiedern. 30 bis 50 cm.
Zeitraum des Angebotes: Durch das ganze Jahr.
Schnittreife: Nur gut ausgereifte Blattwedel verwenden!
Haltbarkeit: 5 bis 10 Tage.
Kühllagerung: Möglich, noch besser, wenn sie in Folien verpackt sind.
Besondere Pflege: Guter Anschnitt der Stiele. Schnittstellen anbrennen.
Verwendung: Allgemeine bis spezielle Bindereien.
Besonderheiten: Durch das Eintrocknen der Wedel kann sich eine neue Aussage ergeben.

Nephrolepis exaltata ♃ (W)

Synonym: –.
Familie: Nephrolepidaceae.
Handelsname: Hochgewachsener Schwertfarn.
Heimat/Herkunft: Tropenzone.
Charakter: Geltungsform.
Stofflichkeit: Metallisch, rustikal, ledrig, je nach Sorte.
Bewegung: Ausschwingend.
Wuchsform: Aufstrebender Farn mit sehr langen, im Alter überhängenden, einfach bis doppelt gefiederten Blattwedeln. Sehr dekorativ.
Pflanzenhöhe: Im Alter bis 1 m hoch und mehr.
Blattform und Grösse: In der Grundform schwertförmig, 40 bis 100 cm lang und 8 bis 12 cm breit.
Zeitraum des Angebotes: Durch das ganze Jahr.
Schnittreife: Nur untere, gut ausgereifte Wedel verwenden!
Haltbarkeit: 5 bis 10 Tage.
Kühllagerung: Möglich, mit Vorteil in Folie verpackt.
Besondere Pflege: Guter Anschnitt der Schnittstellen und Anbrennen derselben.
Verwendung: Brautbinderei, Tischdekorationen, Strässe, meist als ausschwingende Bewegung.
Besonderheiten: Junge Wedel entspitzen.

△ 541 Nephrolepis cordifolia
▽ 542 Nephrolepis exaltata

543 + 544 Araucaria araucana

Araucaria araucana ♄

Synonym: A. imbricata.
Familie: Araucariaceae.
Handelsname: Araucarie.
Heimat/Herkunft: Südchile.
Persönlichkit: Herrschaftsform.
Stofflichkeit: Ledrige Schuppennadeln, ganze Zweige rustikal.
Ausstrahlung: Kraft, Stolz.
Wuchsform: Grosser Baum mit bis zur Spitze verlaufendem, kräftigem Stamm und oben lockerer, breitverzweigter Krone. Die langen Äste wachsen anfänglich schräg aufrecht bis waagrecht, später sind sie leicht hängend. Die Rinde ist grau.
Pflanzenhöhe: Im Alter Solitärbaum, in milden Gegenden bis 20 Meter und mehr.
Blattform und Grösse: Die dunkelgrün glänzenden Nadeln sind gross, 3 bis 4 cm lang und etwa 1 cm breit. Sie stehen rund um die wenig verzweigten Endtriebe und sind stechend.
Zeitraum des Angebotes: Durch Importe praktisch das ganze Jahr.
Schnittreife: Die runden Triebe müssen gut ausgereift sein.
Haltbarkeit: Sehr gut.
Kühllagerung: Gut.
Besonderheiten: Die Triebe können auch getrocknet werden.

545 + 546 Araucaria heterophylla

Araucaria heterophylla ♄

Synonym: A. excelsa.
Familie: Araucariaceae.
Handelsname: Zimmertanne.
Heimat/Herkunft: Norfolkinseln.
Persönlichkeit: Geltungsform bis Herrschaftsform.
Stofflichkeit: Ledrig, ganze Erscheinung rustikal.
Ausstrahlung: Klarheit, leicht bis kraftvoll, je nach Grösse.
Wuchsform: Straff aufrechter Stamm mit quirligen Ästen in regelmässigen Abständen. Die Äste stehen waagrecht und flach breitgefächert. Form: breite Pyramide.
Pflanzenhöhe: Als Zimmerpflanze 80 bis 200 cm.
Blattform und Grösse: Weiche Benadelung in Dunkelgrün mit leichtem Glanz. Bei Jungtrieben sind diese mehr flach angeordnet, bei älteren Pflanzen rund um die gleichmässig verästelten Seitentriebe. Diese langen und dünnen Zweige werden für die Binderei verarbeitet.
Zeitraum des Angebotes: Durch Importe durch das ganze Jahr.
Schnittreife: Bei älteren Pflanzen sind die unteren Triebe praktisch immer in genügender Härte vorhanden..
Haltbarkeit: Sehr gut.
Kühllagerung: Ja.
Besonderheiten: Auch als Topfpflanze mit interessantem Wuchs.

Chamaecyparis lawsoniana 'Alumii' ♄ Ⓝ

Synonym: Cupressus lawsoniana.
Familie: Cupressaceae.
Handelsname: Blaue Scheinzypresse.
Heimat/Herkunft: USA.
Charakter: Geltungsform.
Stofflichkeit: Rustikal.
Bewegung: Wärme, ausschwingend.
Wuchsform: Straff aufrecht, säulenbildend, später aber breit wachsend. Die Seitenäste wachsen aufrecht, später etwas abstehend; sie sind dicht verzweigt und abgeflacht.
Pflanzenhöhe: Im Alter 5 bis 7 m.
Blattform und Grösse: Die schuppige Belaubung ist stahlblau, später graublau. Die Früchte sind ohne Bedeutung. Die Sorte 'Alumii Gold' weist goldgelbe Jungtriebe auf.
Zeitraum des Angebotes: Oktober bis April.
Schnittreife: Die Triebe müssen gut ausgefärbt sein.
Haltbarkeit: Gut.
Kühllagerung: Ja.
Besonderheiten: Die Triebe trocknen relativ rasch ein.

Chamaecyparis lawsoniana 'Stewartii' ♄

Synonym: Cupressus lawsoniana.
Familie: Cupressaceae.
Handelsname: Scheinzypresse Stewartii.
Heimat/Herkunft: USA, Südwestoregon, Nordwestkalifornien.
Persönlichkeit: Geltungsform bis verbindende Persönlichkeit.
Stofflichkeit: Rustikal bis ledrig.
Ausstrahlung: Wärme, Ruhe.
Wuchsform: Kleiner bis mittlerer Baum in strenger Pyramidenform mit einem Mittelstamm. Die zahlreichen Äste sind anfänglich etwas aufstrebend, später stehen sie waagrecht; die Spitzen und Endzweige sind nickend bis hängend.
Pflanzenhöhe: Im Alter 6 bis 10 m.
Blattform und Grösse: Schuppenförmige Belaubung. Die Nadeln an den Jungtrieben sind goldgelb, ältere sind grünlichgelb, im Winter mehr grünlich.
Zeitraum des Angebotes: August bis April.
Schnittreife: Wenn die Zweige gut ausgefärbt und ausgereift sind.
Haltbarkeit: Gut.
Kühllagerung: Ja.
Besonderheiten: Diese Art lässt die Nadeln nicht fallen.

△ 547 Chamaecyparis lawsoniana 'Alumii'
▽ 548 Chamaecyparis lawsoniana 'Alumii Gold'

▽ 549 Chamaecyparis lawsoniana 'Stewartii'

△ 550 Chamaecyparis obtusa 'Nana Gracilis'
▽ 551 Chamaecyparis pisifera 'Aurea'

Chamaecyparis obtusa 'Nana Gracilis' ♄ Ⓝ

Synonym: Retinispora obtusa, Cupressus obtusa.
Familie: Cupressaceae.
Handelsname: Muschelzypresse.
Heimat/Herkunft: Japan, Taiwan.
Persönlichkeit: Edel.
Stofflichkeit: Rustikal.
Bewegung: Wärme, kompakt, sammelnd.
Wuchsform: Schwachwüchsige Zwergkonifere, äusserst kugelig, später bildet sich eine breite Kegelform. Die Zweige sind muschel- bis tütenförmig gedreht.
Pflanzenhöhe: Im Alter 100 bis 200 cm.
Blattform und Grösse: Die kurzen, schuppigen Nadeln sind dunkelgrün glänzend, der Neuaustrieb gelbgrün aufgehellt.
Zeitraum des Angebotes: Oktober bis April.
Schnittreife: Die Zweige müssen gut ausgereift sein.
Haltbarkeit: Sehr gut.
Kühllagerung: Ja.
Besonderheiten: Sehr teuer im Ankauf.

Chamaecyparis pisifera 'Aurea' ♄ Ⓝ

Synonym: Retinispora pisifera, Cupressus pisifera.
Familie: Cupressaceae.
Handelsname: Gelbe Mooszypresse.
Heimat/Herkunft: Japan.
Persönlichkeit: Geltungs- bis Herrschaftsform.
Stofflichkeit: Rustikal.
Bewegung: Wärme, aufstrebend, ruhig.
Wuchsform: Kleiner Baum mit 1 bis 3 Stämmen, senkrecht aufrecht. Die dichtverzweigten Äste stehen waagrecht mit hängenden Zweigen. Form: breiter Kegel.
Pflanzenhöhe: Im Alter 5 bis 7 m.
Blattform und Grösse: Die nadelartigen Blätter sind grünlichgoldig, moosartig gekräuselt und stehen sehr dicht. Der Neuaustrieb ist goldgelb, im Winter oft bronzegelb.
Zeitraum des Angebotes: Oktober bis April.
Schnittreife: Die Triebe müssen gut ausgereift und ausgefärbt sein.
Haltbarkeit: Gut.
Kühllagerung: Ja.
Besonderheiten: Die Zweige trocknen gut ein.

Chamaecyparis pisifera 'Squarrosa Boulevard' ♄

Synonym: Retinispora pisifera, Cupressus pisifera.
Familie: Cupressaceae.
Handelsname: Niedrige Silberzypresse.
Heimat/Herkunft: Japan.
Persönlichkeit: Geltungsform
Stofflichkeit: Wollig.
Ausstrahlung: Wärme bis angenehme Frische.
Wuchsform: Zwergbaum mit einem aufstrebenden Stamm, der jedoch hinter dichter Benadelung versteckt bleibt. Die Äste stehen waagrecht und sind dicht verzweigt. Form: regelmässiger Kegel.
Pflanzenhöhe: Im Alter bis 3 m und mehr.
Blattform und Grösse: Die Nadeln sind relativ kurz, silberblau bis später graublau. Im Winter verfärben sich die Triebspitzen häufig bronzebläulich.
Zeitraum des Angebotes: Oktober bis April.
Schnittreife: Die Zweige müssen gut ausgefärbt sein.
Haltbarkeit: Sehr gut.
Kühllagerung: Gut.
Besonderheiten: Lässt die Nadeln nicht fallen.

Cupressus arizonica ♄ Ⓝ

Synonym: –.
Familie: Cupressaceae.
Handelsname: Arizonazypresse.
Heimat/Herkunft: Südliche USA-Staaten bis Nordmexiko.
Persönlichkeit: Geltungsform bis Herrschaftsform.
Stofflichkeit: Ledrig, rustikal.
Ausstrahlung: Kühle, herbe Frische.
Wuchsform: Streng pyramidal wachsend. Aufstrebend, dicht verzweigt. Der Stamm ist schuppig und hat eine glatte, purpurrote Rinde.
Pflanzenhöhe: Im Alter bis 25 m.
Blattform und Grösse: Die kleinen schuppenförmigen Blättchen sind von grüner, graublauer Färbung mit weissen Flecken.
Zeitraum des Angebotes: August bis April.
Schnittreife: Die Triebe müssen gut ausgereift sein.
Haltbarkeit: Gut.
Kühllagerung: Möglich.
Besonderheiten: Lässt die Nadeln nicht fallen.

△ 552 Chamaecyparis pisifera 'Squarrosa Boulevard'
▽ 553 Cupressus arizonica

△ 554 Cupressus sempervirens var. sempervirens
▽ 555 Juniperus chinensis

Cupressus sempervirens var. sempervirens ♄ ⌂

Synonym: –.
Familie: Cupressaceae.
Handelsname: Immergrüne Säulenzypresse.
Heimat/Herkunft: Kreta, Kleinasien, Afghanistan, Nordwestindien.
Persönlichkeit: Geltungsform.
Stofflichkeit: Rustikal.
Ausstrahlung: Wärme.
Wuchsform: Schmaler, aufrechter Wuchs, meist mehrstämmig und stark verzweigt. Form: schlanker Kegel mit locker ausschwingenden Triebspitzen.
Pflanzenhöhe: Im Alter bis 15 m.
Blattform und Grösse: Die kurzen Nadeln sind graugrün. Zugleich bilden sich baumnussgrosse, runde, glänzendbraune Zapfen.
Zeitraum des Angebotes: Oktober bis April.
Schnittreife: Die Triebspitzen müssen gut ausgefärbt und ausgereift sein.
Haltbarkeit: Gut, die Schuppen bleiben daran.
Kühllagerung: Ja.
Besonderheiten: Die Zweige trocknen relativ rasch ein.

Juniperus chinensis ♄–♄

Synonym: J. x media.
Familie: Cupressaceae.
Handelsname: Chinesischer Wacholder.
Heimat/Herkunft: Japan, China, Mongolei.
Persönlichkeit: Geltungsform.
Stofflichkeit: Rustikal.
Ausstrahlung: Dumpf, ruhig.
Wuchsform: Breiter Strauch mit sehr kurzen Stämmen. Die Seitenäste sind kräftig ausladend und steigen nur wenig an, untere Äste liegen auf dem Boden, und so bilden sich flache, breite Büsche, die oft grössere Flächen einnehmen können.
Pflanzenhöhe: Im Alter 1,5 bis 2 m hoch und 5 bis 6 m breit.
Blattform und Grösse: Die schuppigen bis kurznadeligen Blättchen sind moosgrün und duften stark.
Zeitraum des Angebotes: Oktober bis April.
Schnittreife: Die schlanken Triebspitzen müssen ausgereift sein und eine gewisse Stabilität aufweisen.
Haltbarkeit: Gut.
Kühllagerung: Ja.
Besonderheiten: –.

Juniperus squamata ♄

Synonym: –.
Familie: Cupressaceae.
Handelsname: Zwergwacholder.
Heimat/Herkunft: Himalaja, China, Taiwan.
Persönlichkeit: Geltungsform bis Herrschaftsform.
Stofflichkeit: Rustikal.
Ausstrahlung: Kühle, Frische.
Wuchsform: Kurzstämmiger Zwergstrauch mit vorerst kompaktem, flachem Wuchs. Später bildet sich eine unregelmässig gewölbte Polsterform.
Pflanzenhöhe: Je nach Alter 30 bis 90 cm hoch und bis 150 cm breit.
Blattform und Grösse: Die kurzen Nadeln sind spitz, stechend und je nach Sorte graublau bis silbriggrau.
Zeitraum des Angebotes: Oktober bis April.
Schnittreife: Nach guter Triebreife und Ausfärbung der Nadeln.
Haltbarkeit: Gut.
Kühllagerung: Ja.
Besonderheiten: Wir finden eine grosse Sortenvielfalt.

Thuja occidentalis ♄ ⚘ Ⓝ

Synonym: –.
Familie: Cupressaceae.
Handelsname: Abendländischer Lebensbaum.
Heimat/Herkunft: Östliches Nordamerika.
Persönlichkeit: Geltungsform.
Stofflichkeit: Rustikal.
Ausstrahlung: Wärme.
Wuchsform: Schmaler Baum, meist nur 1 Stamm bis zur Spitze. Die Seitenäste sind aufstrebend bis waagrecht abstehend. Die einzelnen Triebe wirken flachgedrückt.
Pflanzenhöhe: Im Alter 2 bis 3 m und mehr.
Blattform und Grösse: Die kurzen Schuppen sind flachliegend, dunkelgrün mit mattem Glanz.
Zeitraum des Angebotes: August bis April.
Schnittreife: Die Triebe müssen gut ausgereift sein.
Haltbarkeit: Gut.
Kühllagerung: Ja.
Besonderheiten: Starker Duft bei der Verarbeitung.

△ 556 Juniperus squamata
▽ 557 Thuja occidentalis

△ 558 Thuja plicata
▽ 559 Thujopsis dolabrata

Thuja plicata ♄ ♉ Ⓝ

Synonym: T. gigantea.
Familie: Cupressaceae.
Handelsname: Riesen-Lebensbaum.
Heimat/Herkunft: Alaska bis Kanada und nördliche USA-Staaten.
Persönlichkeit: Geltungsform.
Stofflichkeit: Rustikal.
Ausstrahlung: Herbe, Wärme.
Wuchsform: Hoher Baum mit durchgehendem, aufrechtem Stamm. Die Äste stehend aufstrebend bis waagrecht mit relativ dichter Verzweigung.
Pflanzenhöhe: Im Alter 10 bis 15 m.
Blattform und Grösse: Die dichten Schuppen sind dunkelgrün bis, je nach Sorte, gelbgrün glänzend und weisen einen aromatischen Duft auf.
Zeitraum des Angebotes: August bis April.
Schnittreife: Die Triebe müssen gut ausgereift sein.
Haltbarkeit: Gut.
Kühllagerung: Ja.
Besonderheiten: Die Triebe trocknen relativ rasch ein.

Thujopsis dolabrata ♄ Ⓝ

Synonym: –.
Familie: Cupressaceae.
Handelsname: Hiba-Lebensbaum.
Heimat/Herkunft: Japan.
Persönlichkeit: Geltungsform.
Stofflichkeit: Ledrig.
Ausstrahlung: Wärme, Herbe.
Wuchsform: Strauchig bis Zwergbaum mit dünnen Stämmen. Die Äste bis Zweige sind unregelmässig zerstreut und flach gefächert. Form: breiter Busch bis Kegel.
Pflanzenhöhe: Im Alter 5 bis 7 m.
Blattform und Grösse: Die grossen Schuppen sind glänzend dunkelgrün und unterseits weiss gefleckt. Im Winter weisen sie eine bronzegrüne Tönung auf.
Zeitraum des Angebotes: Oktober bis April.
Schnittreife: Die Triebe müssen eine gewisse Festigkeit aufweisen.
Haltbarkeit: Gut.
Kühllagerung: Ja.
Besonderheiten: Trocknet langsam ein, ist jedoch dann auch noch brauchbar.

Abies alba ♄ Ⓝ

Synonym: Pinus picea, A. nobilis, A. pectinata.
Familie: Pinaceae.
Handelsname: Weisstanne.
Heimat/Herkunft: Europa.
Persönlichkeit: Geltungsform, Herrschaftsform.
Stofflichkeit: Ledrig.
Ausstrahlung: Wärme, leicht ausschwingend.
Wuchsform: Hoher Baum mit durchgehendem Stamm bis zur Spitze. Die seitlichen Äste stehen in regelmässigen Abständen in Etagen schräg seitlich aufrecht. Pyramidaler Aufbau.
Pflanzenhöhe: Im Alter bis 20 m.
Blattform und Grösse: Die Nadeln sind dunkelgrün glänzend, radial auf der Zweigoberseite. Sie sind unterseits weissgestreift, 2 cm lang.
Zeitraum des Angebotes: Oktober bis April.
Schnittreife: Wenn die Triebe ausgereift sind.
Haltbarkeit: Im Wasser gut.
Kühllagerung: Ja.
Besonderheiten: Die Nadeln fallen relativ schnell ab.

△ 560 Abies alba
▽ 561 Abies nordmanniana

Abies nordmanniana ♄ Ⓝ

Synonym: A. candicans.
Familie: Pinaceae.
Handelsname: Nordmanntanne.
Heimat/Herkunft: Kleinasien, Kaukasus.
Persönlichkeit: Edel- bis Herrschaftsform.
Stofflichkeit: Ledrig.
Ausstrahlung: Allseits edel.
Wuchsform: Hoher, kräftiger Baum mit durchgehendem Stamm. Die Äste stehen in dichten Etagen schräg nach aussen. Sehr breit wachsend. Form: breiter Kegel.
Pflanzenhöhe: Im Alter bis 25 m.
Blattform und Grösse: Dunkelgrün glänzende Nadeln, die unterseits silberweiss gebändert sind. Sie sind bis 3 cm lang und stehen dicht bürstenförmig.
Zeitraum des Angebotes: Oktober bis April.
Schnittreife: Nach guter Ausreife der Triebe und Nadeln.
Haltbarkeit: Gut.
Kühllagerung: Ja.
Besonderheiten: Die Nadeln halten sehr lange.

△ 562 Abies pinsapo 'Glauca'
▽ 563 Abies procera 'Glauca'

Abies pinsapo 'Glauca' ♄ Ⓝ

Synonym: –.
Familie: Pinaceae.
Handelsname: Spanische Tanne.
Heimat/Herkunft: Südspanien, Nordmarokko.
Persönlichkeit: Edel, Herrschaftsform.
Stofflichkeit: Ledrig.
Ausstrahlung: Auslaufend, Kühle.
Wuchsform: Hoher Baum mit durchgehendem Stamm. Die Äste stehen in quirligen Etagen, breitausladend bis leicht aufsteigend. Form: Breiter Kegel.
Pflanzenhöhe: Im Alter bis 20 m.
Blattform und Grösse: Die Nadeln sind blaugrün, wachsig überzogen, nach allen Seiten bürstenartig abstehend.
Zeitraum des Angebotes: Oktober bis April.
Schnittreife: Wenn die Nadeln gut ausgefärbt und ausgereift sind.
Haltbarkeit: Gut.
Kühllagerung: Ja.
Besonderheiten: Die Nadeln sind etwas stechend, wirken aber sehr dekorativ.

Abies procera 'Glauca' ♄ Ⓝ

Synonym: A. nobilis.
Familie: Pinaceae.
Handelsname: Silbertanne.
Heimat/Herkunft: USA: Washington bis Nordkalifornion.
Persönlichkeit: Edelform.
Stofflichkeit: Lederig.
Ausstrahlung: Ausladend, Kühle.
Wuchsform: Mittelhoher Baum mit durchgehendem Stamm. Die Äste stehen in quirligen Etagen breitwüchsig flach, waagrecht. Schmale, konische Form.
Pflanzenhöhe: Im Alter bis 15 m.
Blattform und Grösse: Die Nadeln an den jungen Trieben sind blaugrün gefärbt, später vergrünen sie etwas. Länge 2 cm.
Zeitraum des Angebotes: Oktober bis April.
Schnittreife: Wenn die Neuaustriebe gut ausgefärbt und ausgereift sind.
Haltbarkeit: Gut.
Kühllagerung: Ja.
Besonderheiten: Die Nadeln fallen nicht ab, sie trocknen ein. Es bilden sich auch 10 bis 15 cm lange, violette Zapfen.

Cedrus atlantica 'Glauca' ♄ Ⓝ

Synonym: C. libani ssp. atlantica, C. libanotica ssp. atlantica.
Familie: Pinaceae.
Handelsname: Atlaszeder.
Heimat/Herkunft: Atlasgebirge.
Persönlichkeit: Edel- bis Herrschaftsform.
Stofflichkeit: Ledrig.
Ausstrahlung: Ausschwingend, Kühle.
Wuchsform: Mittelhoher bis hoher Baum mit durchgehendem Stamm. Die starken Hauptäste wachsen zuerst straff aufrecht, später schräg bis flach auslaufend. Zedern bilden breite, lockere Kronen.
Pflanzenhöhe: Im Alter 10 bis 15 m.
Blattform und Grösse: Die weichen Nadeln sind silbriggrau und bis 2 cm lang. Sie stehen quirlig an Kurztrieben.
Zeitraum des Angebotes: August bis April.
Schnittreife: Äussere, schlank verzweigte Triebe, wenn sie gut ausgefärbt sind.
Haltbarkeit: Nicht ideal.
Kühllagerung: Ja.
Besonderheiten: Die Nadeln fallen sehr schnell ab. Mit Vorteil im Freien verwenden.

△ 564 Cedrus atlantica 'Glauca'

Larix decidua ♄ Ⓝ

Synonym: L. europaea.
Familie: Pinaceae.
Handelsname: Europäische Lärche.
Heimat/Herkunft: Alpen, Sudetenland, Karpaten.
Persönlichkeit: Edelform.
Stofflichkeit: Leicht ledrig.
Ausstrahlung: Ausschwingend, Wärme.
Wuchsform: Grosser Baum mit durchgehendem Stamm und lockeren, quirligen Etagen. Die Äste wachsen meist flach bis leicht ansteigend. Äussere Zweige hängen locker herunter. Form: breiter Kegel
Pflanzenhöhe: Im Alter 15 bis 25 m.
Blattform und Grösse: Die weichen, grünen Nadeln färben sich im Herbst goldgelb und fallen ab. Sie sind 20 bis 25 mm lang und stehen in Quirlen dicht zusammen.
Zeitraum des Angebotes: Mit Nadeln August bis Oktober, ohne Nadeln November bis April.
Schnittreife: Vor der vollen Herbstfärbung, sonst fallen die Nadeln früh ab.
Haltbarkeit: Nur kurze Zeit mit Nadeln.
Kühllagerung: Ja.
Besonderheiten: Dekorativ wirken auch die eirunden, etwa 2 cm grossen, hellbraunen Zapfen. Die lockeren Zweige sind auch ohne Nadeln sehr beliebt.

△▽ 565 + 566 Larix decidua

△ 567 Picea abies
▽ 568 Picea omorika

Picea abies ♄ Ⓝ

Synonym: Pinus abies, Picea excelsa, P. vulgaris, Abies excelsa.
Familie: Pinaceae.
Handelsname: Rotfichte, Rottanne.
Heimat/Herkunft: Europa.
Persönlichkeit: Herrschaftsform.
Stofflichkeit: Rustikal.
Ausstrahlung: Ausschwingend, Wärme.
Wuchsform: Hoher Baum mit durchgehendem Stamm. Die Äste stehen in regelmässigen, quirligen Etagen, in den ersten Jahren ansteigend, später waagrecht bis leicht hängend. Form: spitzer Kegel.
Pflanzenhöhe: Im Alter 30 bis 50 m.
Blattform und Grösse: Dunkelgrüne Nadeln, im Alter bürstig um die Zweige angeordnet und etwas stechend.
Zeitraum des Angebotes: August bis April.
Schnittreife: Wenn die Nadeln gut ausgereift und ausgefärbt sind.
Haltbarkeit: Nicht ideal, die Nadeln lösen sich relativ früh.
Kühllagerung: Ja.
Verwendung: Am idealsten zur Verwendung im Freien.
Besonderheiten: Besonders dekorativ auch mit Zapfenbehang.

Picea omorika ♄

Synonym: Pinus omorika.
Familie: Pinaceae.
Handelsname: Serbische Fichte, Omorikafichte.
Heimat/Herkunft: Mittel-Jugoslawien.
Persönlichkeit: Edel, herrschaftlich.
Stofflichkeit: Ledrige Nadeln.
Ausstrahlung: Kühle, Frische.
Wuchsform: Schmaler Baum mit senkrecht aufstrebendem Stamm bis zur Spitze. Die relativ dichtstehenden Äste sind sichelförmig nach aussen und unten gebogen, Seitenzweige sind leicht hängend.
Pflanzenhöhe: Im Alter 15 bis 20 m.
Blattform und Grösse: Die dunkelgrün glänzenden Nadeln sind bis 2 cm lang und stehen dicht. Die Unterseite ist weiss.
Zeitraum des Angebotes: August bis April.
Schnittreife: Nach guter Ausreife der Triebe und Nadeln.
Haltbarkeit: Gut.
Kühllagerung: Ja.
Besonderheiten: An älteren Bäumen bilden sich auch 5 cm lange, anfänglich violette, später rotbraune Zapfen.

Picea orientalis ♄ Ⓝ

Synonym: –.
Familie: Pinaceae.
Handelsname: Orientalische Fichte, Kaukasusfichte.
Heimat/Herkunft: Kaukasus, Kleinasien.
Persönlichkeit: Edel- bis Herrschaftsform.
Stofflichkeit: Ledrig.
Ausstrahlung: Ausschwingend, Wärme.
Wuchsform: Hoher Baum mit straff aufrechtem, durchgehendem Stamm. Die Äste stehen in regelmässigen Quirlen schräg aufrecht und ausladend. Sie sind dicht verzweigt. Form: breiter Kegel.
Pflanzenhöhe: Im Alter bis 20 m.
Blattform und Grösse: Die 8 mm langen Nadeln sind schwarzgrün glänzend und stehen sehr dicht.
Zeitraum des Angebotes: August bis April.
Schnittreife: Eine gute Ausfärbung und Reife ist notwendig.
Haltbarkeit: Gut.
Kühllagerung: Ja.
Besonderheiten: Die Zweige sind weich und geschmeidig.

△ 569 Picea orientalis
▽ 570 Picea pungens 'Glauca'

Picea pungens 'Glauca' ♄

Synonym: –.
Familie: Pinaceae.
Handelsname: Blaufichte, Blaue Stechfichte.
Heimat/Herkunft: USA.
Persönlichkeit: Herrschaftsform.
Stofflichkeit: Ledrig.
Ausstrahlung: Auslaufend, Kühle.
Wuchsform: Hoher Baum mit durchgehendem, geradem Stamm. Die kräftigen Äste stehen in gleichmässigen, quirligen Etagen flach waagrecht bis leicht hängend. Form: schmaler Kegel.
Pflanzenhöhe: Im Alter 10 bis 20 m hoch werdend.
Blattform und Grösse: Die Nadeln sind silbergrau bis bläulich. Sie sind 2,5 cm lang und leicht gekrümmt.
Zeitraum des Angebotes: August bis April.
Schnittreife: Eine gute Ausfärbung und Ausreife der jungen Triebe ist erforderlich.
Haltbarkeit: Gut.
Kühllagerung: Ja.
Besonderheiten: Vorsichtiger Umgang mit den Zweigen, sonst verliert sich der bläuliche Wachsüberzug aus den Nadeln.

△ 571 Pinus mugo ssp. mugo
▽ 572 Pinus nigra ssp. nigra

Pinus mugo ssp. mugo ♄–♄ Ⓝ

Synonym: P. montana, P. mugo var. mughus, P. mughus, P. montana ssp. mughus.
Familie: Pinaceae.
Handelsname: Bergkiefer, Krummholzkiefer.
Heimat/Herkunft: Gebirge Mitteleuropas, insbesondere Alpen.
Persönlichkeit: Geltungsform.
Stofflichkeit: Ledrig.
Ausstrahlung: Verspielt, brüchig, Wärme.
Wuchsform: Strauch, der meist mehrere Stämme bildet. Die Basis ist stark gekrümmt bis niederliegend, die Äste und Zweige sind jedoch aufstrebend und gut verzweigt. Kegelform bis breitbuschig.
Pflanzenhöhe: Im Alter 3 bis 5 m.
Blattform und Grösse: Die 4 bis 5 cm langen Nadeln sind dunkelgrün und oft sichelförmig gekrümmt und gedreht. Sie stehen je zu 2 paarweise.
Zeitraum des Angebotes: August bis April.
Schnittreife: Wenn die Nadeln gut ausgereift sind.
Haltbarkeit: Gut.
Kühllagerung: Ja.
Besonderheiten: Ideal für kleinere, spezielle floristische Arbeiten.

Pinus nigra ssp. nigra ♄ Ⓝ

Synonym: P. austriaca, P. nigrigans, P. nigra var. austriaca.
Familie: Pinaceae.
Handelsname: Schwarzkiefer.
Heimat/Herkunft: Nordost- und Mittelitalien, Österreich, Balkan.
Persönlichkeit: Geltungs- bis Herrschaftsform.
Stofflichkeit: Ledrig, rustikal.
Ausstrahlung: Verspielt, brüchig, Wärme.
Wuchsform: Hoher, breiter Baum, ein bis mehrstämmig, durchgehend. Die Äste stehen quirlig, waagrecht auslandend mit aufwärtsstrebenden Endtrieben. Form: breiter Kegel.
Pflanzenhöhe: Im Alter bis 20 m.
Blattform und Grösse: Die bis 15 cm langen Nadeln sind tief dunkelgrün und stehen stets paarweise. Sie sind steif und stechend.
Zeitraum des Angebotes: August bis April.
Schnittreife: Die Nadeln müssen gut ausgereift sein.
Haltbarkeit: Gut.
Kühllagerung: Ja.
Besonderheiten: Die Zweige tragen oft auch kurze, schlanke Zapfen.

Pinus strobus ♄ Ⓝ

Synonym: –.
Familie: Pinaceae.
Handelsname: Weymouthskiefer, Seidenkiefer.
Heimat/Herkunft: Östliches Nordamerika.
Persönlichkeit: Edelform.
Stofflichkeit: Seidig bis ledrig.
Ausstrahlung: Ausschwingend, stolz.
Wuchsform: Grosser Baum. Der Stamm ist bis zur Spitze durchgehend. Die Äste stehen in quirligen Etagen nach aussen abstehend bis waagrecht. Die relativ langen Etagenabstände ermöglichen einen lockeren Kronenaufbau.
Pflanzenhöhe: Im Alter 20 bis 30 m.
Blattform und Grösse: Die bis 10 cm langen und dünnen Nadeln sind graugrün und stehen je zu 5 in dichten, pinselartigen Büscheln.
Zeitraum des Angebotes: August bis April.
Schnittreife: Die Triebe müssen gut ausgereift sein.
Haltbarkeit: Gut.
Kühllagerung: Ja.
Besonderheiten: Es bilden sich auch lange, schlanke Zapfen.

Pinus sylvestris ♄ Ⓝ

Synonym: –.
Familie: Pinaceae.
Handelsname: Gemeine Kiefer, Föhre.
Heimat/Herkunft: Nördliches Asien, Vorderasien.
Persönlichkeit: Verspielt.
Stofflichkeit: Ledrige Nadeln, Gesamterscheinung rustikal.
Ausstrahlung: Leichtigkeit, luftig.
Wuchsform: Mittelgrosser bis grosser Baum mit dickem, knorrigem Stamm. Die dicken, braunrindigen Äste verzweigen sich unregelmässig und bilden daher breite und lockere Kronen. Im dichten Bestand können sie auch relativ schlank wachsen.
Pflanzenhöhe: Im Alter 10 bis 20 m und mehr, je nach Standort.
Blattform und Grösse: Die etwa 7 cm langen Nadeln stehen stets paarweise, sie sind graugrün bis grau und sind oft leicht gedreht. Sie haften in der Regel 3 Jahre lang, dann fallen sie ab.
Zeitraum des Angebotes: August bis April.
Schnittreife: Die Triebe müssen gut ausgereift sein.
Haltbarkeit: Gut.
Kühllagerung: Ja.
Besonderheiten: Es bilden sich dekorative, hellbraune Zapfen, die in der Winterbinderei verwendet werden.

△ 573 Pinus strobus
▽ 574 Pinus sylvestris

△ 575 Pinus wallichiana
▽ 576 Tsuga canadensis

Pinus wallichiana ♄–♄ Ⓝ

Synonym: P. excelsa, P. griffithii.
Familie: Pinaceae.
Handelsname: Tränenkiefer.
Heimat/Herkunft: Himalaja bis Afghanistan.
Persönlichkeit: Edelform.
Stofflichkeit: Ledrig.
Ausstrahlung: Seidig.
Wuchsform: Grosser Baum mit geradem, aufrechtem Stamm bis zur Spitze. Die Äste sind breitausladend, anfangs stark ansteigend, später stehen sie waagrecht und wirken etwas sperrig. Form: breiter Kegel.
Pflanzenhöhe: Im Alter 20 bis 25 m.
Blattform und Grösse: Die langen, weichen Nadeln stehen je zu 5 und sind schlaff hängend. Farbe: Graugrün bis Blausilbrig.
Zeitraum des Angebotes: August bis April.
Schnittreife: Wenn die Nadeln gut ausgereift sind.
Haltbarkeit: Gut.
Kühllagerung: Ja.
Besonderheiten: Die Nadeln sind sehr weich.

Tsuga canadensis ♄

Synonym: –.
Familie: Pinaceae.
Handelsname: Kanadische Hemlockstanne.
Heimat/Herkunft: Östliches Nordamerika.
Persönlichkeit: Edelform, Geltungsform.
Stofflichkeit: Ledrig.
Ausstrahlung: Edle Erscheinung.
Wuchsform: Mittelgrosser Baum mit aufstrebendem Stamm. Die Äste sind ausladend bis sanft ansteigend. Die Triebspitzen sind nickend bis überhängend. Form: lockerer, breiter Kegel.
Pflanzenhöhe: Im Alter 15 bis 20 m.
Blattform und Grösse: Die bis 2 cm langen Nadeln sind dunkelgrün, unterseits finden wir zwei schmale, weisse Streifen. Die Nadeln stehen zweizeilig flach. Bei älteren Pflanzen bilden sich endständig bis 2 cm grosse, hellbraune Zäpfchen.
Zeitraum des Angebotes: August bis April.
Schnittreife: Die jungen Triebteile müssen gut ausgereift sein.
Haltbarkeit: Relativ gut.
Kühllagerung: Unbedingt ja.
Besonderheiten: Die zierlichen Zäpfchen wirken ebenfalls sehr dekorativ.

Taxus baccata ♄–♄ ☠

Synonym: –.
Familie: Taxaceae.
Handelsname: Gemeine Eibe.
Heimat/Herkunft: Europa, Nordafrika.
Persönlichkeit: Geltungsform, Herrschaftsform.
Stofflichkeit: Ledrig.
Ausstrahlung: Frische, Klarheit.
Wuchsform: Kleiner Baum bis grosser Strauch mit einem bis mehreren Stämmen. Aufstrebender bis breitausladender Wuchs. Die älteren Äste stehen leicht ansteigend. Form: breiter, lockerer Kegel.
Pflanzenhöhe: Im Alter 10 bis 20 m.
Blattform und Grösse: Die dunkelgrünen, glänzenden Nadeln sind bis 3 cm lang und stehen zweizeilig flach.
Zeitraum des Angebotes: August bis April.
Schnittreife: Die Triebe und Nadeln müssen eine gute Festigkeit erreicht haben.
Haltbarkeit: Gut, die Nadeln fallen nicht ab.
Kühllagerung: Ja.
Besonderheiten: Die roten Beeren sind giftig (Samen).

△ 577 Taxus baccata
▽ 578 Cryptomeria japonica 'Elegance'

Cryptomeria japonica 'Elegance' ♄ Ⓝ

Synonym: –.
Familie: Taxodiaceae.
Handelsname: Sicheltanne.
Heimat/Herkunft: Japan, China.
Persönlichkeit: Geltungsform.
Stofflichkeit: Ledrig.
Ausstrahlung: Wärme, Herbe.
Wuchsform: Grosser Strauch bis kleiner Baum mit aufstrebendem Stamm. Junge Äste sind leicht ansteigend, ältere sind waagrecht ausgestreckt und dicht verzweigt. Die dünnen Endzweige sind nickend bis hängend.
Pflanzenhöhe: Im Alter 3 bis 5 m.
Blattform und Grösse: Die bis 2,5 mm langen, dünnen Nadeln sind sichelförmig gebogen, abstehend und wirken sehr locker.
Zeitraum des Angebotes: August bis April.
Schnittreife: Nach guter Ausreife der Endzweige.
Haltbarkeit: Gut.
Kühllagerung: Ja.
Besonderheiten: Die Nadeln verfärben sich im Herbst/Winter rötlich. Die Zweige trocknen relativ rasch ein.

△ 579 Cryptomeria japonica
▽ 580 Sciadopitys verticillata

Cryptomeria japonica ♄ i ⓝ

Synonym: –.
Handelsname: Sicheltanne.
Heimat/Herkunft: Japan, China.
Persönlichkeit: Geltungsform.
Stofflichkeit: Rustikal.
Ausstrahlung: Wärme, Weichheit.
Wuchsform: Pyramidaler Strauch bis Kleinbaum mit aufstrebenden, dichtstehenden Trieben.
Pflanzenhöhe: Im Alter 2 bis 4 m.
Blattform und Grösse: Die dunkelgrünen und weichen Nadeln stehen dicht und sind bis 10 mm lang. Sie sind sichelförmig gekrümmt.
Zeitraum des Angebotes: August bis April.
Schnittreife: Wenn der Jungaustrieb eine genügende Härte erreicht hat.
Haltbarkeit: Gut.
Kühllagerung: Ja.
Besonderheiten: Viele Mutationsformen innerhalb der Art. Die Abart 'Cristata' bildet an den Triebenden hahnenkammartige Verbänderungen, die sehr dekorativ wirken. Rote Herbstfärbung.

Sciadopitys verticillata ♄

Synonym: –.
Familie: Taxodiaceae.
Handelsname: Japanische Schirmtanne.
Heimat/Herkunft: Japan.
Persönlichkeit: Edelform.
Stofflichkeit: Ledrig.
Ausstrahlung: Kühle, Frische.
Wuchsform: Kleiner Baum mit durchgehendem, aufstrebendem Stamm mit starken, straff nach oben gerichteten Ästen. Diese sind quirlig gegabelt. Lockere Kegelform.
Pflanzenhöhe: Im Alter 3 bis 5 m.
Blattform und Grösse: Die langen, tiefgrün glänzenden Nadeln stehen büschelweise zu je 30 bis 50 zusammen. Sie fallen nach 2 bis 3 Jahren ab, daher gibt es auch Kahlstellen.
Zeitraum des Angebotes: August bis April.
Schnittreife: Die Aste und Nadeln müssen ausgereift sein.
Haltbarkeit: Gut.
Kühllagerung: Ja.
Besonderheiten: Ideal für spezielle Bindereiarbeiten.

▷ 582 Cycas revoluta

Früchte und Fruchtzweige

Als Bewegung oder Form, als Farbe in verschiedenen Oberflächenstrukturen und Grössen findet der Florist Fruchtzweige und Früchte, welche eine Vielzahl von Impulsen für floristische Kreationen ermöglichen.

Früchte können *als gestaltendes Element* eingesetzt werden im Bereich:

- Basisgestaltung
- Schwerpunktbildung
- symbolische Aussage
- Thema – Arbeit, z. B. Herbst, Advent, Weihnachten u. a.
- als Farbe
- als Oberflächenstruktur-Kontrast.

Fruchtzweige können *gestalterisch* eingesetzt werden im Bereich:

- Hauptelement
- Begleitelement
- als Gegenbewegung
- als aktive Linienführung u. a. m.

Ein bewusstes *Auslichten* an den einzelnen Fruchtzweigen kann neue Ideen und Einsatzmöglichkeiten in die Floristik einbringen. Lassen wir uns daher vom Fruchtzweig oder von der Frucht inspirieren:

- genaues Beobachten
- gestalterische Gegebenheiten suchen
- gestalterische Möglichkeiten finden

und schliesslich

umsetzen in meine ganz persönliche floristische Arbeit!

▽ 583 Ilex aquifolium

Ilex aquifolium ♄–♄ ❀ ⚲

Synoym: –.
Familie: Aquifoliaceae.
Handelsname: Stechpalme.
Heimat/Herkunft: Europa, Nordafrika, Westasien bis China.
Charakter: Zweig: Geltungsform. Beeren: Sammelnd.
Stofflichkeit: Ledrig, fest.
Bewegung: Zweig sparrig.
Wuchsform: Immergrüner Strauch mit kegelförmigem, verzweigtem Wuchs. Eiförmige Blätter mit stacheligem Rand und glänzender Oberfläche. Zweihäusig, Blüten im Mai bis Juni, Früchte ab September von den weiblichen Pflanzen.
Pflanzenhöhe: 2 bis 5 m.
Fruchtart, Form und Grösse: Ovale bis kugelige Beeren in Erbsengrösse, leuchtendrot.
Zeitraum des Angebotes: Oktober bis Dezember.
Schnittreife: Wenn die Beeren gut ausgefärbt sind.
Haltbarkeit: Im Wasser 30 bis 35 Tage.
Besondere Pflege: Kühl aufbewahren.
Verwendung: Herbst- und Adventsbinderei.
Besonderheiten: Die Blattzweige sind auch ohne Wasser längere Zeit haltbar.

Ilex verticillata ♄ ☋

Synoym: –.
Familie: Aquifoliaceae.
Handelsname: Korallenstechpalme, Korallenhülse.
Heimat/Herkunft: USA und Kanada.
Charakter: Zweig: Geltungsform und Herrschaftsform. Beeren: Sammelnd.
Stofflichkeit: Ledrig, fest.
Bewegung: Zweig sparrig.
Wuchsform: Aufrechter Strauch mit oft mehrstämmigem, sparrigem Wuchs, breitbuschig mit elliptischen bis eiförmigen Blättern, dunkelgrün mit gelber bis roter Herbstfärbung. Blüten weiss, unscheinbar im Juni bis Juli.
Pflanzenhöhe: 2 bis 3 m.
Fruchtart, Form und Grösse: Kugelig, dick, korallenrot aus den Blattachseln erscheinend. Etwas grösser als bei I. aquifolium.
Zeitraum des Angebotes: Oktober bis Dezember.
Schnittreife: Wenn die Beeren gut ausgefärbt sind, nach dem Blattfall.
Haltbarkeit: Im Wasser 30 bis 35 Tage.
Besondere Pflege: Guter Anschnitt der verholzten Stiele.
Verwendung: Allgemeine Herbstbinderei.
Besonderheiten: Diese Art wird nur ohne Blätter angeliefert. Die Beeren werden im Winter von den Vögeln gefressen.

△ 584 Ilex verticillata
▽ 585 Arum italicum

Arum italicum ♃ ☋ ✂

Synonym: –.
Familie: Araceae.
Handelsname: Italienischer Aronstab.
Heimat/Herkunft: Mittelmeerregion.
Charakter: Geltungsform.
Stofflichkeit: Ledrig, fleischige Beeren.
Bewegung: Kolben aufrecht.
Wuchsform: Staude mit grundständigen, breit pfeilförmigen Blättern, glänzend grün mit hellen Flecken. Der Blütenstand ist ein Kolben mit grünlichem Hochblatt umgeben. Nach der Befruchtung bilden sich grüne, später rot werdende Beeren.
Pflanzenhöhe: 40 bis 60 cm.
Fruchtart, Form und Grösse: Auf dickem Schaft bildet sich ein Kolben mit dichtstehenden, erbsengrossen, orangeroten Beeren.
Zeitraum des Angebotes: Juli bis August.
Schnittreife: Wenn die Beeren rot werden.
Haltbarkeit: 20 bis 30 Tage.
Besondere Pflege: Sauberes Wasser verwenden, Schnittblumennahrung verabreichen.
Verwendung: Für exklusive Bindereien.
Besonderheiten: Schönes Farbenspiel des Fruchtstandes von Grün bis Orangerot.

△ 586 Dracunculus vulgaris
▽ 587 Hedera helix ssp. helix

Dracunculus vulgaris ♃

Synonym: Arum dracunculus.
Familie: Araceae.
Handelsname: Drachenwurz, Riesenaronstab.
Heimat/Herkunft: Mittelmeerregion bis Bulgarien.
Charakter: Geltungsform, Herrschaftsform.
Stofflichkeit: Rustikal, ledrig.
Bewegung: Aufstrebend.
Wuchsform: Knollenpflanze mit fingerförmig geteilten, grossen runden und weichen Blattstielen. Die kolbenförmigen Blütenstände sind von einem weisslichen Hüllblatt umgeben, sie duften stark während der Blüte. Nach der Befruchtung bildet sich ein kräftiger Fruchtkolben von intensiver violetter Färbung.
Pflanzenhöhe: 60 bis 90 cm.
Fruchtart, Form und Grösse: Kolben auf starkem Stiel, dicht mit Beeren besetzt, 20 bis 30 cm lang und 5 bis 6 cm dick.
Zeitraum des Angebotes: Mai bis August.
Schnittreife: Die Kolben müssen gut ausgereift und ausgefärbt sein.
Haltbarkeit: 20 bis 30 Tage.
Besondere Pflege: –.
Verwendung: Als Hauptelement einsetzen.
Besonderheiten: Die Knolle kann auch im Topf angezogen werden. Im Samenhandel erhältlich.

Hedera helix ssp. helix ♄

Synoym: –.
Familie: Araliaceae.
Handelsname: Efeu, Altersform.
Heimat/Herkunft: Kaukasus, Nordanatolien.
Charakter: Geltungsform.
Stofflichkeit: Ledrige Beeren.
Bewegung: Allseitig, verspielt.
Wuchsform: Als Jugendform am Boden kriechend bis an den Bäumen kletternd, selbsthaftend, in der Altersform verzweigt, breitbuschig mit andersartigen, grossen, dunkelgrün glänzenden Blättern. Gelbliche Blüten im August bis Oktober, Früchte im Dezember bis April.
Pflanzenhöhe: Altersform bis 20 m hoch.
Fruchtart, Form und Grösse: Endständig an den Trieben bilden sich doldige Fruchtstände mit blauschwarzen Beeren in Erbsengrösse.
Zeitraum des Angebotes: Dezember bis April.
Schnittreife: Wenn die Früchte gut ausgebildet und ausgefärbt sind.
Haltbarkeit: 15 bis 30 Tage.
Besondere Pflege: Genügend Wasser verabreichen.
Verwendung: Herbstbindereien, vorwiegend für die Basisgestaltung.
Besonderheiten: Die Beeren werden von Vögeln gefressen.

Asclepias syriaca ♃ ✿ Ⓝ

Synoym: A. cornuti.
Familie: Asclepiadaceae.
Handelsname: Seidenpflanze.
Heimat/Herkunft: Nordamerika.
Charakter: Geltungsform.
Stofflichkeit: Rustikal.
Bewegung: Ausschwingend, aufstrebend.
Wuchsform: Kräftig wachsende Staude mit starker Rhizombildung und straff aufrecht wachsenden Trieben. Die gegenständigen Blätter sind eirund und mattgrün. Aus den oberen Blattachseln entwickeln sich an runden Dolden zahlreiche weisse bis purpurfarbige Sternenblüten.
Pflanzenhöhe: 1,5 bis 2,5 m.
Fruchtart, Form und Grösse: Am Stielansatz ist die Kapsel wie ein Vogelkopf mit Schnabel eingebogen. Die runde Frucht wird gegen den «Schwanz» zusehends dünner = frappante Ähnlichkeit mit einem Vogelkörper. 10 bis 15 cm lang.
Zeitraum des Angebotes: Juli bis Oktober.
Schnittreife: Wenn die Früchte gut ausgebildet sind und eine gewisse Härte aufweisen.
Haltbarkeit: Fruchtstand gut.
Besondere Pflege: An den Trieben Verdunstungsflächen reduzieren oder ganz entfernen.
Verwendung: Spezielle Binderei.
Besonderheiten: Die Fruchtstände können auch bemalt werden. Sie gleichen dann Wellensittichen.

△ 588 Asclepias syriaca
▽ 589 Berberis darwinii

Berberis darwinii ♄

Synonym: –.
Familie: Berberidaceae.
Handelsname: Darwins-Berberitze.
Heimat/Herkunft: Chile, Argentinien.
Charakter: Zweig: Geltungsform.
Stofflichkeit: Beeren: Metallisch, ledrig.
Bewegung: Ausschwingender Zweig.
Wuchsform: Strauch mit breitbuschigem Wuchs und immergrünen, lanzettlichen Blättern mit teilweise gezähntem Rand. Mit 1 bis 2 cm langen Stacheln bewehrt..
Pflanzenhöhe: 1,5 bis 2,5 m.
Fruchtart, Form und Grösse: Schlankeiförmige Beerenfrüchte, bis 2 cm lang. Meist hängend in oft lichten Büscheln.
Zeitraum des Angebotes: Ab November bis März.
Schnittreife: Wenn die Beeren gut ausgefärbt sind.
Haltbarkeit: Bis 30 Tage.
Besondere Pflege: Guter Anschnitt der verholzten Triebe.
Verwendung: Herbstbinderei.
Besonderheiten: Die harten Stacheln verhindern oft eine Verwendung der schönen Zweige.

△ 590 Berberis thunbergii
▽ 591 Ananas comosus

Berberis thunbergii ♄ ♣

Synonym: –.
Familie: Berberidaceae.
Handelsname: Heckenberberitze.
Heimat/Herkunft: Japan.
Charakter: Zweig: Geltungsform.
Stofflichkeit: Beeren: Ledrig.
Bewegung: Aufstrebend, verzweigt.
Wuchsform: Dicht verzweigter Strauch mit aufrechtem Wuchs mit eiförmigen Blättern, sommergrün mit gelber bis roter Herbstfärbung. Gelbe Blüten im Mai. Schön gefärbte Früchte ab September.
Pflanzenhöhe: 1,5 bis 3 m hoch.
Fruchtart, Form und Grösse: Elliptische Beeren in dichten Büscheln aus den Blattachseln.
Zeitraum des Angebotes: Oktober bis November/Dezember.
Schnittreife: Wenn die Beeren gut ausgefärbt sind.
Haltbarkeit: Bis 21 Tage.
Besondere Pflege: Guter Anschnitt der verholzten Triebe.
Verwendung: Herbstbindereien, oft mit den roten Blättern oder auch in laublosem Zustand. Interessant.
Besonderheiten: Die dunkelrotblättrige Sorte 'Atropurpurea' ist im Blatt noch dekorativer.

Ananas comosus ♃ Ⓦ Ⓝ

Synonym: Bromelia ananas, B. comosa, A. sativus, Ananassa sativa.
Familie: Bromeliaceae.
Handelsname: Zierananas.
Heimat/Herkunft: Nur in Kultur bekannt.
Charakter: Geltungsform, Herrschaftsform.
Stofflichkeit: Rustikal.
Bewegung: Aufstrebend, allseitig.
Wuchsform: Grundständige Blattrosetten mit 30 bis 50 cm langen, schwertförmigen, am Rande scharf gezähnten Blättern. Die panaschierte Sorte 'Aureo-Variegatus' zeigt ein dunkelgrünes Mittelband mit gelb- bis rosafarbigen Seitenbändern.
Pflanzenhöhe: 30 bis 50 cm.
Fruchtart, Form und Grösse: Kugeliger, rosafarbener Fruchtstand von zirka 10 cm ∅ mit darüberstehendem Blattschopf.
Zeitraum des Angebotes: Durch das ganze Jahr.
Schnittreife: Wenn die Frucht gut ausgebildet ist.
Haltbarkeit: 14 bis 30 Tage.
Besondere Pflege: Täglich ist ein neuer Anschnitt erforderlich.
Verwendung: Vor allem exotische Floristik, oft als Hauptmotiv.
Besonderheiten: Der Blattschopf über der Frucht kann zur Bewurzelung gebracht werden.

Ananas comosus 'Variegatus' ♃ Ⓦ Ⓝ

Synoym: Bromelia ananas, B. comosa, Ananas sativus, Ananassa sativa.
Familie: Bromeliaceae.
Handelsname: Zierananas.
Heimat/Herkunft: Mutatitionsform aus der grünen Art, die in Brasilien vorkommt.
Charakter: Geltungsform, Herrschaftsform.
Stofflichkeit: Rustikal.
Bewegung: Aufstrebend, allseitig.
Wuchsform: Grundständige Blattrosette mit langen, schwertförmigen, zuerst aufsteigenden, später überhängenden Blättern, die neben einem dunkelgrünen Mittelband zwei seitliche, weisslichgelbe Streifen aufweisen. Rand stark gezähnt.
Pflanzenhöhe: Je nach Alter 30 bis 80 cm.
Fruchtart, Form und Grösse: Kugeliger Fruchtstand in Rosa bis Rot, darüber entwickelt sich ein gelber bis rosafarbener Blattschopf. Fruchtgrösse 10 bis 15 cm ∅.
Zeitraum des Angebotes: Durch das ganze Jahr.
Schnittreife: Die Frucht muss gut ausgefärbt und ausgebildet sein.
Haltbarkeit: 14 bis 30 Tage.
Besondere Pflege: Täglich neu anschneiden.
Verwendung: Vor allem für exotische Floristik.
Besonderheiten: Der Blattschopf über der Frucht kann in torfiger Erde zur Bewurzelung gebracht werden.

△ 592 Ananas comosus 'Variegatus'
▽ 593 Symphoricarpos albus var. albus

Symphoricarpos albus var. albus ♄ ♣

Synonym: S. racemosus.
Familie: Caprifoliaceae.
Handelsname: Schneebeere.
Heimat/Herkunft: USA und Kanada.
Charakter: Geltungsform.
Stofflichkeit: Glasig, fleischig.
Bewegung: Ausschwingend.
Wuchsform: Strauch mit betont aufrechtem Wuchs und etwas sparriger Verzweigung. Die Blätter sind rundlich bis eiförmig, die rötlichweissen Blüten sind klein und erscheinen vom Juni bis September. Weisse Früchte.
Pflanzenhöhe: 2 bis 3 m.
Fruchtart, Form und Grösse: Grosse weisse Beeren, oft in dichten Trauben, 10 bis 15 mm im Durchmesser, kugelig.
Zeitraum des Angebotes: Ab Oktober bis Januar.
Schnittreife: Wenn die Früchte gut ausgefärbt und gross geworden sind.
Haltbarkeit: 10 bis 30 Tage.
Besondere Pflege: Guter Anschnitt der verholzten Triebe ist erforderlich. Möglichst viele Verdunstungsflächen entfernen.
Verwendung: Herbst- und allgemeine Winterbindereien, oft ohne Blätter verwenden.
Besonderheiten: Die Beeren sind leicht giftig.

△ 594 Viburnum opulus
▽ 595 Celastrus orbiculatus

Viburnum opulus ♄ ⚘

Synonym: –.
Familie: Caprifoliaceae.
Handelsname: Gemeiner Schneeball.
Heimat/Herkunft: Europa, Asien.
Charakter: Beeren: Gesellschaftsform.
Stofflichkeit: Beeren: Glasig, Zweige: Geltungsform.
Bewegung: Verzweigt, ausschwingend.
Wuchsform: Strauch mit aufrechtem bis breitverzweigtem Wuchs mit ahornähnlichen, gelappten Blättern und schöner orangeroter Herbstfärbung. Weisse Blütenbälle im Mai bis Juni. Schöne Fruchtbeeren im Herbst.
Pflanzenhöhe: 1 bis 4 m.
Fruchtart, Form und Grösse: Grosse, leuchtendrote Beere von zirka 1 cm ∅ in hängenden Dolden.
Zeitraum des Angebotes: Ab Oktober bis Dezember.
Schnittreife: Wenn die Beeren gut ausgereift sind.
Haltbarkeit: Bis 14 Tage.
Besondere Pflege: Möglichst alle Blätter entfernen.
Verwendung: Die Beere vorwiegend für die Basisgestaltung und für Strukturarbeiten.
Besonderheiten: Die Beeren sind sehr weich.

Celastrus orbiculatus ♄ ⚘ ♧

Synonym: S. articulatus.
Familie: Celastraceae.
Handelsname: Baumwürger.
Heimat/Herkunft: Japan, China, Mandschurei.
Charakter: Geltungsform.
Stofflichkeit: Beeren und Zweig: Rustikal.
Bewegung: Verspielter Zweig.
Wuchsform: Verholzende Schlingpflanze, linkswindend mit eiförmigen Blättern, die sich im Herbst goldgelb verfärben. Unauffällige grünliche Blüten im Juni, prächtige Früchte im Herbst.
Pflanzenhöhe: Bis 12 m.
Fruchtart, Form und Grösse: Tiefgelbe bis orangerote Fruchtkapseln, die aufspringen und eine rote Beere beinhalten. Die Frucht hat etwa Erbsengrösse.
Zeitraum des Angebotes: Ab Oktober.
Schnittreife: Wenn die Früchte gut ausgefärbt sind.
Haltbarkeit: Bis 3 Monate.
Besondere Pflege: –.
Verwendung: Allgemeine bis spezielle Bindereien, vor allem als spielende Bewegung in einer Gestaltung.
Besonderheiten: Auch im Trockenzustand verwendbar.

Euonymus europaea ♄ ♧ ☠

Synonym: Euonymus europaea.
Familie: Celastraceae.
Handelsname: Pfaffenhütchen.
Heimat/Herkunft: Europa, Kleinasien bis Westsibirien.
Charakter: Geltungsform.
Stofflichkeit: Beeren: Rustikal.
Bewegung: Ausschwingend, sparrig.
Wuchsform: Aufwärtsstrebender Grossstrauch mit eiförmigen bis ovalen Blättern, die sich im Herbst gelb bis rot verfärben. Unscheinbare grüne Blütchen im Mai, prächtiger Fruchtschmuck im Herbst.
Pflanzenhöhe: 3 bis 6 m.
Fruchtart, Form und Grösse: Dreiteilige Kapselfrucht. Die Kapselhaut ist rosarot, die hervortretenden Früchte sind im Inneren gelborange.
Zeitraum des Angebotes: Ab Oktober bis Januar.
Schnittreife: Wenn die Kapselfrüchte gut ausgefärbt, aber noch nicht aufgesprungen sind.
Haltbarkeit: Bis 21 Tage.
Besondere Pflege: Mit Vorteil die Verdunstungsflächen entfernen.
Verwendung: Allgemeine Herbstbindereien, als sparriger Hauptzweig.
Besonderheiten: Die Früchte sind giftig.

△ 596 + 597 Euonymus europaea
▽ 598 Cucurbita pepo

Cucurbita pepo ⊙ ⇝ ♧ Ⓝ

Synonym: –.
Familie: Cucurbitaceae.
Handelsname: Zierkürbis
Heimat/Herkunft: Zentralamerika bis südliche USA.
Charakter: Früchte: Geltungsform.
Stofflichkeit: Ledrig, rustikal.
Bewegung: Tragende.
Wuchsform: Krautige Pflanze, kriechend mit grossen, herzförmigen Blättern. Sie sind einhäusig, männliche und weibliche Blüten. Die Früchte können unterschiedliche Formen annehmen.
Pflanzenhöhe: 30 cm, Trieblänge oft bis 4 m.
Fruchtart, Form und Grösse: Zierfrüchte als Beeren mit harter Schale und oft sehr dekorativer Färbung und Zeichnung. In der Grösse von 8 bis 30 cm ∅.
Zeitraum des Angebotes: Ab August bis November.
Schnittreife: Die Früchte müssen gut ausgereift und ausgefärbt sein.
Haltbarkeit: Beeren bis 30 Tage, z. T. länger.
Besondere Pflege: Nicht zu kühl und feucht lagern (Fäulnis).
Verwendung: Als Herbstschmuck, vor allem für die Basisgestaltung geeignet.
Besonderheiten: Die Früchte sind nicht giftig.

△ 599 Hippophaë rhamnoides ssp. carpatica
▽ 600 Pernettya mucronata

Hippophaë rhamnoides ssp. carpatica ♄ ⚘ Ⓝ

Synonym: –.
Familie: Elaeagnaceae.
Handelsname: Sanddorn.
Heimat/Herkunft: Alpen, Karpaten, Ungarn.
Charakter: Geltungsform, Herrschaftsform (Zweige).
Stofflichkeit: Beeren: Glasig, ledrig.
Bewegung: Zweige: Aufrecht, ausschwingend.
Wuchsform: Strauch mit aufrechtem bis überhängendem Wuchs, zweihäusig. Die Blätter sind lineal bis lanzettlich, Oberseite graugrün, Unterseite weiss. Blüten im April bis Mai.
Pflanzenhöhe: 2 bis 5 m und mehr.
Fruchtart, Form und Grösse: Beerenfrüchte orangerot, in Erbsengrösse.
Zeitraum des Angebotes: Ab Oktober bis Dezember.
Schnittreife: Die Früchte müssen gut ausgefärbt sein.
Haltbarkeit: 10 bis 30 Tage.
Besondere Pflege: Sorgfältiger Transport der Fruchtzweige, denn die Beeren sind sehr weich.
Verwendung: Als Hauptmotiv in der Herbst- bis Winterbinderei.
Besonderheiten: Immer beide Geschlechter zusammenpflanzen (Befruchtung).

Pernettya mucronata ♄ ⚘

Synonym: –.
Familie: Ericaceae.
Handelsname: Topfmyrte.
Heimat/Herkunft: Südchile bis Feuerland.
Charakter: Geltungsform.
Stofflichkeit: Porzellanähnliche Beeren, hart.
Bewegung: Zweige: Brüchig, spezielle Verzweigung.
Wuchsform: Kleinstrauch mit dünnen Trieben und feiner Verzweigung, immergrün mit glänzenden, lanzettlichen Blättern von 2 cm Länge. Die kleinen weissen Blüten erscheinen im Mai bis Juni. Grosse, kugelige Zierfrüchte im Herbst.
Pflanzenhöhe: 50 bis 100 cm.
Fruchtart, Form und Grösse: Runde Beeren von 8 bis 12 mm ∅, je nach Sorte in Rosa, Rot, Purpur und Lila.
Zeitraum des Angebotes: Ab August bis Dezember.
Schnittreife: Wenn die Fruchtzweige gut ausgefärbt sind.
Haltbarkeit: Bis 30 Tage.
Besondere Pflege: Ein guter Anschnitt.
Verwendung: Allgemeine bis vor allem spezielle Bindereien als Basis- und als Hauptelement.
Besonderheiten: Liebt einen sauren Boden (Moorbeet). Zweihäusige Pflanze.

Castanea sativa ♄ Ⓝ

Synonym: C. vesca, C. vulgaris.
Familie: Fagaceae.
Handelsname: Esskastanie, Edelkastanie.
Heimat/Herkunft: Südeuropa, Kleinasien, Kaukasus, Kaspisches Meer.
Charakter: Frucht: Gesellschaftsform, Geltungsform.
Stofflichkeit: Fruchtig, ledrig, rustikal.
Bewegung: Stark verzweigt, Zweige ausschwingend.
Wuchsform: Baum mit breitausladender Krone. Die Blätter sind lanzettlich, glänzend dunkelgrün und bis 20 cm lang. Gelbe Blüten im Mai und prächtiger Fruchtschmuck im Herbst.
Pflanzenhöhe: 10 bis 30 m.
Fruchtart, Form und Grösse: Braune Nüsse (Maronen), die von grünen, bestachelten Hüllen umgeben sind, um 5 cm ∅.
Zeitraum des Angebotes: Ab September bis Oktober.
Schnittreife: Wenn die Fruchthüllen ausgefärbt sind.
Haltbarkeit: 30 Tage und länger.
Besondere Pflege: Früchte nicht feuchthalten.
Verwendung: Allgemein für die Basisgestaltung.
Besonderheiten: Die Früchte sind geröstet essbar.

△ 601 Castanea sativa
▽ 602 Idesia polycarpa

Idesia polycarpa ♄

Synonym: –.
Familie: Flacourtiaceae.
Handelsname: Orangenkirsche.
Heimat/Herkunft: Japan, Korea, Nordwestchina.
Charakter: Beeren: Gesellschaftsform.
Stofflichkeit: Holzig, rustikal.
Bewegung: Hängende Fruchtstände.
Wuchsform: Baum mit regelmässigem Aufbau und breit ausladenden Zweigen. Die Blätter sind herz- bis eiförmig und 15 bis 25 cm lang. Grünlichgelbe Blüten im Mai bis Juni. Schöne Fruchtstände im Herbst, nach dem Laubfall besonders wirkungsvoll.
Pflanzenhöhe: 10 bis 20 m.
Fruchtart, Form und Grösse: Vielfrüchtige Beeren an hängenden rispigen Trauben, leuchtendrot glänzend, Frucht um 1 cm ∅.
Zeitraum des Angebotes: Ab Oktober.
Schnittreife: Die Früchte müssen gut ausgereift sein.
Haltbarkeit: 20 Tage und länger.
Besondere Pflege: Beeren nicht zu feucht aufbewahren.
Verwendung: Vor allem als Basis und als verbindendes Element einsetzen.
Besonderheiten: Idesien werden in Plastiksäcken nach Gewicht verkauft.

△ 603 Viscum album ssp. album
▽ 604 Magnolia grandiflora

Viscum album ssp. album ♄ ♣

Synonym: –.
Familie: Loranthaceae.
Handelsname: Mistel.
Heimat/Herkunft: Europa bis Asien.
Charakter: Geltungsform.
Stofflichkeit: Glasige Früchte.
Bewegung: Zweige: Stärke, brüchig.
Wuchsform: Halbschmarotzerpflanze, die auf Laubbäumen lebt. Sie entnimmt der Wirtspflanze die Nährstoffe und assimiliert sie selbst. Breitverzweigt mit hellgrünen Zweigen und länglich ovalen Blättern. Blüten im März bis April. Milchigweisse Fruchtbeeren im Spätherbst.
Pflanzenhöhe: 50 cm.
Fruchtart, Form und Grösse: Durchscheinende weisse Beeren in Erbsengrösse.
Zeitraum des Angebotes: Ab Oktober bis Dezember.
Schnittreife: Wenn die Beeren gut entwickelt und ausgefärbt sind.
Haltbarkeit: 10 bis 20 Tage und mehr.
Besondere Pflege: Nicht zu warm lagern.
Verwendung: Meist in der Adventszeit als Hängeschmuck mit Tannengrün, Zapfen u. a.
Besonderheiten: Zweihäusige Pflanze, vor allem auf Eschen vorkommend.

Magnolia grandiflora ♄–♄ D Ⓚ Ⓝ

Synonym: –.
Familie: Magnoliaceae.
Handelsname: Grossblütige Magnolie.
Heimat/Herkunft: Südliche USA.
Charakter: Zweige und Fruchtstand: Herrschaftsform, Geltungsform.
Stofflichkeit: Fruchtstand: Rustikal. Blätter: Ledrig.
Bewegung: Zweig: Kantig, z. T. spielend.
Wuchsform: Grossstrauch bis Baum mit streng pyramidalem Wuchs, immergrünen, dunkelgrünglänzenden, breitlanzettlichen bis elliptischen Blättern von bis 20 cm Länge. Die grossen weissen Blüten erscheinen im Juni bis August.
Pflanzenhöhe: 10 bis 15 m.
Fruchtart, Form und Grösse: Verholzender Fruchtzapfen von pyramidaler Form, grünlichbraun, 10 bis 15 cm lang. Die Beeren sind rot.
Zeitraum des Angebotes: Ab August bis Dezember.
Schnittreife: Auf Fruchtreife achten, denn die Pflanze blüht und fruchtet längere Zeit.
Haltbarkeit: 20 Tage und mehr.
Besondere Pflege: Wegen Fäulnisgefahr nicht zu feucht lagern.
Verwendung: Zweig und Frucht als Hauptmotiv in der Advent- und Weihnachtsbinderei.
Besonderheiten: Die Frucht findet auch in der Trockenbinderei Verwendung.

Ligustrum vulgare ♄ D ♣ ✿ Ⓝ

Synonym: –.
Familie: Oleaceae.
Handelsname: Gemeiner Liguster.
Heimat/Herkunft: Europa, Kleinasien, Kaukasus, Nordafrika.
Charakter: Beeren: Geltungsform.
Stofflichkeit: Beeren: Glasig, ledrig.
Bewegung: Zweig: Aufstrebend, verzweigt.
Wuchsform: Strauch mit in der Jugend aufstrebendem, später eher überhängendem Wuchs. Gegenständige ovale Blätter. Die stark duftenden weissen Blüten erscheinen in Rispen im Juni/Juli. Schöner schwarzer Fruchtschmuck ab August.
Pflanzenhöhe: 2 bis 5 m.
Fruchtart, Form und Grösse: Erbsengrosse Beeren, schwarz glänzend in kompakten Rispen.
Zeitraum des Angebotes: Ab August bis November.
Schnittreife: Wenn die Beeren gut ausgefärbt sind.
Haltbarkeit: Bis 20 Tage.
Besondere Pflege: Die Blätter sind möglichst zu entfernen.
Verwendung: Allgemein als Basiswerkstoff.
Besonderheiten: Die Beeren sind schwach giftig.

△ 605 Ligustrum vulgare
▽ 606 Chamaerops humilis

Chamaerops humilis ♄ Ⓚ Ⓝ

Synonym: –.
Familie: Palmae.
Handelsname: Zwergpalme.
Heimat/Herkunft: Westliches Mittelmeer, Malta bis Südportugal.
Charakter: Fruchtrispen: Geltungsform, Prunkform.
Stofflichkeit: Früchte: Rauh, rustikal, ledrig.
Bewegung: Hängende Fruchtrispen.
Wuchsform: Zwergpalme mit dickem Stamm, an der Basis Adventivpflanzen. Der Stamm ist von Fasern bedeckt. Die grossen Blätter sind fächerartig ausgebildet, anfänglich aufstrebend, später überhängend. Gelbe Blüten.
Pflanzenhöhe: Bis 7 m.
Fruchtart, Form und Grösse: An langen Rispen eichelgrosse längliche Früchte in grün-rötlicher Farbe.
Zeitraum des Angebotes: September bis Dezember.
Schnittreife: Wenn die Fruchtrispen gut entwikkelt sind.
Haltbarkeit: 10 bis 14 Tage, nachher werden die Früchte blau.
Besondere Pflege: Die Fruchtstände sind kühl aufzubewahren.
Verwendung: Grosse Fruchtstände als Hauptmotiv oder als Basismaterial.
Besonderheiten: Die Früchte trocknen rasch ein und verändern die Farbe.

△ 607 Phoenix dactylifera
▽ 608 Choenomeles japonica

Phoenix dactylifera ♄ ⌂ Ⓝ

Synonym: –.
Familie: Palmae.
Handelsname: Dattelpalme.
Heimat/Herkunft: Nur in Kulturanbau bekannt.
Charakter: Geltungsform.
Stofflichkeit: Früchte: Ledrig, holzig, rustikal.
Bewegung: Hängende Fruchtstände.
Wuchsform: Palme mit gleichmässig dickem Stamm und grossem Blattschopf und gefiederten Blättern von 2 bis 3 m Länge. Die beigebraunen Dattelfrüchte hängen an langen Ähren.
Pflanzenhöhe: 20 m.
Fruchtart, Form und Grösse: Weiche Dattelfrüchte von langovaler Form, 3 bis 4 cm lang.
Zeitraum des Angebotes: September bis Dezember.
Schnittreife: Wenn die Fruchtstände gut ausgefärbt, aber noch nicht überreif sind.
Haltbarkeit: 10 bis 20 Tage.
Besondere Pflege: Die Fruchtstände sind kühl aufzubewahren.
Verwendung: Allgemein als abfliessende Bewegung in der Gestaltung einsetzen.
Besonderheiten: Reife Früchte fallen gerne ab.

Choenomeles japonica ♄ Ⓝ

Synonym: Chaenomeles jap., Pyrus japonica, P. maulei, Cydonia maulei, Cydonia japonica.
Familie: Rosaceae.
Handelsname: Zierquitte.
Heimat/Herkunft: Japan.
Charakter: Zweig: Geltungsform. Frucht: Gesellschaftsform.
Stofflichkeit: Früchte: Rustikal, ledrig.
Bewegung: Zweig: Sparriger Wuchs.
Wuchsform: Kleinstrauch mit breitverzweigtem Wuchs und bedornten Trieben. Blätter eiförmig. Blüten sind rosa, orange bis rot im April/Mai.
Pflanzenhöhe: 1 bis 2 m.
Fruchtart, Form und Grösse: Apfelförmige Scheinfrüchte von 4 bis 5 cm ∅, gelb bis gelbgrün ab September.
Zeitraum des Angebotes: Ab September bis November.
Schnittreife: Gut ausgereifte Früchte.
Haltbarkeit: 14 bis 20 Tage.
Besondere Pflege: Die Früchte ertragen bei der Lagerung keine Nässe und hohe Luftfeuchtigkeit.
Verwendung: Früchte als Basiswerkstoff, Zweige mit Früchten z. T. als Hauptelement.
Besonderheiten: Die Zweige werden oft auch ohne Blätter eingesetzt.

Cotoneaster horizontalis var. perpusillis ♄ ❀

Synonym: –.
Familie: Rosaceae.
Handelsname: Fächermispel.
Heimat/Herkunft: Westchina.
Charakter: Zweige: Verbindende Persönlichkeit, Geltungsform.
Stofflichkeit: Beeren: Ledrig. Blätter: Ledrig.
Bewegung: Zweige: Kriechend.
Wuchsform: Kleinstrauch mit flach sich ausbreitendem Wuchs und fächerartiger Verzweigung. Eiförmige Blätter mit rötlicher Herbstfärbung. Zartrosa Blüte im Juni. Schöner Fruchtschmuck.
Pflanzenhöhe: 1 bis 2 m.
Fruchtart, Form und Grösse: Erbsengrosse, leuchtendrote Beeren ab Oktober.
Zeitraum des Angebotes: Oktober bis März.
Schnittreife: Wenn die Beeren gut ausgefärbt sind.
Haltbarkeit: Bis 3 Wochen.
Besondere Pflege: Guter Anschnitt der verholzten Zweige. Nicht zu warm lagern.
Verwendung: Hauptsächlich für grosse Bindereien als ausschwingende Bewegungen.
Besonderheiten: Auch blattlose Zweige einsetzen.

△ 609 Cotoneaster horizontalis var. perpusillis
▽ 610 Cotoneaster salicifolius var. floccosus

Cotoneaster salicifolius var. floccosus ♄ ❀

Synonym: –.
Familie: Rosaceae.
Handelsname: Weidenblättrige Hängemispel.
Heimat/Herkunft: Westchina.
Charakter: Zweige: Geltungsform.
Stofflichkeit: Blätter: Ledrig. Beeren: Ledrig.
Bewegung: Zweige: Ausschwingend.
Wuchsform: Strauch mit mehrtriebigem, aufrechtem Wuchs und stark hängenden Zweigen. Die immergrünen Blätter sind langlanzettlich. Die weissen Blüten erscheinen in doldigen Rispen im Juni. Prächtiger Fruchtschmuck im Herbst.
Pflanzenhöhe: 3 bis 5 m.
Fruchtart, Form und Grösse: Leuchtendrote, glänzende Beeren, kugelig, erbsengross.
Zeitraum des Angebotes: Ab September bis November.
Schnittreife: Beeren müssen ausgefärbt sein.
Haltbarkeit: Bis 20 Tage.
Besondere Pflege: Guter Anschnitt der verholzten Zweige. Nicht zu warm lagern.
Verwendung: Hauptsächlich für grosse Bindereien als ausschwingende Bewegungen.
Besonderheiten: Auch blattlose Zweige verwenden.

△ 611 Cotoneaster-Watereri-Hybriden
▽ 612 Crataegus monogyna

Cotoneaster-Watereri-Hybriden ♄ ♲

Synonym: C. × watereri.
Familie: Rosaceae.
Handelsname: Wintergrüne Strauchmispel.
Heimat/Herkunft: Aus Kreuzungen hervorgegangen. Wildformen meist aus China.
Charakter: Zweige: Geltungsform.
Stofflichkeit: Blätter: Ledrig. Früchte: Ledrig.
Bewegung: Zweige: Ausschwingend.
Wuchsform: Strauch mit aufrechtem Wuchs und überhängenden Zweigen. Die elliptischen Blätter sind wintergrün. Weisse Blüten im Juni. Schöner Fruchtschmuck im Herbst.
Pflanzenhöhe: 2,5 bis 4 m.
Fruchtart, Form und Grösse: Leuchtendrote, erbsengrosse, glänzende Beeren in hängenden Büscheln, zahlreich.
Zeitraum des Angebotes: Ab September bis Dezember.
Schnittreife: Die Beeren müssen gut ausgereift, aber noch frisch sein.
Haltbarkeit: Bis 20 Tage.
Besondere Pflege: Zum Teil Blätter entfernen. Guter Anschnitt der verholzten Zweige. Nicht zu warm lagern.
Verwendung: Allgemeine grosse dekorative Arbeiten.
Besonderheiten: Die Zweige werden oft ausgelichtet, um Spannungen zu erzielen.

Crataegus monogyna ♄–♄ Ⓝ

Synonym: –.
Familie: Rosaceae.
Handelsname: Weissdorn.
Heimat/Herkunft: Europa, Nordafrika, Kleinasien, Kaukasus.
Charakter: Zweige: Geltungsform, Herrschaftsform.
Stofflichkeit: Beeren: Ledrig, hart.
Bewegung: Zweige: Spielend bis brüchig.
Wuchsform: Grossstrauch bis Kleinbaum mit breitverzweigtem Wuchs. Die Blätter sind 5- bis 7lappig und dunkelgrün. Blüten weiss im Mai bis Juni. Im Herbst prächtiger Fruchtschmuck.
Pflanzenhöhe: 2 bis 6 m.
Fruchtart, Form und Grösse: Dunkelrot glänzende, runde Früchte, etwas mehr als erbsengross in doldigen Rispen hängend.
Zeitraum des Angebotes: Ab September bis November.
Schnittreife: Wenn die Früchte rot gefärbt sind.
Haltbarkeit: Bis 20 Tage.
Besondere Pflege: Nicht zu warm lagern, aufstellen.
Verwendung: Zweige: Grössere Dekorationen und Sträusse. Beeren: Für Basisarbeiten.
Besonderheiten: In der Regel die Zweige mit Früchten, aber ohne Blätter einsetzen.

Malus-Hybriden ♄–♄

Synonym: M. x scheideckeri, M. floribunda x M. prunifolia.
Familie: Rosaceae.
Handelsname: Zierapfel.
Heimat/Herkunft: Zuchtformen, verschiedene Sorten.
Charakter: Früchte: Geltungsform. Zweige: Herrschaftsform.
Stofflichkeit: Früchte: Rustikal, ledrig.
Bewegung: Zweige: Allseitig verzweigt.
Wuchsform: Grossstrauch bis Kleinbaum mit breiter Verzweigung. Die Blätter sind langoval bis lanzettlich. Die weissen bis roten Blüten erscheinen im April/Mai.
Pflanzenhöhe: 2,5 bis 5 m.
Fruchtart, Form und Grösse: Scheinfrüchte von gelber bis rotbrauner Farbe, 14 bis 30 mm ∅.
Zeitraum des Angebotes: Ab September bis November.
Schnittreife: Die Apfelfrüchte müssen gut ausgefärbt sein.
Haltbarkeit: 20 bis 25 Tage.
Besondere Pflege: Früchte kühl lagern.
Verwendung: Zweige mit Früchten oft als Hauptmotiv, Früchte für die Basisgestaltung.
Besonderheiten: Die Früchte sind essbar.

△ 613 Malus-Hybriden
▽ 614 Mespilus germanica

Mespilus germanica ♄–♄ Ⓝ

Synonym: –.
Familie: Rosaceae.
Handelsname: Mispel.
Heimat/Herkunft: Südosteuropa, Vorderasien.
Charakter: Geltungsform bis Herrschaftsform.
Stofflichkeit: Ledrig.
Bewegung: Aufstrebend, ausschwingend.
Wuchsform: Grosser Strauch mit aufrechtem bis breitausladendem Wuchs und ovalen bis breitlanzettlichen, grünen Blättern. Im Mai/Juni erscheinen grosse, weisse Blüten, aus denen sich grünbraune, runde Früchte entwickeln.
Pflanzenhöhe: 3 bis 6 m.
Fruchtart, Form und Grösse: Die Scheinfrucht, in der Form einer kleinen Quitte, ist graubraun gefärbt und weist 5 grosse Kelchblätter auf. Grösse 3 bis 4 cm ∅.
Zeitraum des Angebotes: August bis Okober.
Schnittreife: Die Früchte müssen gut ausgebildet sein.
Haltbarkeit: Gut.
Besondere Pflege: –.
Verwendung: In der Basisgestaltung können die Früchte wertvoll eingesetzt werden.
Besonderheiten: –.

△ 615 Prunus spinosa
▽ 616 Pyracantha coccinea

Prunus spinosa ♄ Ⓝ

Synonym: –.
Familie: Rosaceae.
Handelsname: Schlehdorn, Schwarzdorn.
Heimat/Herkunft: Europa, Vorderasien, Kaukasus, Nordafrika.
Charakter: Zweige: Herrschaftsform, Geltungsform.
Stofflichkeit: Früchte: Glasig, wachsig.
Bewegung: Zweige: Sparrig.
Wuchsform: Strauch mit breiter Verzweigung. Blätter lanzettlich. Die Blüten erscheinen vor dem Blattaustrieb.
Pflanzenhöhe: 1 bis 3 m.
Fruchtart, Form und Grösse: Blaue runde Früchte in Kirschengrösse.
Zeitraum des Angebotes: Ab September/Oktober bis November.
Schnittreife: Wenn die Früchte gut ausgefärbt, aber noch hart sind.
Haltbarkeit: Bis 20 Tage.
Besondere Pflege: Nicht zu warm lagern.
Verwendung: Zweige oft als Hauptmotiv, meist auch ohne Blätter in der Gestaltung.
Besonderheiten: Durch bewusstes Auslichten von Blättern und Seitentrieben erreichen wir eine neue Aussage des Zweiges. Stark bedornt.

Pyracantha coccinea ♄ ꕥ

Synonym: Cotoneaster pyracantha.
Familie: Rosaceae.
Handelsname: Feuerdorn.
Heimat/Herkunft: Europa, Südwestasien.
Charakter: Zweige: Herrschaftsform, Geltungsform.
Stofflichkeit: Zweige: Rustikal. Beeren: Ledrig.
Bewegung: Zweige: Aktiv, aufstrebend, leicht verzweigt.
Wuchsform: Strauch mit breitverzweigtem Wuchs mit stark dornigen Trieben. Die wintergrünen Blätter sind rundlich bis lanzettlich. Die Blüten erscheinen zahlreich im Mai.
Pflanzenhöhe: Je nach Sorte 1 bis 4 m.
Fruchtart, Form und Grösse: Runde, erbsengrosse Beerenfrüchte in dichten, doldigen Rispen meist überhängend. Gelbe, orange und rote Früchte ab September.
Zeitraum des Angebotes: September bis November.
Schnittreife: Früchte müssen gut ausgefärbt sein.
Haltbarkeit: Bis 14 Tage.
Besondere Pflege: Guter Anschnitt der verholzten Triebe. Nicht zu warm lagern.
Verwendung: Als Hauptmotiv in grösseren Dekorationen und Sträussen.
Besonderheiten: Die farbigen Früchte werden im Winter gerne von den Vögeln gefressen.

Rosa canina ♄ ⚘ Ⓝ

Synonym: –.
Familie: Rosaceae.
Handelsname: Hundsrose, Hagebuttenrose.
Heimat/Herkunft: Europa, Vorder- bis Mittelasien, Nordafrika.
Charakter: Zweige: Geltungsform.
Stofflichkeit: Zweige, Rustikal. Frucht: Ledrig.
Bewegung: Zweige: Ausschwingend.
Wuchsform: Strauch mit überhängenden Trieben, ältere Triebe sind breitverzweigt. Mit Stacheln bewehrt. Blätter unpaarig gefiedert. Einfache Rosablüten im Juni bis Juli überreich. Im Herbst rote Hagebuttenfrüchte.
Pflanzenhöhe: 2 bis 3 m hoch und 4 bis 5 m breit.
Fruchtart, Form und Grösse: Rote Scheinfrüchte von länglicher Form, 2 bis 3 cm lang, 1 cm dick.
Zeitraum des Angebotes: Ab September bis Dezember.
Schnittreife: Wenn die Hagebutten gut gefärbt, aber noch relativ hart sind.
Haltbarkeit: Bis 14 Tage.
Besondere Pflege: Alle Blätter entfernen.
Verwendung: Als ausschwingendes Element in grösseren floristischen Arbeiten.
Besonderheiten: Die Hagebutten sind reich an Vitamin C und lassen sich zu Gelee verarbeiten. Ohne Blätter wirken die Fruchtzweige sehr eigenwillig.

△ 617 Rosa canina
▽ 618 Rosa gallica

Rosa gallica ♄ Ⓝ

Synonym: –.
Familie: Rosaceae.
Handelsname: Essigrose.
Heimat/Herkunft: Mitteleuropa, Vorderasien.
Charakter: Zweige: Geltungsform.
Stofflichkeit: Zweige: Rustikal. Früchte: Ledrig.
Bewegung: Zweige: Aufstrebend.
Wuchsform: Aufwärtsstrebender Strauch mit grossen Stacheln, dazwischen dünne Borsten. Die unpaarig gefiederten Blätter sind behaart, ledrig. Die Blüten sind rosa bis rot und erscheinen im Juni.
Pflanzenhöhe: 2 m.
Fruchtart, Form und Grösse: Die leuchtendrot glänzenden Hagebutten-Scheinfrüchte sind etwas grösser als diejenigen bei R. canina.
Zeitraum des Angebotes: Ab September bis November.
Schnittreife: Wenn die Scheinfrüchte gut ausgefärbt, aber noch relativ hart sind.
Haltbarkeit: Bis 20 Tage.
Besondere Pflege: Möglichst bewusstes Entfernen von einzelnen Laubblättern (Auslichten).
Verwendung: Als Haupt- oder Begleitmotiv.
Besonderheiten: Ohne Blätter wirken die Zweige sehr eigenwillig.

△ 620 Rosa moyesii

△▽ 621 + 622 Sorbus aucuparia ssp. aucuparia

Rosa moyesii ♄ ❀

Synonym: –.
Familie: Rosaceae.
Handelsname: Blutrose.
Heimat/Herkunft: Westchina.
Charakter: Zweige: Herrschaftsform, Geltungsform.
Stofflichkeit: Zweige: Rustikal. Früchte: Ledrig.
Bewegung: Zweige: Aufstrebend.
Wuchsform: Straff aufrecht mit sparrigem Wuchs, in der oberen Hälfte locker verzweigt. Die geraden, spitzen Stacheln stehen paarweise am dicken Trieb. Die Blätter sind eher fein ausgebildet. Sehr lang und schmal, unpaarig gefiedert (7 bis 11). Die Blüten sind klein, einfach und leuchtendpurpurrot.
Pflanzenhöhe: 2 bis 3 m.
Fruchtart, Form und Grösse: 4 bis 5 cm lange, flaschenförmige rote Hagebutten.
Zeitraum des Angebotes: Ab September.
Schnittreife: Wenn die Früchte gut ausgefärbt sind.
Haltbarkeit: Bis 20 Tage.
Besondere Pflege: Die Blätter mindestens teilweise bewusst entfernen.
Verwendung: Haupt- oder Begleitmotiv.
Besonderheiten: Im Winter werden die Früchte gerne von Vögeln gefressen. Ohne Blätter sehr eigenwillige Wirkung.

Sorbus aucuparia ssp. aucuparia L. ♄–♄ ❀ Ⓝ

Synonym: Pyrus aucuparia.
Familie: Rosaceae.
Handelsname: Vogelbeerbaum, Eberesche.
Heimat/Herkunft: Europa, Kleinasien, Kaukasus, Westsibirien.
Charakter: Beeren: Geltungsform.
Stofflichkeit: Beeren: Ledrig.
Bewegung: Beeren: Hängende Doldenrispen.
Wuchsform: Grossstrauch bis Baum, eirund aufstrebend. Die grossen Blätter sind unpaarig gefiedert. Die weissen Blüten stehen in dichten doldigen Rispen im Mai bis Juni.
Pflanzenhöhe: 5 bis 10 m.
Fruchtart, Form und Grösse: Erbsengrosse Beeren in dichten Trugdolden, leuchtendrot.
Zeitraum des Angebotes: August bis November.
Schnittreife: Wenn die Beeren gut ausgefärbt, aber noch fest sind.
Haltbarkeit: Bis 14 Tage.
Besondere Pflege: Nicht feucht lagern. Vor Vögeln schützen!
Verwendung: Beerendolden als Basisgestaltung. In Dekorationen auch grössere Fruchtzweige.
Besonderheiten: Der Beerensaft ist als Gelee geniessbar.

Skimmia japonica ♄ ♣

Synonym: S. fortunei.
Familie: Rutaceae.
Handelsname: Skimmie.
Heimat/Herkunft: China, Taiwan.
Charakter: Zweige: Geltungsform.
Stofflichkeit: Früchte: Ledrig. Blätter: Ledrig.
Bewegung: Zweige: Allseitige Verzweigung.
Wuchsform: Kleinstrauch mit aufrecht verzweigtem Wuchs und dunkelgrün glänzenden, ovalen bis lanzettlichen Blättern. Rispiger Blütenstand im April, weissblühend. Beerenrispen im Herbst.
Pflanzenhöhe: 30 bis 50 cm.
Fruchtart, Form und Grösse: Rote, erbsengrosse Beeren mit schönem Glanz, dichte Rispen bildend (nur weibliche Pflanzen!).
Zeitraum des Angebotes: Ab Oktober bis Dezember.
Schnittreife: Wenn die Beeren gut ausgefärbt sind.
Haltbarkeit: Bis 20 Tage.
Besondere Pflege: Guter Anschnitt der harten Zweige. Nicht nass oder feucht auflbewahren.
Verwendung: Fruchtstände vor allem für die Basisgestaltung.
Besonderheiten: Zweihäusige Pflanzenart. Zweige mit Beeren und Blättern einsetzen oder bewusstes Auslichten der Blätter und Seitentriebe.

△ 623 Skimmia japonica
▽ 624 Capsicum annuum

Capsicum annuum ☉ – ♄ Ⓝ

Synonym: –.
Familie: Solanaceae.
Handelsname: Zierpfeffer, Spanischer Pfeffer.
Heimat/Herkunft: Mexiko.
Charakter: Zweige: Geltungsform.
Stofflichkeit: Früchte: Ledrig.
Bewegung: Zweige: Verzweigt.
Wuchsform: Krautige Pflanze mit breitverzweigtem Wuchs. Grüne lanzettliche Blätter. Weisse Blüten, in der Folge zierliche Fruchtbeeren.
Pflanzenhöhe: Bis 60 cm.
Fruchtart, Form und Grösse: Kugelige bis zapfenförmige Beerenfrüchte von grossem Zierwert. Grösse 1 bis 5 cm lang. Früchte Cremeweiss, Gelb, Orange, Rot bis Violett.
Zeitraum des Angebotes: September bis Dezember.
Schnittreife: Wenn die Früchte gut ausgefärbt sind und eine gewisse Härte aufweisen.
Haltbarkeit: Geschnitten bis 14 Tage.
Besondere Pflege: Guter Anschnitt der harten Zweige. Nicht zu warm lagern.
Verwendung: Früchte vor allem in der Herbstbinderei als Haupt- oder Nebenmotiv.
Besonderheiten: Sehr verholzte Triebe werden in der Regel ohne Blätter verarbeitet.

△ 625 Physalis alkekengi var. alkekengi

△▽ 626 + 627 Callicarpa bodinieri var. giraldii

Physalis alkekengi var. alkekengi ♃ ✿ ✂

Synonym: P. franchetii, P. bunyardii, P. franchetii var. bunyardii.
Familie: Solanaceae.
Handelsname: Lampionblume.
Heimat/Herkunft: Europa bis Westasien.
Charakter: Zweige: Geltungsform.
Stofflichkeit: Fruchthülle: Rustikal. Beeren: Ledrig.
Bewegung: Zweige: Aufstrebend.
Wuchsform: Staude mit unterirdischen Rhizomen. Triebe aufrecht bis überladend. Blätter herzförmig bis oval. Gelblichweisse Blüten im Juli.
Pflanzenhöhe: 80 bis 100 cm.
Fruchtart, Form und Grösse: Die Frucht ist eine orangerote Beere von 8 bis 10 mm ∅. Diese wird umhüllt durch eine grosse ballonartige, orangerote Hülle. Grösse 3 bis 4 cm.
Zeitraum des Angebotes: Ab August bis Oktober, getrocknet durch das ganze Jahr möglich.
Schnittreife: Wenn sich die Kelchhüllen ausfärben.
Haltbarkeit: Bis 20 Tage.
Besondere Pflege: Nicht zu feucht lagern und aufstellen.
Verwendung: Vor allem in der Herbstbinderei. Starke Farbe.
Besonderheiten: Auch als Trockenblume begehrt.

Callicarpa bodinieri var. giraldii ♄ ✿

Synonym: C. giraldii.
Familie: Verbenaceae.
Handelsname: Schönfrucht, Liebesperlenstrauch.
Heimat/Herkunft: Mittel- bis Westchina.
Charakter: Zweige: Geltungsform.
Stofflichkeit: Zweige: Rustikal. Beeren: Ledrig.
Bewegung: Zweige: Aufstrebend.
Wuchsform: Aufwärtsstrebender Strauch mit feiner Verzweigung und gegenständigen, elliptischen bis lanzettlichen Blättern. Aus den Blattachseln lilafarbene Blüten im Juli bis August. Im Herbst prächtiger Beerenschmuck, der vor allem nach dem Blattfall voll zur Geltung kommt.
Pflanzenhöhe: 2 bis 3 m.
Fruchtart, Form und Grösse: Leuchtend violettglänzende Beeren in dichten Trugdolden. Durchmesser 3 bis 5 mm.
Zeitraum des Angebotes: Ab September bis Dezember.
Schnittreife: Wenn die Beeren gut ausgefärbt sind.
Haltbarkeit: Bis 14 Tage.
Besondere Pflege: Guter Anschnitt der verholzten Triebe. Nicht zu warm lagern, sonst fallen die Früchte schnell ab.
Verwendung: Hauptsächlich als Haupt- oder Begleitmotiv in Gestecken, Sträussen u. a..
Besonderheiten: In der Regel werden die Blätter ganz entfernt.

Warum blühen Saisonblumen das ganze Jahr?

Wenn der Blumenkäufer im Laufe des Jahres vor einem Blumengeschäft steht, wird er heute im Gegensatz zu früheren Zeitepochen feststellen, dass das immense vielfältige Angebot grösstenteils das ganze Jahr hindurch in den Schaufenstern präsentiert wird. Rosen, Chrysanthemen, Nelken, Gerbera, Orchideen und viele andere Schnittblumenarten sind während zwölf Monaten erhältlich. Aber auch andere, weniger bekannte Pflanzenarten werden heute weit über die saisonale Blütezeit hinaus angeboten; einige davon sind ebenfalls zum «Ganzjahresprodukt» geworden. Wie ist dies möglich?

1. Importe

In der südlichen Hemisphäre (südlich des Äquators) sind die Jahreszeiten je um sechs Monate verschoben. Im Winter hat man dort Sommer, im Frühling Herbst usw. Durch diese jahreszeitliche Verschiebung ist es möglich, viele Schnittblumenarten wie Hippeastrum (Amaryllis), Nerinen, Ornithogalum, Protea und andere ausserhalb der bei uns üblichen Blütezeiten aus «Normalkultur» zu erhalten.
Herkunftsländer: Südafrika, Neuseeland, Australien.
Viele Pflanzenarten stammen zudem aus den Tropen. Hier ist die Tageslänge durch das ganze Jahr auf zwölf Stunden begrenzt. Tagesneutrale Pflanzen, d. h. Pflanzenarten, die nicht auf eine bestimmte Tageslänge reagieren, blühen hier das ganze Jahr hindurch. Damit ist ein ganzjähriges Angebot von tropischen Gewächsen gewährleistet. Ein Teil dieser Pflanzen wird auch in Europa in Warmhäusern der Gärtnereien angebaut.
Beispiele: Anthuriumarten, Orchideen, verschiedene Schnittgrünarten wie Calathea, Maranta u. a.

2. Das Treiben

Durch das Treiben werden verschiedene, winterharte Pflanzenarten mit meist normaler Blütezeit im Frühjahr oft um einige Monate früher angetrieben. Gut ausgereifte Pflanzen werden in Abständen von 10 bis 14 Tagen satzweise in das geheizte Gewächshaus gestellt, wodurch die Vegetationsruhe beendet und das Triebwachstum eingeleitet wird. Das Verkaufsangebot dieser Pflanzenarten wird dadurch erheblich verlängert, und der dadurch erzielte Preis ist sowohl für den Produzenten wie für das Blumengeschäft wirtschaftlicher. Saisonale Überschüsse zu Tiefpreisen werden dadurch erheblich reduziert.
Beispiele: Tulpen, Narzissen, Lilien, Rosen, Forsythien, Syringa (Flieder) u. a.

△ 628 + 629 Tulpentreiberei in Kisten ▽

△ 630 Nelken im Gewächshaus
▽ 631 Rosen im Gewächshaus

△ 632 Belichtung = Tagesverlängerung
▽ 633 Verdunkelungsfolien zur Tagesverkürzung

△ 634 Verdunkelungstücher auf Chrysanthemen
▽ 635 Chrysanthemen

Auch Convallaria majalis (Maiglöcklein) lassen sich praktisch durch das ganze Jahr in Blüte bringen. Extrastarke Treibkeime werden bereits ab November in Gewächshäusern wärmer gestellt, und auf den Advent und zu Weihnachten erleben wir bereits die ersten Vorfrühlingsdüfte der Maiblumen. Treibkeime blühen vom Januar bis Muttertag. Im Mai erleben wir die Normalblüte im Freien. Für spätere Blütezeiten werden blühfähige starke Keime mit Wurzeln als sogenannte «Eiskeime» unter 0 °C am Treiben gehindert. Durch satzweises Wärmerstellen kann in der Folge die Maiblumenblüte durch den Sommer bis in den Herbst ausgedehnt werden, bis sie wieder von den Treibkeimen abgelöst werden.

3. Die Kultursteuerung

Einige unserer beliebten Schnittblumen- und Topfpflanzenarten reagieren in ihrem Wachstum auf die Tageslänge. Zum Beispiel Chrysanthemen, Korallenranke (Euphorbia fulgens) und der Weihnachtsstern (Euphorbia pulcherrima) sind sogenannte Kurztagespflanzen. Das heisst, sie blühen unter natürlichen Verhältnissen nur dann, wenn die effektive Tageslänge kürzer ist als eine für sie «kritische» Tageslänge. Nehmen wir als Beispiel die Chrysantheme. Sie blühen ohne Tageslängenbeeinflussung durch Belichten oder Verdunkeln nur vom September bis zum Dezember, je nach Sorte. Die Tageslänge sinkt dabei im August bis Anfang September unter eine kritische Dauer von 12 bis 14 Stunden. In der Folge werden in den Blättern der Pflanzen anstelle von Wuchshormonen nunmehr Blühhormone ausgebildet, die den Befehl zur Blütenbildung auslösen. Nach einer sortenbedingten Reaktionszeit von 8 bis 14 Wochen blühen sie in der Folge im Herbst oder Winter, daher der Name Winteraster.
Der Gärtner hat sich diese Erkenntnisse zunutze gemacht. Durch Belichtung werden im Winter die Tage verlängert, wodurch die Pflanzen vegetativ wachsen (Spross- und Blattbildung). Im Sommerhalbjahr verkürzt er anderseits die Tage durch Auflegen von schwarzen Tüchern oder Folien. Eine Kultursteuerung kann heute auf den Tag genau zum voraus errechnet und praktiziert werden. Dadurch ist es möglich, dass Chrysanthemen in ihrem Formen- und Farbenspiel durch das ganze Jahr blühen können. Ähnlich ist es bei anderen Kurztagespflanzen.
Andererseits gibt es auch Langtagespflanzen, die normal nur über eine bestimmte kritische Tageslänge blühen, Dahlien, Sommerastern u. a. gehören dazu. Edelnelken sind sogenannte fakultative Langtagespflanzen, die vorwiegend im Langtag blühen, im Kurztag nur reduziert. Auch hier kann die Kultursteuerung im umgekehrten Sinne angewendet werden. Aus Kosten- und Qualitätsgründen importieren wir die Nelken im Winterhalbjahr vorzugsweise aus südlichen Ländern mit besseren Lichtverhältnissen.

Kundenwünsche werden Wirklichkeit

Der persönliche Kundenwunsch und das Angebot des Floristen stehen an erster Stelle...

Die eigene Kreativität macht den Floristenberuf interessant und lebendig. Die Phantasie, verbunden mit den Wünschen unserer Kunden und der ganzen floristischen Schulung steigert die persönliche Prägung jeder gestalteten Arbeit.

Je öfters der Kunde oder der Florist spontane Einfälle, Impulse, Ideen hat und verwirklicht, desto aktiver werden die Phantasie und das floristische Angebot. **Freude,** ein sicheres Gefühl für Farben, Formen, Bewegungen, Erkennen der einzelnen Persönlichkeiten der zu verarbeitenden Werkstoffe, Verwendungsmöglichkeiten spüren, führen zu individuellen, bewusst gestalteten floristischen Werken.

△ 636 Brautstrauss romantisch, saisonal mit Fuchsien

▽ 637 Natürliche Transparenz floristisch interpretiert

△ 638 Brautstrauss – Edelstrauss
▽ 640 Brautstrauss = «Klassische Zeit als Vorbild»

△ 639 Brautstrauss = Versuch mit konstruierten Formen
▽ 641 Brautstrauss = mit Band als Accessoire

△ 642 Leicht und duftig
▽ 644 Rundstrauss als beliebte Gestaltung

△ 643 Kontrastreich in Farbe, Form und Werkstoffen
▽ 645 Strauss in hoher Vase, abfallenc

△ + △ 646 + 647 Veredelte gestalterische Details sind bei diesen zwei Sträussen zu entdecken.
▽ 648 Strauss in horizontal betonter Gestaltung, verlangt technische Spitzenleistung = interessante Farben und Formen.

△ 649 Blumenkranz mit symbolischer Aussage
▽ 651 Farben und Blüten wirken persönlich und liebevoll

△ 650 Der Trauerkranz mit feinen Bewegungen als trostspendende Gestaltung

Sachregister – Deutsch – Botanisch

(Wenn keine deutsche Bezeichnung existiert, bitte unter dem botanischen Inhaltsverzeichnis, Seite 10, nachsehen!)

Schnittblumen

Schnittgrün

Früchte – Fruchtzweige

Das große, farbige Pflanzen-Lexikon in 6 Bänden

Band 1	Band 2	Band 3	Band 4	Band 5	Band 6
Laubgehölze • Nadelgehölze	Stauden • Gräser • Farne • Wasserpflanzen	Obst • Gemüse • Kräuter	Sommerblumen • Blumenzwiebeln und -knollen • Beet- und Balkonpflanzen	Zimmerpflanzen • Sukkulenten • Kübelpflanzen	Rosen • Kletterpflanzen
9. Auflage 1995. 265 Seiten, 737 Farbfotos. Bestell-Nr. 1449 DM 78,-.	6. Auflage 1995. 272 Seiten, 737 Farbfotos. Bestell-Nr. 1450 DM 78,-.	3. Auflage 1997 in Vorbereitung. Ca. 288 Seiten, ca. 600 Farbfotos, Bestell-Nr. 1850 ca. DM 78,-.	3. Auflage 1993. 232 Seiten, 577 Farbfotos. Bestell-Nr. 1851 DM 78,-.	2. Auflage 1994. 232 Seiten, 475 Farbfotos. Bestell-Nr. 1904 DM 78,-.	1. Auflage 1996. 200 Seiten, 650 Farbfotos. Bestell-Nr. 1901 DM 78,-.

Thalacker Medien
Postfach 8364
38133 Braunschweig

Telefon 0531-38004-26/28
Telefax 0531-38004-25

THALACKER MEDIEN